Cláudio Vicentino

Bacharel e licenciado em Ciências Sociais pela Universidade de São Paulo (USP)

Professor de História do Ensino Médio e de cursos pré-vestibulares

Autor de obras didáticas e paradidáticas para Ensino Fundamental e Médio

José Bruno Vicentino

Bacharel e licenciado em História pela Pontifícia Universidade Católica (PUC-SP)

Professor de História do Ensino Fundamental, Médio e de cursos pré-vestibulares

Autor de obras didáticas para Ensino Fundamental e Médio

O nome *Teláris* se inspira na forma latina *telarium*, que significa "tecelão", para evocar o entrelaçamento dos saberes na construção do conhecimento.

TELÁRIS

HISTÓRIA

7

editora ática

editora ática

Direção Presidência: Mario Ghio Júnior
Direção de Conteúdo e Operações: Wilson Troque
Direção editorial: Luiz Tonolli e Lidiane Vivaldini Olo
Gestão de projeto editorial: Mirian Senra
Gestão de área: Wagner Nicaretta
Coordenação: Eduardo Guimarães
Edição: Flávia Merighi Valenciano, Solange Mingorance, Carolina Ocampos Alves e Wellington Santos (editores); Ligia Torres Figueiredo (edit. assist.)
Planejamento e controle de produção: Patrícia Eiras e Adjane Queiroz
Revisão: Hélia de Jesus Gonsaga (ger.), Kátia Scaff Marques (coord.), Rosângela Muricy (coord.), Ana Curci, Ana Paula C. Malfa, Brenda T. M. Morais, Carlos Eduardo Sigrist, Célia Carvalho, Claudia Virgilio, Daniela Lima, Flavia S. Vênezio, Gabriela M. Andrade, Luís M. Boa Nova, Maura Loria, Raquel A. Taveira, Sandra Fernandez, Sueli Bossi, Vanessa P. Santos; Amanda T. Silva e Bárbara de M. Genereze (estagiárias)
Arte: Daniela Amaral (ger.), Claudio Faustino e Erika Tiemi Yamauchi (coord.); Katia Kimie Kunimura, Yong Lee Kim, Jacqueline Ortolan e Lívia Vitta Ribeiro (edição de arte)
Diagramação: Renato Akira dos Santos e Arte ação
Iconografia e tratamento de imagem: Sílvio Kligin (ger.), Denise Durand Kremer (coord.), Iron Mantovanello Oliveira e Thaisi Lima (pesquisa iconográfica); Cesar Wolf e Fernanda Crevin (tratamento)
Licenciamento de conteúdos de terceiros: Thiago Fontana (coord.), Luciana Sposito (licenciamento de textos), Erika Ramires, Luciana Pedrosa Bierbauer, Luciana Cardoso Sousa e Claudia Rodrigues (analistas adm.)
Ilustrações: Adilson Secco, Carlos Bourdiel, Ligia Duque, Luiz Iria, Osnei Studio, Rodval Matias e Theo Szczepanski
Cartografia: Eric Fuzii (coord.), Robson Rosendo da Rocha (edit. arte) e Portal de Mapas
Design: Gláucia Correa Koller (ger.), Adilson Casarotti (proj. gráfico e capa), Erik Taketa (pós-produção), Gustavo Vanini e Tatiane Porusselli (assist. arte)
Foto de capa: Diego Frichs Antonello/Getty Images

Dados Internacionais de Catalogação na Publicação (CIP)

```
Vicentino, Cláudio
    Teláris história 7º ano / Cláudio Vicentino, José Bruno
Vicentino. - 3. ed. - São Paulo : Ática, 2019.

    Suplementado pelo manual do professor.
    Bibliografia.
    ISBN: 978-85-08-19328-8 (aluno)
    ISBN: 978-85-08-19329-5 (professor)

    1.   História (Ensino fundamental). I. Vicentino, José
Bruno. II. Título.

2019-0110                           CDD: 372.89
```

Julia do Nascimento – Bibliotecária – CRB-8/010142

2019
Código da obra CL 742190
CAE 648353 (AL) / 648354 (PR)
3ª edição
1ª impressão
De acordo com a BNCC.

Impressão e acabamento: Gráfica Santa Marta

Uma publicação **SOMOS** EDUCAÇÃO

Apresentação

Muita gente questiona: por que estudar História? Por que precisamos saber o que aconteceu no passado?

Essas perguntas, feitas frequentemente por alguns alunos, nos motivaram a escrever uma coleção que pretende despertar seu interesse pelo estudo dessa disciplina.

Não se trata de decorar datas ou de falar sobre assuntos que parecem distantes da sua realidade. Neste estudo da História, você encontrará inúmeras oportunidades de relacionar o passado com o presente e compreender diferentes formas de pensar e agir do ser humano. Por que isso importa? Porque vai ajudar você a compreender melhor o mundo em que vivemos, a identificar a necessidade de mudanças e defender a permanência das conquistas sociais, políticas, econômicas e culturais.

Você faz parte da História, você faz História – e como cidadão precisa construir conhecimento sobre os mais variados assuntos de maneira crítica e participativa. Aprender História é um rico caminho para desenvolver o senso crítico, a capacidade de análise e entendimento, a valorização dos legados culturais e a percepção das permanências e mudanças presentes nas diferentes sociedades ao longo do tempo.

Nesta coleção você vai conhecer sujeitos, lugares, períodos, investigações, processos e eventos históricos do Brasil e das diversas regiões do mundo, desde os primórdios da humanidade até os dias atuais. Vai compreender diferentes conceitos e concepções científicas; interpretar documentos escritos e imagéticos; perceber como a História dialoga com as outras disciplinas. Vai descobrir que estudar História pode fazer diferença na sua formação.

Bom ano de estudo!

Os autores

CONHEÇA SEU LIVRO

Este livro é dividido em **quatro unidades**, subdivididas em **capítulos**.

Abertura de unidade

As aberturas de unidade trabalham a leitura de imagem e apresentam um breve texto de introdução aos principais temas que serão tratados.

Abertura de capítulo

As aberturas de capítulo apresentam um texto introdutório e uma imagem cujo propósito é estimulá-lo a refletir sobre o tema tratado e a relacionar passado e presente.

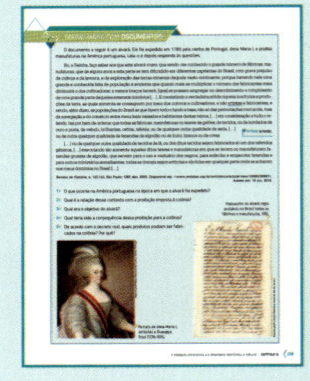

Trabalhando com documentos

Presente em todos os capítulos, esta seção permitirá a você conhecer e analisar os mais diferentes tipos de documentos históricos.

Glossário

As palavras e as expressões destacadas no texto com **grifo verde** remetem ao glossário na lateral da página, que apresenta a definição desses termos.

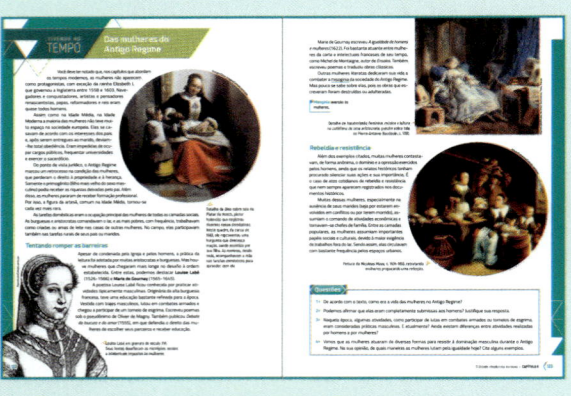

Vivendo no tempo

O objetivo desta seção é demonstrar aspectos da vida em um determinado tempo ou contexto histórico.

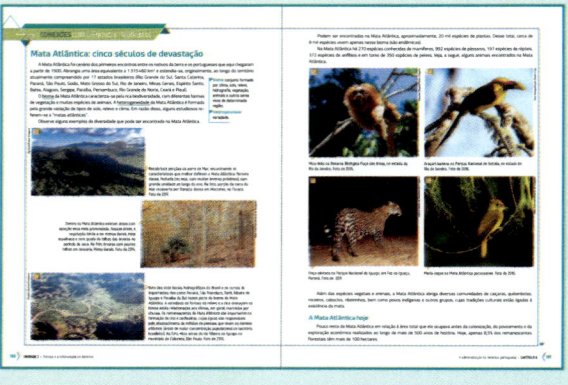

Conexões

Seção que valoriza a interdisciplinaridade, relacionando a História com outros saberes, disciplinas e áreas do conhecimento. Ela aparece em momentos diferentes em cada volume.

Infográfico

Seção especial que trata os conteúdos mais complexos de forma gráfico-visual, auxiliando na compreensão de determinados temas.

Mapeando saberes

Ao final de cada capítulo, você encontrará uma síntese dos principais tópicos estudados. Esta seção está dividida em **Atenção a estes itens** e **Por quê?**.

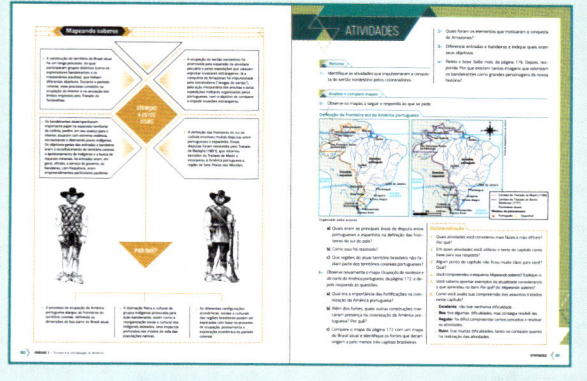

Atividades

No final dos capítulos, você vai encontrar exercícios de retomada do conteúdo estudado, de análise de documentos e propostas de atividades práticas.

Autoavaliação

Seção voltada à autoanálise do aprendizado. Traz questões cognitivas e atitudinais e propõe uma reflexão sobre suas facilidades e dificuldades no estudo do capítulo.

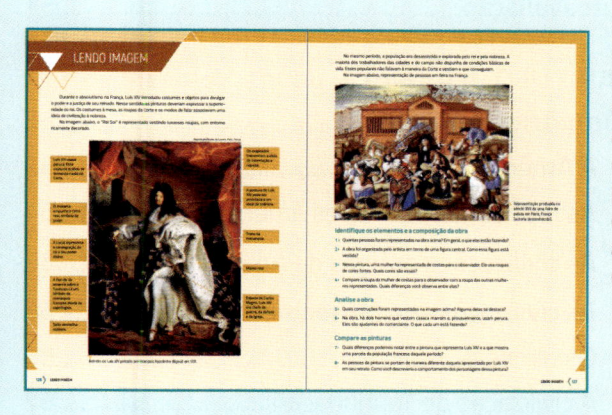

Lendo imagem

Seção que encerra cada unidade. Primeiro, apresenta a análise de uma imagem e, depois, propõe outra imagem para você ler, seguindo etapas que vão ajudá-lo a desenvolver essa competência.

Projeto do semestre

Promove a cidadania por meio da reflexão e do debate de temas da atualidade. A seção aparece duas vezes no livro e traz oportunidades de trabalhos práticos envolvendo a escola onde você estuda e a comunidade onde vive.

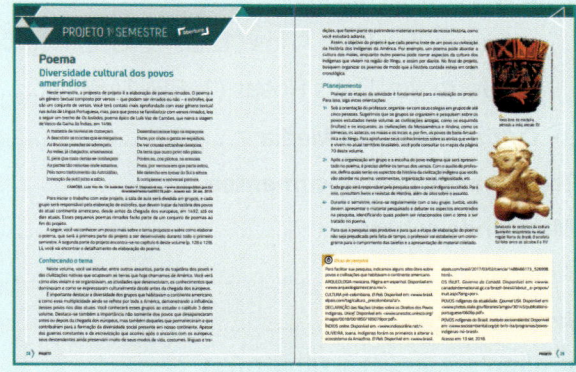

Como fazer

Aparece no final do livro e vai orientá-lo a desenvolver procedimentos úteis em seus estudos escolares, como fichamentos, trabalhos em equipe, leitura de mapas históricos, entre outros.

Saiba mais

Este boxe traz comentários sobre dúvidas ou polêmicas envolvendo interpretações ou concepções históricas e o aprofundamento de um dos assuntos tratados no capítulo.

Construindo conceitos

Boxe que explica conceitos importantes da História.

Distribuídos ao longo dos capítulos, estes boxes trazem dicas de filmes, livros, músicas e *sites* relacionados aos temas estudados para você explorar e aprofundar seus estudos.

 De olho na tela

 Minha biblioteca

 Mundo virtual

 Minha *playlist*

SUMÁRIO

Museu de Arte Metropolitano, Nova York, EUA.

Unidade 2

Transformações culturais, religiosas e políticas na Europa moderna

NICCOLÒ MACCHIAVELLI

Alamy/Fotoarena/Galleria degli Uffizi, Florença, Itália

fototeca gilardi/Marka/SuperStock/ Glow Images/Biblioteca de Artes Decorativas, Paris, França.

INTRODUÇÃO

Bem-vindo a mais um ano de estudos de História!

Vamos iniciar uma jornada para conhecer diversas civilizações e transformações que ocorreram há bastante tempo. Mas não se esqueça: quem estuda História não busca conhecer apenas o que existiu no passado e as pessoas que viveram em outras épocas, mas também a vida e o momento presentes, a continuidade dos acontecimentos, o que existe agora!

Ao contrário do que muita gente acredita, estudar História não é memorizar fatos e nomes, mas sim entender o momento em que os fatos ocorreram – sempre considerando que os indivíduos agem de acordo com sua época e com o lugar onde vivem – e estabelecer relações com o presente.

No ano anterior, você viu como o historiador trabalha e conheceu diversas fontes históricas, que são a base das pesquisas dos historiadores. Foi apresentado também a noções importantes para a História, como o tempo, os calendários e sua divisão em diferentes períodos.

Você acompanhou, ainda, a jornada dos primeiros seres humanos pelo mundo e descobriu o que produziam e faziam as pessoas que viveram na época mais remota da história da humanidade.

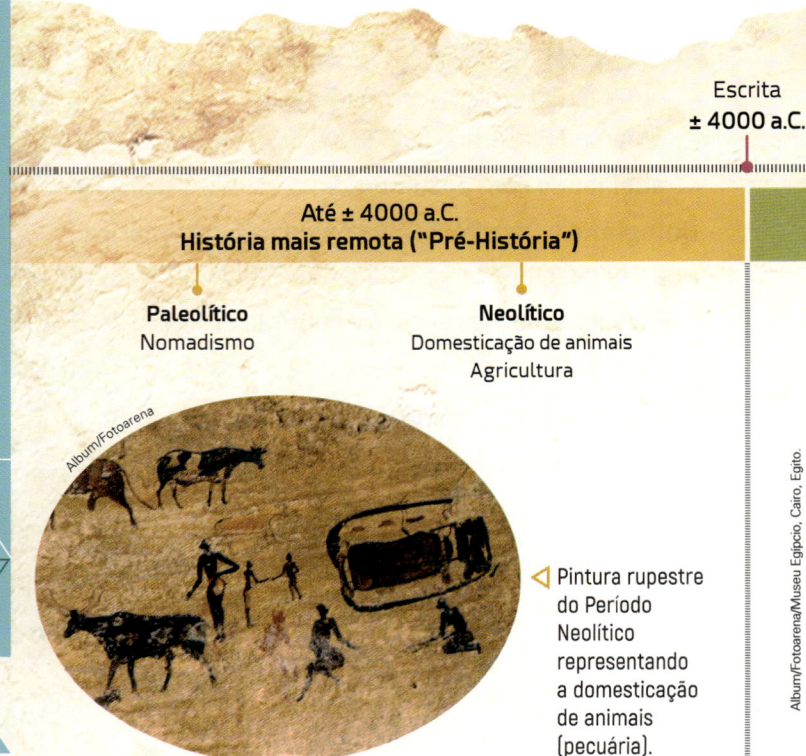

Escrita
± 4000 a.C.

Até ± 4000 a.C.
História mais remota ("Pré-História")

4000 a.C. a 476 d.C.
Idade Antiga

Paleolítico
Nomadismo

Neolítico
Domesticação de animais
Agricultura

Reinos e impérios
Egito
Mesopotâmia
Hebreus
Fenícios
Gregos
Romanos

Album/Fotoarena

◁ Pintura rupestre do Período Neolítico representando a domesticação de animais (pecuária).

Album/Fotoarena/Museu Egípcio, Cairo, Egito.

◁ Máscara funerária do faraó Tutancâmon, c. 1323 a.C.

Nos reinos e impérios que estudamos, vimos a organização do Estado, as atuações de governantes e a variedade de interesses dos grupos sociais, bem como as religiões e a diversidade cultural de cada período. Conhecemos a ordenação democrática na Grécia antiga, com suas limitações, e o mundo romano, assentado nas conquistas e nos domínios de vastos territórios.

No demorado processo que levou à ruína do Império Romano do Ocidente, você aprendeu que uma nova ordem, bem diversa daquela da Idade Antiga, foi, aos poucos, sendo construída na Europa a partir do século V, tendo como característica o predomínio da Igreja cristã. Ainda assim, nessa nova ordenação, chamada de feudalismo, inúmeros componentes do mundo antigo continuaram presentes, adaptados ao contexto da Idade Média.

Neste ano iniciaremos nossos estudos históricos a partir dessa época – em que se construíram os primórdios da Europa que conhecemos hoje –, período que fortaleceu a base daquilo que denominamos Mundo Ocidental, passando para o que tradicionalmente ficou conhecido como Idade Moderna.

Mas você sabe o que significa "moderno"? Essa palavra se refere a pessoas e a coisas, bem como a determinada época, a determinado período. Já percebeu que ela tem diferentes sentidos?

Quando falamos em uma roupa moderna, em uma cidade moderna, em um mercado moderno, prevalece o sentido positivo da palavra: trata-se de algo novo. Mas nem sempre foi assim. No período do Renascimento cultural, por exemplo, moderno era se inspirar nos conhecimentos da Antiguidade, dos gregos e dos romanos. Para nós, "Idade Moderna" – período que se estende do século XV ao XVIII – indica uma classificação criada pelos europeus por oposição ao período anterior, que foi chamado de Idade Média.

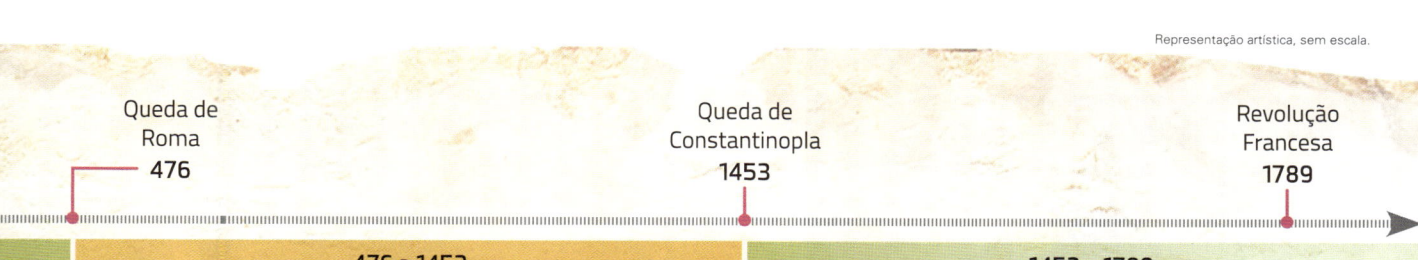

Representação artística, sem escala.

Queda de
Roma
476

Queda de
Constantinopla
1453

Revolução
Francesa
1789

| 476 a 1453 **Idade Média europeia** | 1453 a 1789 **Idade Moderna** |

Europa
Feudalismo

Sociedade estamental
Predomínio da Igreja cristã

Cruzadas
Renascimento comercial

**Época do denominado
Antigo Regime**

Album/Fotoarena/Biblioteca Britânica, Londres, Inglaterra.

◁ Iluminura do século XIII retratando a sociedade feudal: o clérigo, à esquerda, representa o clero; o cavaleiro, ao centro, representa a nobreza; e o camponês, à direita, representa os servos.

Album/Fotoarena/Palácio de Versalhes, França.

Castelo de Vincennes com Luís XIV e Maria Teresa com sua corte em 1669, de Adam Frans van der Meulen.

A transição da Idade Média para a Idade Moderna

Antes de iniciarmos nossos estudos, apresentamos um panorama geral dessa época que se caracteriza como um período de transição entre a Baixa Idade Média e o início da Idade Moderna.

Economia

Durante a Baixa Idade Média, novos métodos e novas ferramentas permitiram o crescimento da produção de alimentos. O restabelecimento do comércio favoreceu o aumento da produção de riquezas e contribuiu para o ressurgimento das cidades. Como veremos, o auge dessa expansão comercial ocorreu com o **desenvolvimento da navegação** e com a **conquista do continente americano** pelos europeus. Quando chegaram à América, os europeus procuraram desenvolver atividades lucrativas no continente. Para isso, apossaram-se de boa parte do território e exploraram suas riquezas com o uso de mão de obra escravizada (formada tanto pelas populações nativas como por grupos trazidos à força do continente africano).

Detalhe de gravura de Theodor de Bry, 1592.

Na transição da Idade Média para a Idade Moderna, uma série de alterações modificou o sistema feudal europeu.

ECONOMIA — RELIGIÃO — POLÍTICA — CULTURA — SOCIEDADE

O banqueiro e sua mulher, de Quentin Metsys, 1514.

Sociedade

O desenvolvimento comercial proporcionou o surgimento e o fortalecimento da **burguesia**, um novo grupo social formado por comerciantes, banqueiros e artesãos. Essa nova dinâmica, como veremos, se juntaria ao surgimento do mercantilismo e do colonialismo.

Cultura

O surgimento das universidades, durante a Baixa Idade Média, possibilitou o desenvolvimento de novos conhecimentos que originaram um saber cada vez mais voltado à valorização do ser humano e da natureza. Isso contribuiu para o movimento cultural que ficou conhecido como **Renascimento**.

Retrato d'Agnolo Doni, pintura de Raphael Sanzio, 1506.

Religião

O predomín o da Igreja na ordem medieval e o poderio do clero católico contiveram por muito tempo tendências heréticas, garantindo a supremacia papal na Europa ocidental. Contudo, em meio às transformações culturais, sociais e econômicas na transição para a Idade Moderna, acabou prevalecendo a fragmentação dos cristãos em novas correntes denominadas protestantes. Isso se efetivou com o movimento conhecido como **Reforma protestante**, liderado inicialmente por Martinho Lutero, questionando a hegemonia da Igreja católica. Os reformistas contestavam algumas práticas da Igreja e não reconheciam o papa de Roma como autoridade suprema. Vertentes da Igreja protestante (calvinista, luterana, entre outras) foram fundadas a partir do século XVI.

Frontispício da edição de 1706 da Bíblia de Lutero, impressa pela primeira vez em 1534.

Política

A fragmentação do poder, característica do mundo feudal, foi substituída pela concentração do poder político nas mãos do rei, o que levou à formação das **monarquias centralizadas**. Essa prática evoluiu, mais tarde, para a estruturação do **Estado absolutista** da Idade Moderna.

Representação do monarca francês Luís XIV, o "rei Sol". *Louis XIV como Apollo*, de Henri Gissey, 1653.

Palácio de Versalhes, de Pierre Patel, c. 1668. O Palácio de Versalhes foi erguido pelo rei Luís XIV e é considerado símbolo da monarquia absolutista.

Detalhe de iluminura de um manuscrito do século XV que representa a expedição de Marco Polo, partindo de Veneza (na atual Itália), em 1271.

UNIDADE 1

Europa, América e Oriente: transformações, encontros e conquistas

Na Baixa Idade Média, as transformações do sistema feudal abriram espaço para a formação de monarquias centralizadas. Com o apoio de mercadores e a expansão do comércio, elas buscaram lucros com a venda de valiosos produtos, como pedras e metais preciosos, tecidos e especiarias. Novas rotas foram estabelecidas entre os continentes, ampliando o contato dos europeus com diversos povos que viviam na África, na América e no Oriente.

Universal History Archive/Universal Image Group/Rex/Shutterstock

Observe a ilustração e responda oralmente:

1 Você consegue identificar o lugar e as atividades representados na imagem?

2 Você já ouviu falar sobre Marco Polo? Quem era ele? O que ele fez?

1

A formação das monarquias centralizadas europeias

Granger/Fotoarena/
Biblioteca Nacional da França, Paris.

Detalhe de *Batalha de Azincourt*, de 1415, iluminura retirada da *Crônica de Enguerrand Monstrelet*, do século XV.

Segundo alguns historiadores, antes da derrocada do Império Romano do Ocidente, no século III, a população europeia era de 30 a 40 milhões de habitantes. Já no século VII, essa mesma população ficou reduzida a um número entre 14 e 16 milhões. No século XII, voltou a ter entre 30 e 40 milhões de habitantes, passando, no século XIV, a ter entre 60 e 70 milhões. Ainda que não sejam exatos, esses números representam bem o amplo quadro das transformações europeias.

No período da Alta Idade Média, a Europa caracterizou-se pela fragmentação dos poderes político e militar, que passaram a ser exercidos pelos senhores feudais. Naquela época, como vimos, em muitos casos o rei era um senhor entre outros e, por isso, seus poderes eram limitados. Essa situação começou a mudar no início da Baixa Idade Média.

Com o crescimento do comércio, a riqueza deixou de ser obtida principalmente pela posse de terras. Ela passou a ser alcançada também pelo acúmulo das moedas de metal, que podiam ser "entesouradas" (guardadas) ou trocadas por outras mercadorias.

Além das questões políticas e econômicas, havia mudanças de natureza social. Os servos eram atraídos pela possibilidade de viver nas cidades e muitos fugiam dos domínios feudais, fato que contribuiu para enfraquecer, pouco a pouco, o poderio senhorial.

▶ Para começar 💬

Observe a iluminura e responda às questões.

1. Esta obra mostra uma batalha da Guerra dos Cem Anos (1337-1453). Quantos exércitos você consegue identificar nela? Que elementos você utilizou para reconhecê-los?

2. Qual é a função de um exército? Que relação existe entre o exército e o rei?

1 O fortalecimento das monarquias

Para os novos comerciantes, era interessante que houvesse um soberano forte, pois, com a fragmentação do poder, cada feudo tinha as próprias leis, tarifas, moedas, pesos e medidas, o que dificultava o comércio. Por isso, eles contribuíram para a formação de um exército mercenário a serviço do soberano.

▶ **Mercenário:** soldado que serve um exército, em geral estrangeiro, em troca de pagamento.

Com um exército forte, o soberano buscava controlar o território sob seu poder. Formavam-se, gradualmente, as **monarquias centralizadas**, que alterariam as bases do feudalismo, mesmo convivendo com a fragmentação de poderes dos senhores feudais.

Observe no mapa a divisão política da Europa nesse período.

LINHA DO TEMPO

Europa no ano 1000

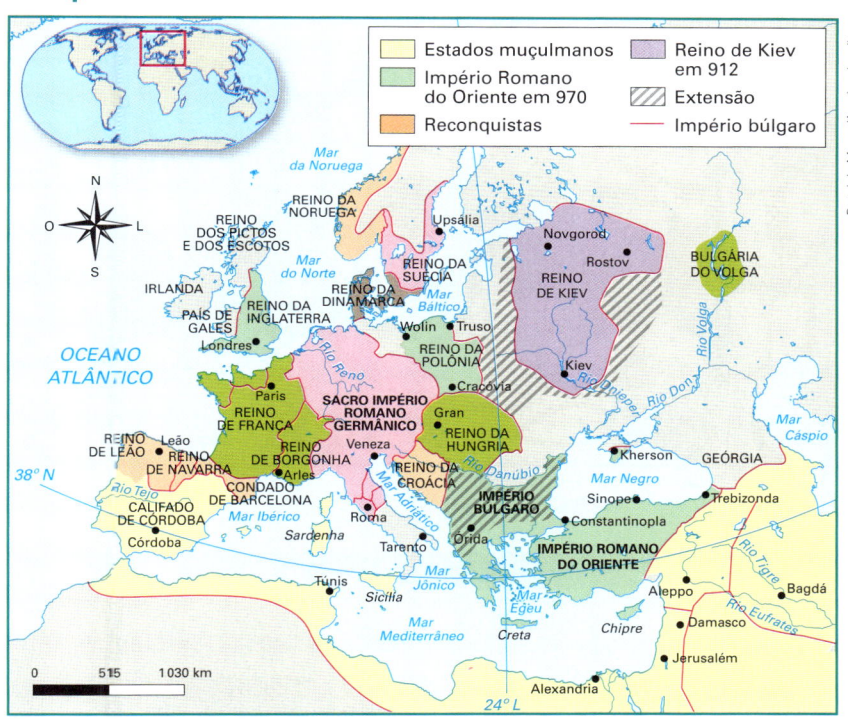

Legenda:
- Estados muçulmanos
- Império Romano do Oriente em 970
- Reconquistas
- Reino de Kiev em 912
- Extensão
- Império búlgaro

Fonte: elaborado com base em ECO, Humberto (Org.). *Idade Média:* bárbaros, cristãos e muçulmanos. 4. ed. Milão: Publicações Dom Quixote, 2016. p. LXII e LXIII; J. MÉRIENNE, Patrick. *Atlas mondial du Moyen Âge*. Paris: Éditions Ouest-France, 2014. p. 16.

1215
Magna Carta

1337-1453
Guerra dos Cem Anos

1453
Tomada de Constantinopla pelos otomanos

1455-1485
Guerra das Duas Rosas

Séculos XI a XV: Baixa Idade Média

Séculos XV a XVIII: Idade Moderna

Linha do tempo esquemática. O espaço entre as datas não é proporcional ao intervalo de tempo.

O gráfico ao lado apresenta uma estimativa da população europeia medieval em milhões de habitantes.

Fonte: elaborado com base em ECO, Humberto (Org.). *Idade Média:* bárbaros, cristãos e muçulmanos. 4. ed. Milão: Publicações Dom Quixote, 2016. p. 16.

População europeia na Idade Média

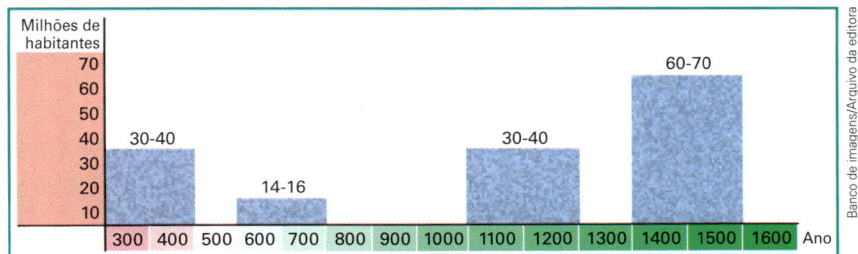

A monarquia centralizada inglesa

Durante a Alta Idade Média, foram criados vários reinos germânicos nas ilhas britânicas. Ao final do período, sobressaiu-se o reino de Wessex entre os anglo-saxões. Em 1066, o rei anglo-saxônico, Haroldo II, foi retirado do trono por invasores normandos chefiados por Guilherme, o Conquistador.

Sob a dinastia normanda, os barões (proprietários de terras) foram sendo subordinados à autoridade real. Nesse período, a monarquia inglesa desenvolveu um eficiente sistema administrativo para a cobrança de impostos, decretou um sistema de leis para todos os súditos e constituiu um forte exército para efetuar conquistas e combater inimigos e revoltosos.

Na Inglaterra, porém, os reis eram confrontados pela nobreza e pela burguesia. Veja, a seguir, como essas tensões se manifestaram e como foram enfrentadas ao longo do processo de centralização monárquica inglesa.

△ Deta he da tapeçaria de Bayeux.

A tapeçaria de Bayeux contém 58 cenas que narram, como em uma história em quadrinhos, a conquista da Inglaterra pelos normandos. Feita no século XI para decorar a parede da Catedral de Bayeux, cidade francesa onde se encontra atualmente, tem 50 cm de altura e 70 m de extensão.

Fotos: Reprodução/Museu da Tapeçaria, Bayeux, França.

△ Navio normando se dirige para a Inglaterra.

△ Normandos atacam ingleses (à direita), que fogem.

1154	1189	1199

Reinado de Henrique II (1154-1189)
Considerado um dos principais responsáveis pela formação da monarquia centralizada inglesa, Henrique II, bisneto de Guilherme, o Conquistador, criou um exército mercenário e um sistema de leis para submeter os senhores feudais.

Reinado de Ricardo Coração de Leão (1189-1199)
Participou ativamente das Cruzadas e se envolveu em inúmeros conflitos, ausentando-se por longo tempo da Inglaterra. Durante sua ausência, o comando político ficou com seu irmão, João sem Terra, que estabeleceu altos impostos para custear as guerras.

Reinado de João I (1199-1216)
Ao assumir o trono, João I (João sem Terra) confiscou as terras da Igreja, cancelou seus privilégios e foi excomungado. Os ingleses, porém, estavam descontentes com os altos impostos e os fracassos políticos e militares do rei. Assim, um grupo de nobres se uniu e impôs ao monarca a **Magna Carta**, que restringia a autoridade real e fortalecia a nobreza, dando aos nobres e clérigos o poder de autorizar ou não a cobrança de novos impostos. Ela determinava, ainda, que nenhum homem livre poderia ser preso sem ser julgado antecipadamente por seus pares.

Construindo conceitos

Parlamento

As origens mais remotas do Parlamento estão nas assembleias das sociedades antigas. Nelas, eram definidos normas e julgamentos para o conjunto da população. O termo "parlamento", por sua vez, vem de *parlement* (conversação), palavra derivada de *parler* (falar).

Responsável pela elaboração das leis e pela fiscalização do governo de um país, o Parlamento é o local onde as pessoas falam, trocam ideias, divergem, discutem e buscam chegar a um acordo, por votação, sobre os principais assuntos públicos. No caso da Inglaterra, com a Magna Carta, o **Grande Conselho** passou a ser uma assembleia de nobres e clérigos, incluindo, décadas depois, membros da burguesia. Seu funcionamento pode ser entendido como embrião do atual Parlamento inglês. Hoje, cabem ao Parlamento todas as responsabilidades do governo. Seus membros, escolhidos por votação popular, escolhem um corpo de ministros, liderados por um primeiro-ministro (ou chanceler), o chefe de governo. Dessa forma, o poder do chefe de Estado (no caso, o monarca) fica reduzido.

Magna Carta. Reprodução do documento assinado por Henrique III, ▷ em 1225. A primeira versão desse documento foi assinada por João sem Terra, em 1215. Em 2015, foi celebrado seu 800º aniversário.

Bridgeman Images/Glow Images/ Arquivo Nacional, Londres, Inglaterra.

ip Archive/Glow Images/Museu da Tapeçaria, Bayeux, França.

Linha do tempo esquemática. O espaço entre as datas não é proporcional ao intervalo de tempo.

△ Construção das fortificações.

Reprodução/Museu da Tapeçaria, Bayeux, França.

△ Guilherme, vencedor, com seu exército.

| 1216 | 1272 | 1307 | 1327 |

Reinado de Henrique III (1216-1272)
Durante o governo de Henrique III, a nobreza formou um forte Parlamento (veja o boxe acima), composto de bispos, grandes proprietários de terra, cavaleiros e indivíduos enriquecidos com o comércio.

Reinado de Eduardo I (1272-1307)
O poder monárquico fortaleceu-se no governo de Eduardo I. Ele reorganizou o exército, dando grande destaque aos arqueiros, e conquistou os territórios da Escócia e do País de Gales. O exército tornava-se, assim, a base do poder monárquico.

Reinado de Eduardo II (1307-1327)
Realizou um reinado bastante conturbado, com elevadas dívidas, seguidos conflitos com o Parlamento e com os barões e guerra contra a Escócia.

Reinado de Eduardo III (1327-1377)
Durante seu governo, o Parlamento inglês foi dividido em duas assembleias: a Câmara dos Lordes, da qual participavam a alta nobreza e o alto clero, e a Câmara dos Comuns, constituída pela baixa nobreza rural e pela burguesia. Com isso, o rei era obrigado a compartilhar o poder com esses grupos.

A monarquia centralizada francesa

A derrocada do Império Romano do Ocidente foi seguida pela ocupação dos antigos territórios romanos por povos germânicos. Entre eles, destacaram-se os francos, que organizaram um Estado sob o comando da dinastia merovíngia (481-751), aliada da Igreja cristã. Os merovíngios foram sucedidos pelos carolíngios (751-987).

Um dos grandes destaques da Alta Idade Média coube a Carlos Magno (768-814), líder do grande Império Franco e coroado imperador do Ocidente no ano de 800. Após seu governo, o império se enfraqueceu e acabou dividido, no Tratado de Verdun (843), entre seus sucessores carolíngios, que se submeteram aos senhores feudais. Em 987, o poder francês passou às mãos da dinastia capetíngia, iniciada por Hugo Capeto. Os monarcas capetíngios buscaram submeter os senhores feudais e a Igreja ao poder do rei. Alguns desses reis acabaram se destacando:

Filipe Augusto (1180-1223)

Estabeleceu a cobrança de impostos para pagar um exército mercenário; vendeu cartas de franquia a diversas cidades; permitiu que os servos pagassem suas obrigações em moeda, livrando-os das obrigações com seus senhores; e nomeou juristas para elaborar leis e funcionários para fazê-las cumprir. Com todas essas medidas, Filipe Augusto enriqueceu os cofres reais, retirando poderes da nobreza feudal e favorecendo os comerciantes e os camponeses.

Luís IX (1226-1270)

Criou uma moeda única para todo o reino; ampliou o poder judiciário central, submetido ao poder do rei; libertou milhares de servos mediante pagamento. Famoso por sua humildade e conhecido como milagroso, foi canonizado com o nome de São Luís após sua participação em duas Cruzadas.

> **Canonizado:** declarado santo.

Representação do rei francês Filipe IV recebendo homenagem do rei inglês Eduardo I, em iluminura do século XV feita por Jean Fouquet.

Luís IX, em retrato feito por El Greco no século XVI, cerca de três séculos após seu reinado.

The Print Collector/Heritage Images/Glow Images/Museu do Louvre, Paris, França.

Album/AKG Images/Fotoarena/Biblioteca Nacional, Paris, França.

Filipe IV ou Filipe, o Belo (1285-1314)

Confiscou as riquezas dos templários e submeteu a Igreja ao pagamento de impostos por suas propriedades. Essa medida iniciou um conflito entre o rei e as autoridades eclesiásticas, resultando na transferência provisória da sede da Igreja para a cidade francesa de Avignon, o chamado Cisma do Ocidente.

 Saiba mais

Templários

Ordem religiosa militar fundada em 1119, em Jerusalém, durante o movimento cruzadista. Seu nome completo era Ordem dos Pobres Cavaleiros de Cristo e do Templo de Salomão. De início buscava recrutar membros e recursos econômicos para a defesa dos "Santos Lugares" e dos peregrinos. Em meados do século XII, o número de seus membros cresceu muito, bem como suas riquezas por meio de doações vindas de toda a Europa, ampliando sua atuação no comércio e na política. Em face do crescente poder e da riqueza dos Templários, o rei francês decidiu pelo seu enfrentamento e conseguiu seu desmantelamento em 1312.

O Sacro Império Romano-Germânico

O Sacro Império Romano-Germânico foi formado no século X pela fusão de duas regiões que pertenceram ao Império Carolíngio: a Germânia e parte da península Itálica. Contudo, ao contrário do que ocorreu na Inglaterra e na França durante a Baixa Idade Média, o Sacro Império Romano-Germânico não chegou a se constituir como uma unidade política com o poder centralizado.

No Sacro Império viviam diversos povos e eram faladas várias línguas. Esse foi mais um fator de dificuldade dos governantes do império para exercer o controle político. Durante os reinados de Frederico Barba Ruiva (1159-1190) e de seus sucessores, novas lutas entre partidários do papa e do imperador fortaleceram a liga de cidades do Sacro Império, que queriam mais autonomia em relação ao poder real.

Foi nesse quadro que o norte da península Itálica obteve sua independência. Surgiram, então, várias repúblicas dedicadas ao comércio com o Oriente, como Veneza, Gênova, Milão, Verona, Siena e Florença.

Como os poderes locais se sobrepunham ao poder central do imperador, o Sacro Império Romano-Germânico se caracterizou como uma unidade mais religiosa e simbólica do que econômica e política, baseada em alianças entre centenas de ducados, arcebispados e principados. No entanto, a completa dissolução do Sacro Império só ocorreu no século XIX.

2 A crise do século XIV

O impulso econômico da Baixa Idade Média teve uma forte crise no século XIV. Durante todo esse século, boa parte da Europa foi marcada por inúmeras revoltas camponesas, decorrentes das condições de extrema miséria e exploração da população rural, e por sucessivos conflitos. Nesse período, a guerra, a fome e a peste assolaram a população europeia.

A guerra entre duas das maiores monarquias, França e Inglaterra, alongou-se por mais de um século, entremeada por alguns períodos de paz. Como resultado, as lavouras foram destruídas, a fome tomou conta de várias regiões da Europa e muitos camponeses foram levados para as frentes de batalha. Enquanto isso, uma grave epidemia, conhecida como **peste negra**, provocou milhões de mortes na Europa.

A Guerra dos Cem Anos (1337-1453)

Inglaterra e França envolveram-se no conflito conhecido como **Guerra dos Cem Anos**, devido a várias disputas territoriais e a uma questão dinástica na França.

O último rei francês da dinastia capetíngia, Carlos IV, não deixou herdeiros diretos ao trono. Essa situação opôs dois grupos que se achavam no direito de conquistar a Coroa francesa. Um grupo era formado por nobres franceses e apoiava o conde Filipe de Valois – que assumiu o controle da monarquia como Filipe VI. O outro era liderado pelo rei inglês Eduardo III, sobrinho do monarca francês Filipe, o Belo (Filipe IV).

O condado de Flandres tomou partido na disputa. A nobreza colocou-se ao lado de Filipe de Valois, enquanto a burguesia, que tinha fortes ligações com a Inglaterra por causa do comércio de tecidos, apoiou Eduardo. Com a movimentação dos exércitos de ambos os lados, em 1337 tinha início a Guerra dos Cem Anos.

 Mundo virtual

Revista Mundo Estranho. Como foi a Batalha de Azincourt, na Guerra dos Cem Anos? Nessa matéria, você pode conhecer detalhes sobre a Batalha de Azincourt, com a ajuda de um infográfico ilustrado que mostra a organização dos exércitos no conflito. Disponível em: <https://mundoestranho.abril.com.br/historia/como-foi-a-batalha-de-agincourt-na-guerra-dos-cem-anos>. Acesso em: 7 maio 2018.

A superioridade militar dos ingleses foi decisiva nas primeiras batalhas. A destruição das plantações e os altos impostos cobrados para sustentar a guerra tornaram difíceis as condições de vida dos camponeses da França. Conhecidos como *jacques*, eles organizaram violentas revoltas contra a nobreza, denominadas *jacqueries*.

Alternando derrotas e vitórias por várias décadas, o exército francês conseguiu finalmente expulsar os ingleses, vencendo a guerra em 1453.

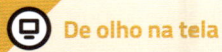 Iluminura do século XV, de Jean Froissart. Os ingleses venceram os franceses na Batalha de Crécy (1346), região norte da atual França. Essa foi a primeira grande batalha da Guerra dos Cem Anos.

De olho na tela

Joana d'Arc. Direção: Luc Besson. França, 1999. Ambientado na França, durante a Guerra dos Cem Anos, o filme conta a história de Joana d'Arc, que ajudou o exército francês a se libertar da Inglaterra e que, perseguida pela Igreja e acusada de bruxaria, acabou condenada à morte na fogueira, em 1431.

Saiba mais

Joana d'Arc

Durante boa parte da Guerra dos Cem Anos, houve diversos levantes camponeses na França e na Inglaterra. Em 1428, Joana d'Arc destacou-se ao liderar camponeses descontentes com os rumos da guerra. Dizendo-se enviada por Deus para restituir a liberdade à França, atraiu muitos seguidores, garantindo a vitória francesa em algumas batalhas.

Filha de camponeses, ela nasceu provavelmente entre 1410 e 1412, na região francesa de Lorena. Segundo relatos, aos 13 anos teria ouvido as vozes do arcanjo Miguel, de Santa Catarina e de Santa Margarida ordenando-lhe que libertasse a França dos ingleses.

Aos 17 anos, Joana deixou sua casa e, com trajes masculinos e cabelos cortados, apresentou-se ao rei Carlos VII, pronta a cumprir sua "missão". Após uma série de vitórias sobre os ingleses, a popularidade de Joana d'Arc se espalhou pelo reino e muitos começaram a considerá-la uma santa. Mas a Donzela de Orléans, como era chamada, foi presa por franceses aliados da Inglaterra e entregue aos ingleses, que a acusaram de heresia e feitiçaria.

Joana d'Arc foi queimada viva na cidade de Rouen, em 30 de maio de 1431. Sua morte impulsionou os soldados franceses, que, depois de sucessivas vitórias, libertaram a França do domínio inglês em 1453. Ela foi canonizada pela Igreja católica em 1920.

A Guerra das Duas Rosas (1455-1485)

Dois anos depois de perder seu domínio sobre a França, a Inglaterra foi palco de uma longa guerra civil. Iniciado em 1455, o conflito opôs as famílias Lancaster, representada por uma rosa vermelha, e York, cujo símbolo era uma rosa branca – daí o nome **Guerra das Duas Rosas**. Ambas reivindicavam o direito de indicar um herdeiro para suceder o rei Henrique VI, que era Lancaster.

A situação só foi resolvida em 1485, quando ficou estabelecido que o novo rei da Inglaterra seria Henrique VII, da dinastia Tudor, descendente da família Lancaster, mas casado com a herdeira dos York.

Bettmann/Getty Images

Gravura representando Henrique VI, sem data.

3 O "fim" da Idade Média

As transformações ocorridas nas sociedades europeias a partir do século XIV causaram impactos no modo de viver e de pensar do período medieval.

As sucessivas guerras promoveram uma séria crise socioeconômica. A desorganização da produção, decorrente dos levantes camponeses (*jacqueries*) e da mobilização dos grupos populares para a luta nesses conflitos, provocou epidemias e fome.

A falta de saneamento nas cidades e o grande fluxo de embarcações, trazendo animais e produtos de vários cantos do mundo, contribuíram para a propagação da peste negra. A peste era uma doença contagiosa, transmitida pelas pulgas dos ratos e caracterizada por manchas escuras no corpo das pessoas que a contraíam. Essa epidemia reduziu a população da Europa do século XIV, levando à morte aproximadamente 25 milhões de pessoas (um terço da população europeia). Os mais pobres foram os mais afetados pela peste e também por toda a grande crise do final da Idade Média.

Reprodução/Biblioteca Real da Bélgica, Bruxelas.

A figura mostra como era feito o sepultamento das vítimas da peste em uma cidade da França, em 1349.

A peste negra (1333-1351)

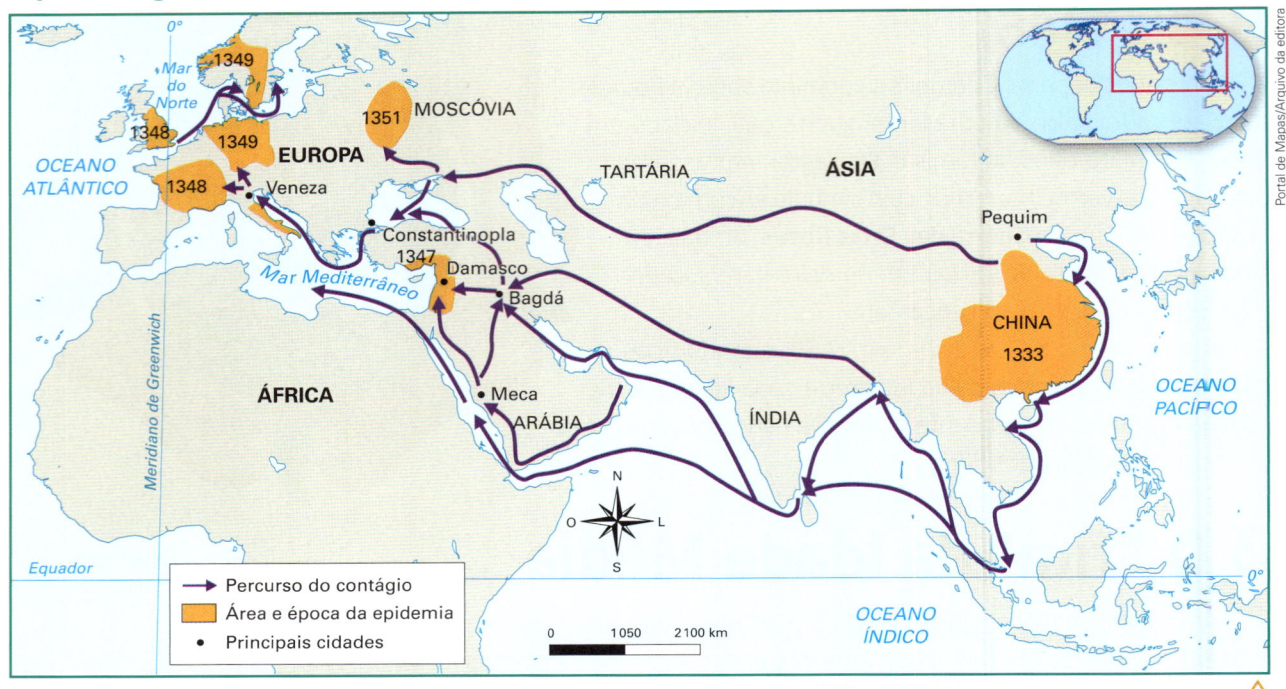

Fonte: elaborado com base em PAOLUCCI, S.; SIGNORINI, G. *Il Corso della Storia 1*. Bologna: Zanichelli, 1997. p. 382.

O mapa mostra a difusão da peste negra no século XIV.

No século XV, os europeus passaram a realizar viagens **ultramarinas**, assim chamadas por se dirigirem a terras do ultramar (outro lado do mar, em relação à Europa). Elas intensificaram o comércio e modificaram a visão de mundo dos europeus.

O desenvolvimento do comércio ultramarino, o crescimento das cidades e a formação de outros grupos sociais transformaram profundamente o sistema feudal. Aos poucos, ele foi substituído por outro sistema, denominado posteriormente por alguns estudiosos **capitalismo comercial**.

O capitalismo comercial se baseava no comércio e no expansionismo marítimo, ou seja, na conquista de novas terras alcançadas por mar e na exploração de riquezas dessas terras. Era a retomada europeia, ainda mais intensa, da expansão territorial e dos negócios, que estudaremos nos próximos capítulos.

Aquarela produzida no século XX representando o porto de uma cidade alemã no período do desenvolvimento do comércio ultramarino europeu.

De olho na tela

O passado, o presente e o futuro da peste bubônica. Aula: Sharon N. DeWitte; animação: Steff Lee. Documentário do TED-Ed. Disponível em: <https://www.youtube.com/watch?v=ySCIB6-OH-Q>. Acesso em: 14 jun. 2018.

A expansão da peste negra pela Europa se deu de forma rápida e mortífera. Até hoje, ela é considerada uma das maiores pandemias da História. Eram comuns artistas que usavam a peste como tema principal de sua obra. Essas representações ficaram conhecidas como *Danse Macabre* (Dança da Morte ou Dança Macabra).

Álbum/Fotoarena/Museu Histórico da Basileia, Suíça.

Dança da Morte da Basileia, de Johann Rudolf Feyerabend, 1806, pertencente ao Museu Histórico da Basileia, na Suíça. A imagem original foi destruída; ela fazia parte de um mural do cemitério de um mosteiro na região da Basileia, produzido na primeira metade do século XV.

Observe atentamente a aquarela e responda às questões.

1▸ O que essa imagem mostra?

2▸ Como a morte está representada na obra?

3▸ Que outros personagens aparecem na obra?

4▸ De maneira geral, a Dança da Morte reproduzida acima demonstra que a peste negra estava restrita a apenas um grupo social? Justifique sua resposta.

5▸ Procure no dicionário o significado das palavras "pandemia" e "epidemia". Por que a peste negra foi considerada uma pandemia, e não uma epidemia?

6▸ Você conhece ou teve notícia de alguma epidemia que tenha ocorrido na sua cidade, no seu estado ou no Brasil ultimamente?

7▸ Quais medidas podem ser tomadas para conter ou evitar as epidemias que você apontou? Você e seus familiares aderiram a essas medidas? Como poderíamos contribuir para que mais pessoas aderissem a essas medidas?

Mapeando saberes

- As transformações do feudalismo europeu, com o renascimento comercial e a expansão territorial, influenciaram a ordenação política que havia prevalecido na Alta Idade Média.

ATENÇÃO A ESTES ITENS

- No século XIV, as instituições da Europa ocidental foram abaladas por forte crise. A prolongada guerra entre a Inglaterra e a França provocou a desorganização da produção agrícola, e a população enfrentou a falta de alimentos e a fome. Além disso, a peste negra tornou-se uma pandemia em razão da falta de saneamento dos núcleos urbanos e da intensa movimentação comercial nos portos europeus, que recebiam embarcações de vários lugares do mundo.

- O processo de centralização do poder monárquico envolveu a formação do exército real, a aplicação de leis e da justiça no território do reino, o estabelecimento de uma moeda única e a criação de um sistema centralizado de administração e cobrança de impostos. Essas medidas tendiam a diminuir o poder dos senhores locais.

POR QUÊ?

- Mostram o dinamismo das mudanças sociais e econômicas e os interesses entrelaçados dos diversos grupos sociais e políticos – os formados na ordem feudal da Alta Idade Média e os novos, ligados às transformações dessa ordem. De outro lado, também apontam as situações dos grupos inferiores na escala social, desdobrando-se na marginalização e nos levantes de camponeses.

- Indicam a estrutura social hierarquizada em meio às disputas entre poderes (locais e governamentais), o que levou a maioria da população à penúria na luta pela sobrevivência em meio a guerras e doenças.

- Conhecer as instituições e as transformações de uma sociedade do passado contribui para a percepção das mudanças em nossa sociedade e para a identificação de elementos que têm origem em outra época e permanecem ainda hoje.

ATIVIDADES

Retome

1▸ Cite os fatores que foram importantes para a formação das monarquias centralizadas na Europa.

2▸ Identifique as principais causas da crise do século XIV.

3▸ Faça um resumo dos acontecimentos mais importantes da Guerra dos Cem Anos.

4▸ Indique algumas mudanças que ocorreram a partir do século XIV e que são consideradas decisivas para o "fim" da Idade Média.

Conheça uma biografia romanceada

5▸ O autor brasileiro Érico Veríssimo escreveu uma biografia romanceada da Donzela de Orléans, *A vida de Joana d'Arc*. No trecho a seguir, ele descreve o trágico fim da guerreira francesa. Leia e depois responda às questões.

Joana como que desperta de um sono pesado e mau, povoado de sonhos impossíveis.

De novo na prisão. O bafio úmido. A cama dura. Os guardas agressivos. E a sombra. A doença. O desalento.

Traíram-na. Prometeram levá-la para uma das prisões da Igreja, dar-lhe mulheres por companheiras.

Tudo mentira. Tudo ardil. [...]

Contempla as roupas de pajem que se acham aos pés da cama e tem impressão de que está fitando um cadáver.

A voz interior continua:

– Ainda é tempo. Veste esta roupa. Sê fiel à tua missão até o fim. Pensas que Deus vai te abandonar?

A Donzela se volta e num instante tira as roupas de mulher e mete-se nas roupas de pajem.

No dia seguinte a notícia se espalha pelo castelo, pela cidade, pelos campos. Joana tornou a vestir hábito de homem! [...]

Reúnem-se os doutores. Confabulam. Descem à prisão. Interrogam a Donzela.

– Por que tornaste a vestir roupas masculinas?

Joana está tranquila. Agora nada mais importa. Ela irá impávida até o fim.

– Porque o hábito de homem me agrada mais. [...]

No dia seguinte o tribunal se reúne na capela do arcebispo:

– Perjura. Relapsa. Herege. Feiticeira. Impudica.

Cada doutor condecora Joana d'Arc com um adjetivo.

Até que o mais grave deles, ao cabo de longa discussão, se ergue para dizer:

– Deve ser entregue ao braço secular!

> VERÍSSIMO, Érico. *A vida de Joana d'Arc.*
> Porto Alegre: Globo, 1960. p. 289-291.

▸ **Pajem:** rapaz que presta serviços a um cavaleiro ou príncipe.

▸ **Doutor:** no contexto, professor da Universidade de Paris, encarregado dos processos.

▸ **Perjuro:** pessoa que jura em falso ou rompe juramento.

▸ **Impudico:** que não tem pudor (recato, vergonha).

▸ **Braço secular:** justiça leiga, que não é da Igreja, uma vez que o Santo Ofício não se incumbia das execuções.

a) O que o texto de Veríssimo revela sobre os procedimentos inquisitoriais da Idade Média?

b) De acordo com o texto, qual foi o pior crime cometido por Joana d'Arc?

c) Por que, para a Igreja medieval, não era aceitável uma mulher se vestir como homem?

Autoavaliação

1. Quais atividades você considerou mais fáceis e mais difíceis? Por quê?

2. Em quais atividades você utilizou o texto do capítulo como base para sua resposta?

3. Algum ponto do capítulo não ficou muito claro para você? Qual?

4. Você compreendeu o esquema *Mapeando saberes*? Explique.

5. Você saberia apontar exemplos da atualidade considerando o que aprendeu no item *Por quê?* do *Mapeando saberes*?

6. Como você avalia sua compreensão dos assuntos tratados neste capítulo?

   » **Excelente:** não tive nenhuma dificuldade.

   » **Boa:** tive algumas dificuldades, mas consegui resolvê-las.

   » **Regular:** foi difícil compreender certos conceitos e resolver as atividades.

   » **Ruim:** tive muitas dificuldades, tanto no conteúdo quanto na realização das atividades.

Poema
Diversidade cultural dos povos ameríndios

Neste semestre, a proposta de projeto é a elaboração de poemas rimados. O poema é um gênero textual composto por versos – que podem ser rimados ou não – e estrofes, que são um conjunto de versos. Você terá contato mais aprofundado com esse gênero textual nas aulas de Língua Portuguesa, mas, para que possa se familiarizar com versos rimados, leia a seguir um trecho de *Os lusíadas*, poema épico de Luís Vaz de Camões, que narra a viagem de Vasco da Gama às Índias, em 1498.

A maneira de nuvens se começam
A descobrir os montes que enxergamos;
As âncoras pesadas se adereçam;
As velas, já chegados, amainamos.
E, pera que mais certas se conheçam
As partes tão remotas onde estamos,
Pelo novo instrumento do Astrolábio,
Invenção de sutil juízo e sábio,

Desembarcamos logo na espaçosa
Parte, por onde a gente se espalhou,
De ver cousas estranhas desejosa,
Da terra que outro povo não pisou.
Porém eu, cos pilotos, na arenosa
Praia, por vermos em que parte estou,
Me detenho em tomar do Sol a altura
E compassar a universal pintura.

CAMÕES, Luís Vaz de. *Os lusíadas*. Canto V. Disponível em: <www.dominiopublico.gov.br/download/texto/ua000178.pdf>. Acesso em: 24 set. 2018.

Para iniciar o trabalho com este projeto, a sala de aula será dividida em grupos, e cada grupo será responsável pela elaboração de estrofes, que devem tratar da história dos povos do atual continente americano, desde antes da chegada dos europeus, em 1492, até os dias atuais. Esses pequenos poemas rimados farão parte de um conjunto de poemas ao fim do projeto.

A seguir, você vai conhecer um pouco mais sobre o tema proposto e sobre como elaborar o poema, que será a primeira parte do projeto a ser desenvolvido durante todo o primeiro semestre. A segunda parte do projeto encontra-se no capítulo 6 deste volume (p. 128 e 129). Lá, você vai encontrar o detalhamento da elaboração do poema.

Conhecendo o tema

Neste volume, você vai estudar, entre outros assuntos, parte da trajetória dos povos e das civilizações nativas que ocupavam as terras que hoje chamamos de América. Você verá como eles viviam e se organizavam, as atividades que desenvolviam, os conhecimentos que dominavam e como se expressavam culturalmente desde antes da chegada dos europeus.

É importante destacar a diversidade dos grupos que habitavam o continente americano, e como essa multiplicidade ainda se reflete por toda a América, demonstrando a influência desses povos nos dias atuais. Você conhecerá esses grupos ao estudar o capítulo 3 deste volume. Destaca-se também a importância não somente dos povos que desapareceram antes ou depois da chegada dos europeus, mas também daqueles que permaneceram e que contribuíram para a formação da diversidade social presente em nosso continente. Apesar das guerras constantes e da escravização que ocorreu após o encontro com os europeus, seus descendentes ainda preservam muito de seus modos de vida, costumes, línguas e tradiçōes, que fazem parte do patrimônio material e imaterial de nossa História, como você estudará adiante.

Assim, o objetivo do projeto é que cada poema trate de um povo ou civilização da história dos indígenas da América. Por exemplo, um poema pode abordar a cultura dos maias, enquanto outro poema pode narrar aspectos da cultura dos indígenas que viviam na região do Xingu, e assim por diante. No final do projeto, busquem organizar os poemas de modo que a história contada esteja em ordem cronológica.

Planejamento

Planejar as etapas da atividade é fundamental para a realização do projeto. Para isso, siga estas orientações:

1▶ Sob a orientação do professor, organize-se com seus colegas em grupos de até cinco pessoas. Sugerimos que os grupos se organizem e pesquisem sobre os povos estudados neste volume: as civilizações antigas, como os esquimós (inuítes) e os iroqueses; as civilizações da Mesoamérica e Andina, como os olmecas, os astecas, os maias e os incas; e, por fim, os povos da bacia Amazônica e do Xingu. Para aprofundar seus conhecimentos sobre as etnias que viviam e vivem no atual território brasileiro, você pode consultar os mapas da página 70 deste volume.

2▶ Após a organização em grupo e a escolha do povo indígena que será apresentado no poema, é preciso definir os temas dos versos. Com o auxílio do professor, defina quais serão os aspectos da história da civilização indígena que vocês vão abordar no poema: vestimentas, organização social, religiosidade, etc.

3▶ Cada grupo será responsável pela pesquisa sobre o povo indígena escolhido. Para isso, consultem livros e revistas de História, além de *sites* sobre o assunto.

4▶ Durante o semestre, reúna-se regularmente com o seu grupo. Juntos, vocês devem apresentar o material pesquisado e debater os aspectos encontrados na pesquisa, identificando quais podem ser relacionados com o tema a ser tratado no poema.

5▶ Para que a pesquisa seja produtiva e para que a etapa de elaboração do poema não seja prejudicada pela falta de tempo, o professor vai estabelecer um cronograma para o cumprimento das tarefas e a apresentação do material coletado.

△ Vaso inca de madeira pintado a mão, século XV.

△ Estatueta de cerâmica da cultura Santarém, encontrada na atual região Norte do Brasil. O artefato foi feito entre os séculos X e XIV.

⏻ Dicas de pesquisa

Para facilitar sua pesquisa, indicamos alguns *sites* úteis sobre povos e civilizações que habitavam o continente americano.

ARQUEOLOGIA mexicana. Página em espanhol. Disponível em: <www.arqueologiamexicana.mx/>.

CULTURA pré-colombiana. *El País*. Disponível em: <www.brasil.elpais.com/tag/cultura_precolombina/a/>.

DECLARAÇÃO das Nações Unidas sobre os Direitos dos Povos Indígenas. *Unicef*. Disponível em: <www.unesdoc.unesco.org/images/0018/001850/185079por.pdf>.

ÍNDIOS *online*. Disponível em: <www.indiosonline.net/>.

OLIVEIRA, Joana. Indígenas foram os primeiros a alterar o ecossistema da Amazônia. *El País*. Disponível em: <www.brasil.elpais.com/brasil/2017/03/02/ciencia/1488466173_526998.html>.

OS INUIT. *Governo do Canadá*. Disponível em: <www.canadainternational.gc.ca/brazil-bresil/about_a-propos/inuit.aspx?lang=por>.

POVOS indígenas da atualidade. *Ejournal USA*. Disponível em: <www.photos.state.gov/libraries/amgov/30145/publications-portuguese/0609p.pdf>.

POVOS indígenas do Brasil. *Instituto socioambiental*. Disponível em: <www.socioambiental.org/pt-br/o-isa/programas/povos-indigenas-no-brasil>.

Acesso em: 13 set. 2018.

2

A Expansão Marítima europeia

Reprodução/Biblioteca Nacional, Paris, França.

Detalhe de ilustração de Charles D'Angoulême representando sua visão sobre a Etiópia, datada de 1400.

▶ Para começar 🗩

Observe a ilustração e responda às questões.

1. Como são retratados os seres humanos na imagem?

2. Que ideia você acha que os europeus tinham a respeito de outros povos? Justifique sua resposta.

Entre os séculos XI e XIV, algumas cidades da península Itálica, como Veneza e Gênova, detinham um forte controle das rotas comerciais que cruzavam o mar Mediterrâneo. Os comerciantes dessas cidades abasteciam os mercados europeus com produtos do Oriente, como especiarias (cravo, canela, pimenta, gengibre, noz-moscada), seda, pedras preciosas, tapetes e peças de artesanato. Essas mercadorias eram levadas por estradas e rios para o norte da Europa, em particular para o norte da França e os Países Baixos, a fim de serem negociadas com os grandes mercadores.

Contudo, no século XIV, guerras e epidemias de grande escala tornaram muitas estradas da Europa perigosas e intransitáveis. Naquele momento, os mercadores das cidades da península Itálica começaram a buscar novas rotas marítimas. Para se comunicar com os mercados do mar do Norte, eles passaram a utilizar a rota Mediterrâneo-Atlântico.

1 Um período de transição

A passagem da Idade Média para a Idade Moderna foi um processo longo, e não uma ruptura completa com o passado. Muitas instituições medievais, assim como o modo de vida e a visão de mundo dos homens e mulheres dessa época, não deixaram de existir de uma hora para outra. Ao contrário, permaneceram por vários séculos. Essa passagem de uma "Idade" para outra, além de ser gradual, não se deu de modo uniforme em toda a Europa, e foi marcada por **rupturas** e **permanências**.

Entre as principais mudanças estão o crescimento das trocas comerciais e o surgimento de um novo grupo social, composto principalmente de mercadores e artesãos: a **burguesia**.

O desenvolvimento do comércio aumentou a necessidade de metais preciosos para serem utilizados como moeda. Nessa época, porém, as minas europeias não conseguiam satisfazer a demanda de prata, ouro e cobre. Por isso, os portugueses passaram a explorar sobretudo o litoral atlântico da África, região rica em metais. Observe o mapa abaixo.

Rotas comerciais da Baixa Idade Média

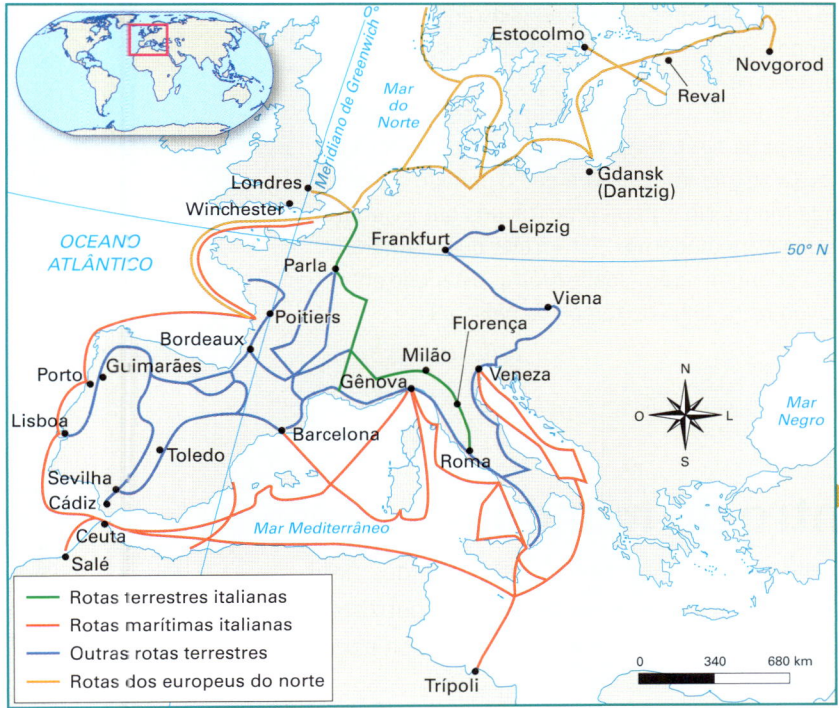

Legenda:
- Rotas terrestres italianas
- Rotas marítimas italianas
- Outras rotas terrestres
- Rotas dos europeus do norte

0 — 340 — 680 km

Portal de Mapas/Arquivo da editora

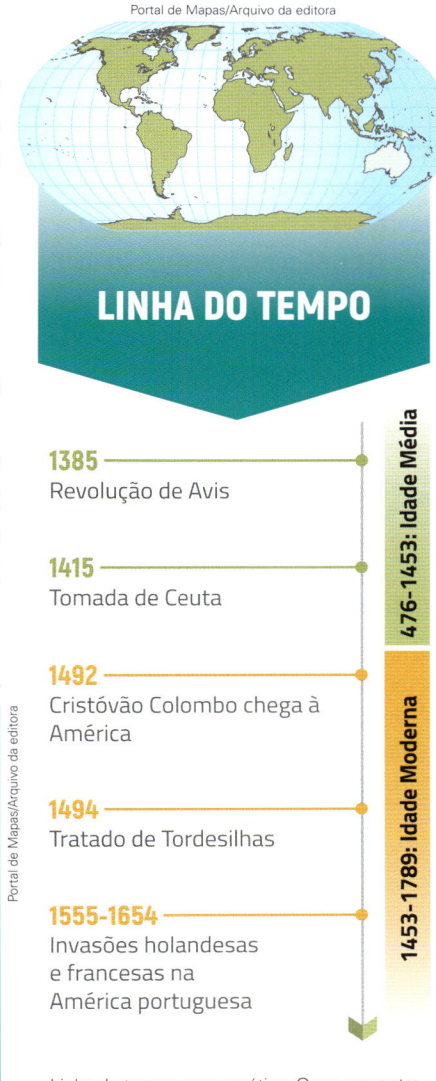

Portal de Mapas/Arquivo da editora

LINHA DO TEMPO

476-1453: Idade Média

1385 — Revolução de Avis

1415 — Tomada de Ceuta

1453-1789: Idade Moderna

1492 — Cristóvão Colombo chega à América

1494 — Tratado de Tordesilhas

1555-1654 — Invasões holandesas e francesas na América portuguesa

Linha do tempo esquemática. O espaço entre as datas não é proporcional ao intervalo de tempo.

> Entre as rotas comerciais representadas no mapa, pode-se observar a rota marítima utilizada pelos comerciantes da península Itálica no século XIV para chegar ao mar do Norte.

Fonte: elaborado com base em DUBY, Georges. *Atlas histórico mundial*. Madrid: Debate, 1988. p. 54-55.

Entre as permanências, destaca-se a manutenção dos antigos feudos. A posse da terra e a hereditariedade continuaram a determinar a condição social e jurídica dos indivíduos. Embora parte da burguesia tivesse enriquecido, ainda prevaleciam os privilégios de nobres e clérigos. Nas áreas rurais, mantinham-se obrigações servis, como a corveia e o dízimo.

Para entender o "mundo moderno", devemos estudar as transformações pelas quais a Europa passou nos primeiros séculos da chamada Idade Moderna e compreender por que esse período foi assim nomeado.

Transição, rupturas e permanências

No uso comum, a palavra **transição** quer dizer passagem, mudança de um lugar ou de um estado de coisas para outro. Já em História, transição significa uma passagem lenta de um período para outro.

Ruptura, ao pé da letra, quer dizer rompimento, interrupção. Em História, a palavra indica mudança brusca, transformação radical em relação ao passado.

Permanência designa continuidade, manutenção. Na História, as permanências são identificadas, em geral, como "heranças" do passado, características que ficaram, que não se alteraram ao longo do tempo ou que se alteraram apenas de forma superficial.

Neste capítulo, ao estudar o longo período de transição entre a Idade Média e a Idade Moderna, fique atento às rupturas e permanências.

Construindo conceitos

Tempos modernos

Costumamos usar a palavra "moderno" para qualificar algo novo, atual, recente. No entanto, o período da história europeia conhecido como Idade Moderna ou Tempos Modernos não é recente; ele corresponde ao espaço de tempo compreendido entre meados do século XV e o final do século XVIII. Quando e por que se resolveu chamar esse período de "tempos modernos"? De onde vem esse nome?

Os seres humanos que integraram as sociedades clássicas da Antiguidade europeia, e que hoje denominamos antigos, nunca se chamaram por esse nome. Da mesma forma, os chamados homens e mulheres medievais sequer imaginavam que o período em que viviam um dia seria conhecido como Idade Média. No entanto, muitos dos que viveram entre os séculos XV e XVIII já se autodenominavam **modernos**. Foram eles que chamaram as sociedades grega e romana de "antigas" e denominaram "Idade Média" o período entre o tempo "antigo" e o "moderno". É o que vemos na linha do tempo da página 31.

▶ **Autodenominar:** dar nome a si mesmo.

A Europa como centro do mundo

Durante a Idade Média, o continente europeu não tinha muitas cidades nem grandes riquezas, e sua população era pequena, se comparada com a de outras regiões do mundo. Vários historiadores afirmam que, naquele período, a Europa poderia ser vista como a periferia do mundo muçulmano.

Os muçulmanos não só controlavam as principais rotas de comércio como dominavam o mar Mediterrâneo. Contavam, ainda, com avançados conhecimentos científicos que fascinaram e influenciaram os europeus.

No início da Idade Moderna, ocorreram as viagens marítimas, ou ultramarinas, empreendidas, a princípio, por portugueses e espanhóis. Por meio delas, os europeus conquistaram territórios em vários pontos do planeta e passaram a dominar o comércio marítimo. Assim, a Europa deixava de ser a periferia do mundo islâmico para se tornar um importante centro, que dominaria e subordinaria outras regiões mundiais.

2 As Grandes Navegações

No século XV, quando os europeus deram início às viagens ultramarinas, muitas pessoas acreditavam que os mares e as terras desconhecidas eram povoados por monstros e criaturas assustadoras. Alguns relatos de viajantes e aventureiros estimulavam a imaginação até mesmo daqueles que não participavam das viagens marítimas.

Com o avanço das navegações, o conhecimento do planeta foi sendo ampliado, como mostra a cartografia do século XVI, e os europeus começaram a construir uma nova visão de mundo.

Mapa-múndi de Gerard Mercator, de 1585.

Album/Fotoarena/Museu Britânico, Londres, Inglaterra.

Índia e China

Quando destacamos, no início do capítulo, o período de transição entre a Idade Média e a Idade Moderna, nos referimos ao quadro histórico da Europa. O contexto das Américas, por exemplo, era muito diferente, como veremos no próximo capítulo. Já na Ásia oriental, existiam povos com uma história e cultura milenares, que desenvolviam contatos comerciais com o Ocidente desde a Antiguidade.

Índia e China, duas grandes civilizações orientais, entraram na rota da expansão europeia que se iniciou no século XV. Ambas foram alvos dos interesses europeus por seus produtos e riquezas, o que resultou em um intenso comércio e em inúmeros confrontos que duraram até o século XX, quando indianos e chineses firmaram suas autonomias e emergiram como potências. Hoje a China é o país mais populoso do mundo, seguido da Índia, e ambas são poderosas forças econômicas internacionais.

A seguir, vamos destacar alguns pontos da longa história indiana e chinesa.

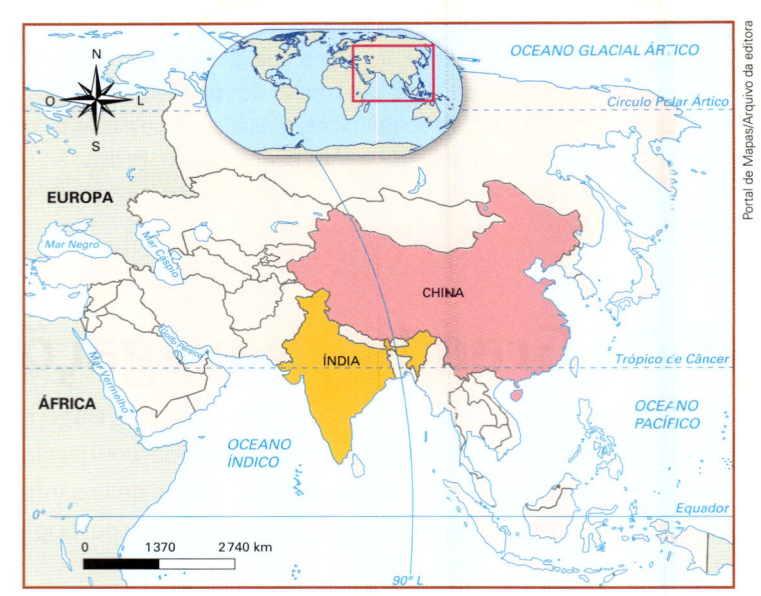

Fonte: elaborado com base em BARBERIS, Carlo. *Storia antica e medievale*. Milão: Principato, 2001. p. 369.

A Índia antiga

O Período Védico

As origens históricas urbanas da região indiana remontam à Antiguidade. A partir do segundo milênio a.C., arianos avançaram sobre a região e acabaram dominando toda a península Indiana. O domínio ariano predominou do século XV a.C. ao século IV a.C. e muitas das informações dessa época foram obtidas em textos religiosos chamados Vedas, daí a denominação de **Período Védico**. Nesse período, a religião hindu ganhou força e se difundiu pelos reinos governados pelos rajás e marajás. Essa religião cultua diversas divindades – inclusive alguns animais, entre eles a vaca, considerada símbolo da vida – e defende a crença na reencarnação. Com o tempo, a religiosidade hinduísta incorporou novas divindades e crenças, com destaque para Brahma, arquiteto do universo, Vishnu, deus da conservação, e Shiva, deus da destruição. Essas mudanças deram origem ao chamado **bramanismo**.

> **Rajá** e **marajá**: denominação da Índia antiga para príncipes e reis, respectivamente. Do sânscrito *rajá* = 'rei' (príncipe) e *marajá* = 'grande rei'.

O sistema de castas e o hinduísmo

A sociedade da cultura védica era dividida em castas (camadas sociais). Nesse sistema, a casta em que uma pessoa nasce determina muitas características de sua vida, como sua posição social e seu casamento (que só pode acontecer entre pessoas do mesmo grupo). Justificada pela religião, é um sistema em que não existe mobilidade social. Acreditava-se que as castas tinham origem em diferentes partes do corpo divino de Brahma. Observe essa divisão na pirâmide da página seguinte.

+ Saiba mais

Em 1950, a Índia suprimiu o sistema de castas de sua Constituição, mas, na prática, ele persiste até hoje, principalmente nas áreas rurais do país. Em 1997, Kocheril Raman Narayanan, um membro da casta dos párias, foi eleito presidente da Índia, fato inédito no país até então. Em 2017, Ram Nath Kovind, outro membro dos párias, elegeu-se para a presidência do país.

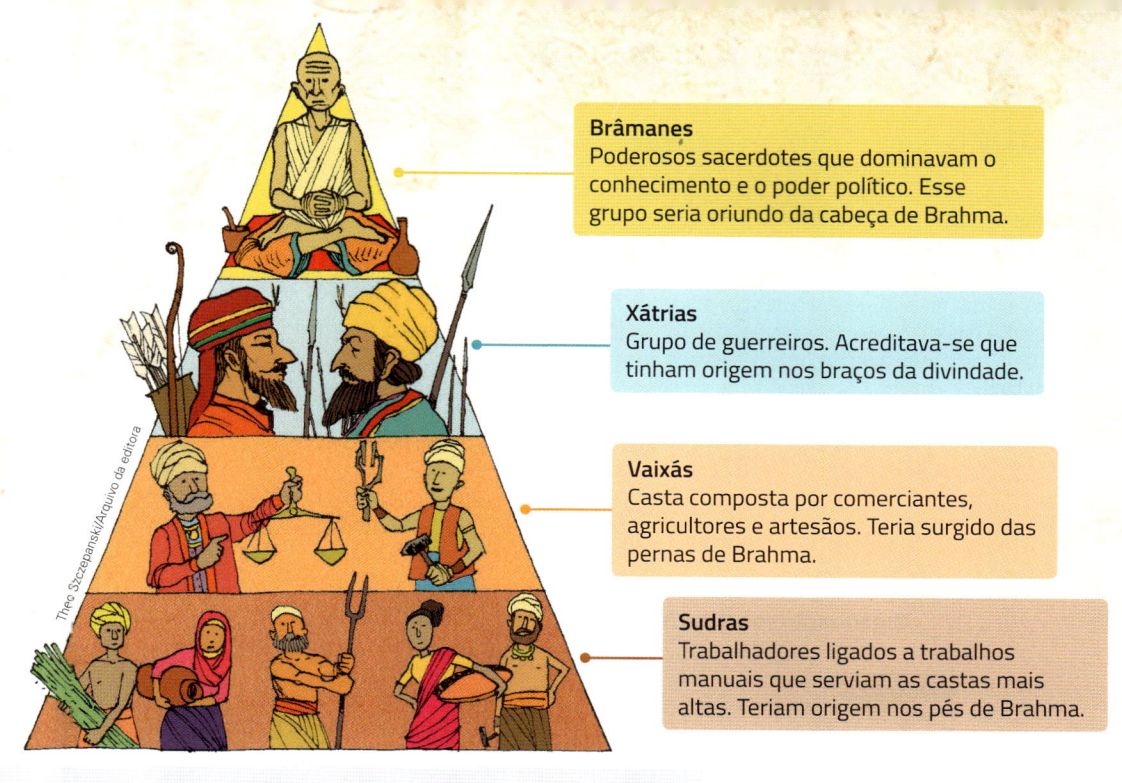

Brâmanes
Poderosos sacerdotes que dominavam o conhecimento e o poder político. Esse grupo seria oriundo da cabeça de Brahma.

Xátrias
Grupo de guerreiros. Acreditava-se que tinham origem nos braços da divindade.

Vaixás
Casta composta por comerciantes, agricultores e artesãos. Teria surgido das pernas de Brahma.

Sudras
Trabalhadores ligados a trabalhos manuais que serviam as castas mais altas. Teriam origem nos pés de Brahma.

Theo Szczepanski/Arquivo da editora

Párias ou Dalits (ou "sem casta")
Este grupo era o único que não era visto como derivado do corpo divino. Por isso, seus membros eram considerados impuros e não podiam ser tocados; eles se dedicavam aos trabalhos julgados mais degradantes.

O budismo e a Idade de Ouro da Índia antiga

No século VI a.C. surgiu na cultura indiana o budismo, que se opunha à sociedade de castas hinduísta. Criado por **Sidharta Gautama**, o budismo pregava a igualdade e defendia que cada pessoa deveria buscar a supressão dos desejos, alcançando, assim, a iluminação e tornando-se um buda ("iluminado").

Durante a dinastia **Máuria**, iniciada no final do século IV a.C., foi formado um imenso império. Um dos governantes mais importantes desse período foi **Asoka** (272 a.C. ou 268 a.C. a 235 a.C.), que fundamentou seu governo nas crenças budistas. Após sua morte, o império fragmentou-se e o budismo foi enfraquecido com a progressiva retomada do hinduísmo bramânico. A dinastia **Gupta** reunificou o Império Indiano no século IV, restabelecendo o predomínio do hinduísmo e fortalecendo a economia da região. A intensificação comercial, especialmente com o Império Romano, favoreceu o acúmulo de riquezas, tornando a dinastia rica e poderosa. Esse período ficou conhecido como a **Idade de Ouro** da Índia antiga.

Invasões e fragmentações

A região da Índia sofreu diversas invasões em seu território ao longo da história. No século VI, a dinastia Gupta chegou ao fim com as invasões dos hunos, uma das causas da fragmentação do império em pequenos reinos. No século VIII teve início a invasão islâmica, com a difusão do islamismo árabe. Já no século XIV, foi a vez da invasão dos mongóis, que tempos depois fundaram ali o **Império Mongol** (séculos XVI ao XVIII). Foi durante esse império, no século XVII, que o Taj Mahal foi construído, na cidade de Agra. Esse império, contudo, não conseguiu unificar a Índia, e continuaram existindo diversos outros reinos regionais (islâmicos e hinduístas).

O desenvolvimento comercial

Mesmo antes da chegada dos mongóis, grandes centros comerciais já haviam se desenvolvido na área, como os portos de Goa, Calicute, Délhi, Lahore e Ceilão. Esses eram locais com intensa circulação de riquezas, onde se estabeleceram os grupos dirigentes (muçulmanos ou hindus), além da produção manufatureira de tecidos. Eram dessas regiões que partiam inúmeros produtos, como pimenta, cravo, canela, salitre, seda e outros. Com isso, formaram-se rotas comerciais que foram importantes para o renascimento comercial italiano e europeu da Baixa Idade Média.

No final do século XV, exploradores portugueses chegaram à Índia, liderados por Vasco da Gama, seguidos pelos franceses, holandeses e ingleses. Eles exploravam as riquezas da região, como tecidos e especiarias, que eram comercializadas na Europa e na América. Durante séculos, esses povos disputaram o domínio da Índia, em um processo que só se encerrou no século XIX, quando o local passou a ser dominado pela Inglaterra.

Independência

Após muitas lutas, em 1947 os indianos obtiveram a independência da Inglaterra, sob a liderança de Mahatma Gandhi e Nehru. Foram formados, então, três países: a Índia, basicamente hinduísta; o Paquistão, muçulmano, dividido em Paquistão Ocidental e Paquistão Oriental; e o Sri Lanka, de maioria budista. Em 1971, o Paquistão Oriental proclamou-se independente, adotando o nome de Bangladesh.

Elliott & Fry/Getty Images

Mahatma Gandhi, em foto de 1941.

A China antiga

As antigas dinastias

A região da atual China, segundo estudos arqueológicos, foi ocupada por grupos humanos há milhares de anos. A sedentarização desses grupos ocorreu por volta de 10000 a.C., nas margens férteis dos rios Amarelo (Huang-ho) e Azul (Yang-Tsé-Kiang) e de seus afluentes. Eles logo desenvolveram meios de controle das cheias dos rios e o cultivo do arroz, do trigo, da cevada e de outros produtos, e, a partir do terceiro milênio a.C., já realizavam a produção especializada de seda e cerâmica, com destaque para a porcelana. Criaram também uma escrita composta de símbolos gráficos que transmitem ideias ou palavras, conhecidos como **ideogramas**. Entre 1750 a.C. e 256 a.C., diversos reinos predominaram em partes do território da China, governados por antigas dinastias: **Xia** (até 1750 a.C.); **Chang** ou **Shang** (de 1750 a.C. até 1040 a.C.) e **Chou** ou **Zhou** (de 1040 a.C. a 256 a.C.). Esta última dinastia dividiu o reino em principados, os quais foram doados a chefes poderosos que, a partir do século V a.C., travaram sucessivas guerras disputando territórios e poderes. Essa época ficou conhecida como **Período dos Reinos Combatentes**, e se estendeu até o século III a.C.

Organização social na China antiga

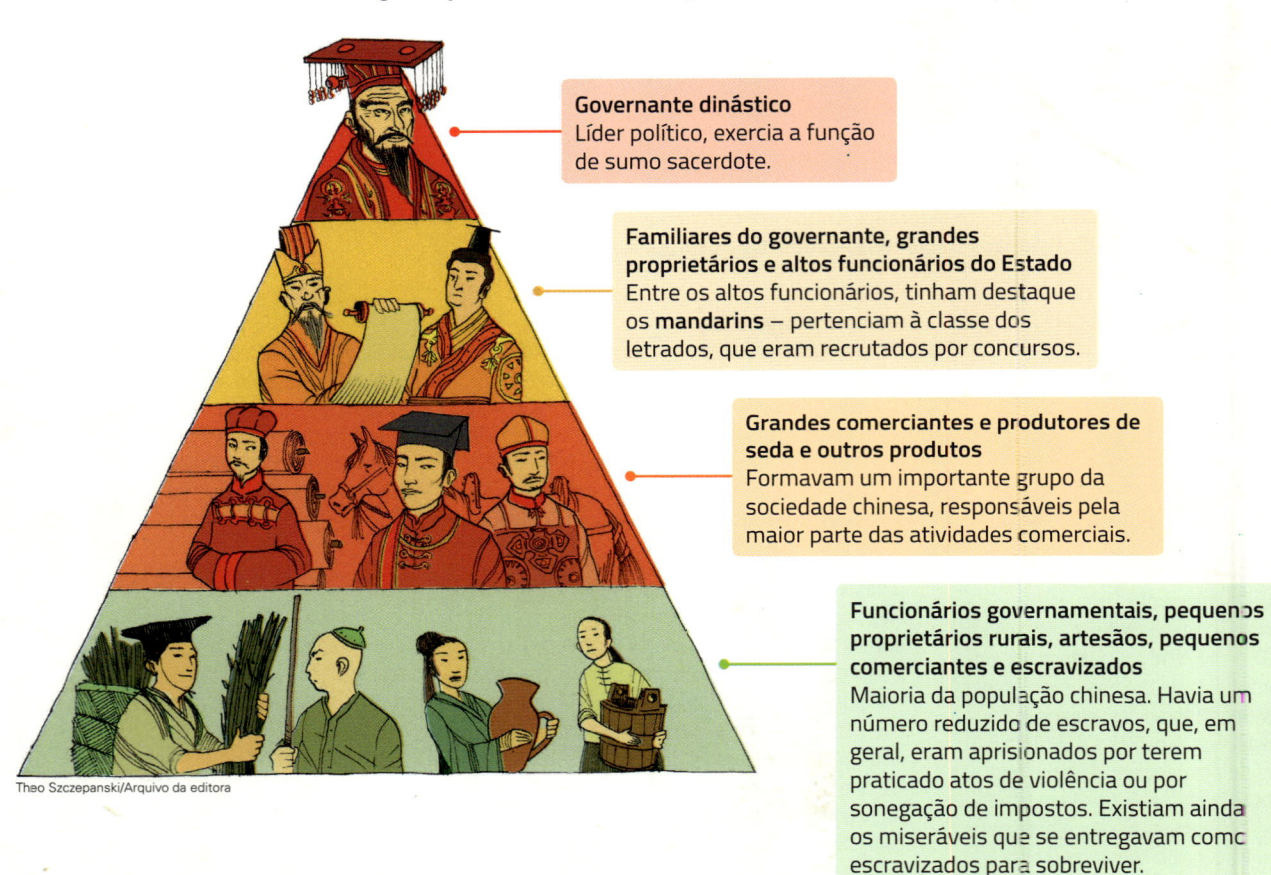

Governante dinástico
Líder político, exercia a função de sumo sacerdote.

Familiares do governante, grandes proprietários e altos funcionários do Estado
Entre os altos funcionários, tinham destaque os **mandarins** – pertenciam à classe dos letrados, que eram recrutados por concursos.

Grandes comerciantes e produtores de seda e outros produtos
Formavam um importante grupo da sociedade chinesa, responsáveis pela maior parte das atividades comerciais.

Funcionários governamentais, pequenos proprietários rurais, artesãos, pequenos comerciantes e escravizados
Maioria da população chinesa. Havia um número reduzido de escravos, que, em geral, eram aprisionados por terem praticado atos de violência ou por sonegação de impostos. Existiam ainda os miseráveis que se entregavam como escravizados para sobreviver.

Theo Szczepanski/Arquivo da editora

A China Imperial

Após o Período dos Reinos Combatentes, a reunificação da China coube à dinastia **Ch'in** (221 a.C.-206 a.C.), de cujo nome deriva o nome **China**. Com os Ch'in teve início o período da China Imperial, que se estenderia até 1911. Seu fundador, Shih Huang Ti, adotou medidas para dar unidade cultural à região, como uniformizar a escrita e implementar um sistema padrão de pesos e medidas.

Para conter ataques de povos nômades do norte, tidos como "bárbaros" pelos chineses, Shih Huang Ti deu início à construção da **Grande Muralha da China**, que só foi terminada no século XV, chegando a ter mais de 8,8 mil quilômetros de extensão e cerca de 10 mil torres, servindo também como estrada. Estima-se que sua construção contou com mais de 1 milhão trabalhadores. Atualmente, cerca de um terço dela continua em pé. Em 1987, a Grande Muralha foi considerada Patrimônio da Humanidade pela Organização das Nações Unidas (ONU).

A China e o Império Romano no final do século I a.C.

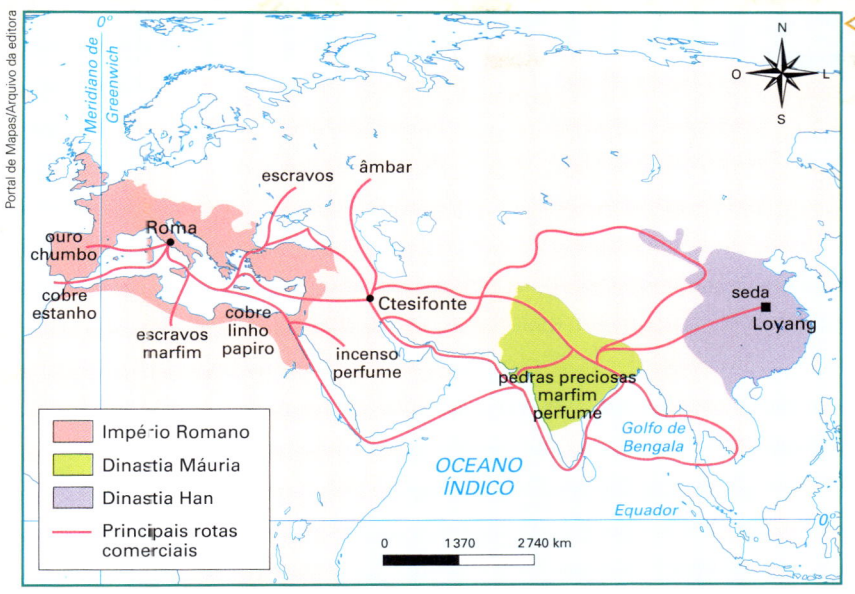

Fonte: elaborado com base em BARBERIS, Carlo. *Storia antica e medievale*. Milão: Principato, 2001. p. 369.

◁ No final do século I a.C., a China tinha cerca de 60 milhões de habitantes; na mesma época, o Império Romano somava pouco mais de 54 milhões de habitantes. Uma rede de rotas ligava os dois impérios, transportando mercadorias do Oriente para o Ocidente e vice-versa.

A Rota da Seda

Na dinastia seguinte, dos **Han** (206 a.C.-220 d.C.), ocorreram importantes avanços científicos e tecnológicos como a fabricação de papel, a criação da bússola e o desenvolvimento da acupuntura. As conquistas de terras a oeste, próximas à Índia, favoreceram a entrada do budismo no país, que obteve grande aceitação nos séculos seguintes. Foi também nessa época que se estabeleceu a chamada **Rota da Seda**, a ligação comercial da Antiguidade entre a China e o Ocidente.

Crises

Após a dinastia **Han**, entre os anos 220 e 581, ocorreram grandes crises políticas e sociais na China. Além disso, houve seguidas invasões de povos nômades, assim como ocorreu com o Império Romano Ocidental até o século V. Três dinastias se sucederam no poder depois da dinastia Han: **Sui** (581-618), **Tang** (618-907) e **Song** (960-1279).

A expansão comercial e tecnológica

Durante a dinastia Song, a China voltou a ser a maior potência asiática, realizando trocas comerciais com outras regiões, como a Índia. Durante esse período, a tecnologia náutica chinesa era a mais avançada do mundo. Nesse período, os chineses inventaram a pólvora, usada em fogos de artifício e em armas de fogo, além de serem os primeiros a produzir aço.

A formação do Império Mongol e as relações comerciais com o Ocidente

No século XII, povos nômades turcos e mongóis realizaram constantes invasões no norte da China. Nessa época, o chefe militar **Gengis Khan** comandava o Império Mongol, que se estendia do nordeste da China até o golfo Pérsico. No século XIII, quando os imperadores chineses começaram a permitir a entrada de europeus na região, Marco Polo estabeleceu contatos entre a China e a Europa. Do século XIII ao XV, a China chegou a dominar um amplo comércio marítimo, com ligações com toda a área asiática e a África.

Dinastia Ming e Manchu

Em meados do século XIV, ocorreu um movimento popular visando à expulsão dos mongóis, o que deu início à dinastia **Ming** (1368-1644). No século XV, buscou-se intensificar os contatos comerciais da China por meio da expansão marítima no oceano Índico, que chegou a alcançar o Atlântico. Isso formou uma rede de comércio que ligava diversas regiões asiáticas e a costa africana oriental. No século seguinte, teve início a última dinastia imperial chinesa, a **Manchu**, ou **Qing** (1644-1911). No século XIX, as potências ocidentais dominaram e exploraram o território chinês, acentuando o enfraquecimento da dinastia Manchu. Em 1911, opondo-se à presença estrangeira na China, uma rebelião nacionalista derrubou essa dinastia. No mesmo ano, foi proclamada a República da China. Nas últimas décadas, a China transformou-se em uma das maiores potências econômicas e militares do mundo.

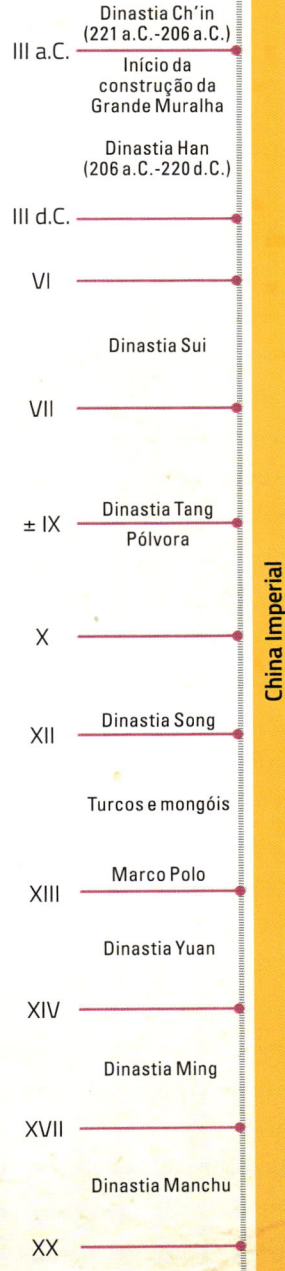

China Imperial

III a.C.	Dinastia Ch'in (221 a.C.-206 a.C.)
	Início da construção da Grande Muralha
	Dinastia Han (206 a.C.-220 d.C.)
III d.C.	
VI	
	Dinastia Sui
VII	
± IX	Dinastia Tang
	Pólvora
X	
XII	Dinastia Song
	Turcos e mongóis
XIII	Marco Polo
	Dinastia Yuan
XIV	
	Dinastia Ming
XVII	
	Dinastia Manchu
XX	

Representação artística, sem escala.

O pioneirismo português

Enquanto o restante da Europa sofria os efeitos da crise do século XIV, Portugal dava início à expansão ultramarina, com o objetivo de encontrar novas rotas de comunicação com o Oriente. Essas viagens, conhecidas como **Grandes Navegações**, possibilitaram aos portugueses entrar em contato com as Américas, terras que eram desconhecidas pelos europeus.

Vários fatores contribuíram para que os portugueses tomassem a dianteira nas viagens em busca de rotas para o Oriente:

- **Situação geográfica.** A localização privilegiada, voltada para o mar, permitiu aos navegadores portugueses lançarem-se com sucesso em direção ao oceano Atlântico.

- **Domínio de equipamentos e técnicas de navegação.** O estreito contato com os árabes deu aos ibéricos a oportunidade de conhecer e aprender a usar uma série de instrumentos que facilitavam a orientação e as viagens a terras distantes.

Acervo da editora/Museu Naval de Madri, Espanha.

◁ Bússola do século XVI, em marfim.

Bridgeman Images/Easypix/Museu de Ciência, Londres, Inglaterra.

Quadrante de ouro, de 1572. ▽

akg-images/Album/Fotoarena/Real Gabinete de Matemática e Física, Dresden, Alemanha.

△ Astrolábio do século XVI.

▽
O astrolábio possibilitava calcular a posição do navio em relação à linha do equador (latitude). A bússola permitia saber em que direção o navio seguia. E, para medir a altura dos astros e assim determinar a posição do navio, os marinheiros portugueses usavam, em geral, o quadrante.

- **Contato com textos antigos e relatos de viagem.** Desde os séculos XII e XIII, muitos textos antigos voltaram a ser lidos, especialmente nas universidades. Difundiu-se a ideia de que a Terra era esférica e não plana, como muitos acreditavam.

- **Enriquecimento dos mercadores.** Portugal havia se transformado em importante entreposto de abastecimento de navios italianos que iam para o mar do Norte, o que enriqueceu mercadores, navegantes e a própria Coroa portuguesa.

- **Formação de um Estado centralizado.** Os gastos com as navegações só podiam ser bancados por um Estado forte, que as financiasse e protegesse. Em troca desse apoio, o Estado recebia as riquezas e o controle político das novas terras conquistadas. Por isso, a centralização da monarquia portuguesa foi fundamental para as Grandes Navegações.

As expedições marítimas ibéricas foram realizadas por meio de alianças entre mercadores e monarquia, visando minimizar os riscos e ampliar os ganhos econômicos e políticos. A pintura, feita no século XVI por Sánchez Coelho, mostra a partida de uma expedição do porto de Sevilha, na Espanha, rumo à América, em 1498.

3 Portugal: uma monarquia centralizada

A formação do Estado português esteve ligada às **Guerras de Reconquista**, como são chamadas as lutas dos cristãos para expulsar os árabes muçulmanos da península Ibérica, que a ocupavam desde o século VIII.

Entre os séculos XI e XII, no avanço dessas lutas, formaram-se quatro reinos cristãos na península: Leão, Castela, Navarra e Aragão. O Reino de Leão, mais tarde, seria anexado ao de Castela.

Nessa mesma época e no mesmo contexto das guerras contra os árabes, foi formado o **Condado Portucalense**, subordinado ao Reino de Leão. Em 1139, o condado conseguiu sua independência, formando, assim, o **Reino de Portugal**, cujos primeiros monarcas pertenciam à **dinastia de Borgonha** (1139-1385).

No século XIV, as rotas comerciais europeias terrestres estavam interditadas pela epidemia de peste negra e pelas guerras. Os mercadores portugueses aproveitaram-se dessa situação e, contando com a posição geográfica privilegiada do reino, integraram-se ao comércio da península Itálica com o mar do Norte. Essa participação no comércio de especiarias acelerou o desenvolvimento português, em particular da burguesia mercantil.

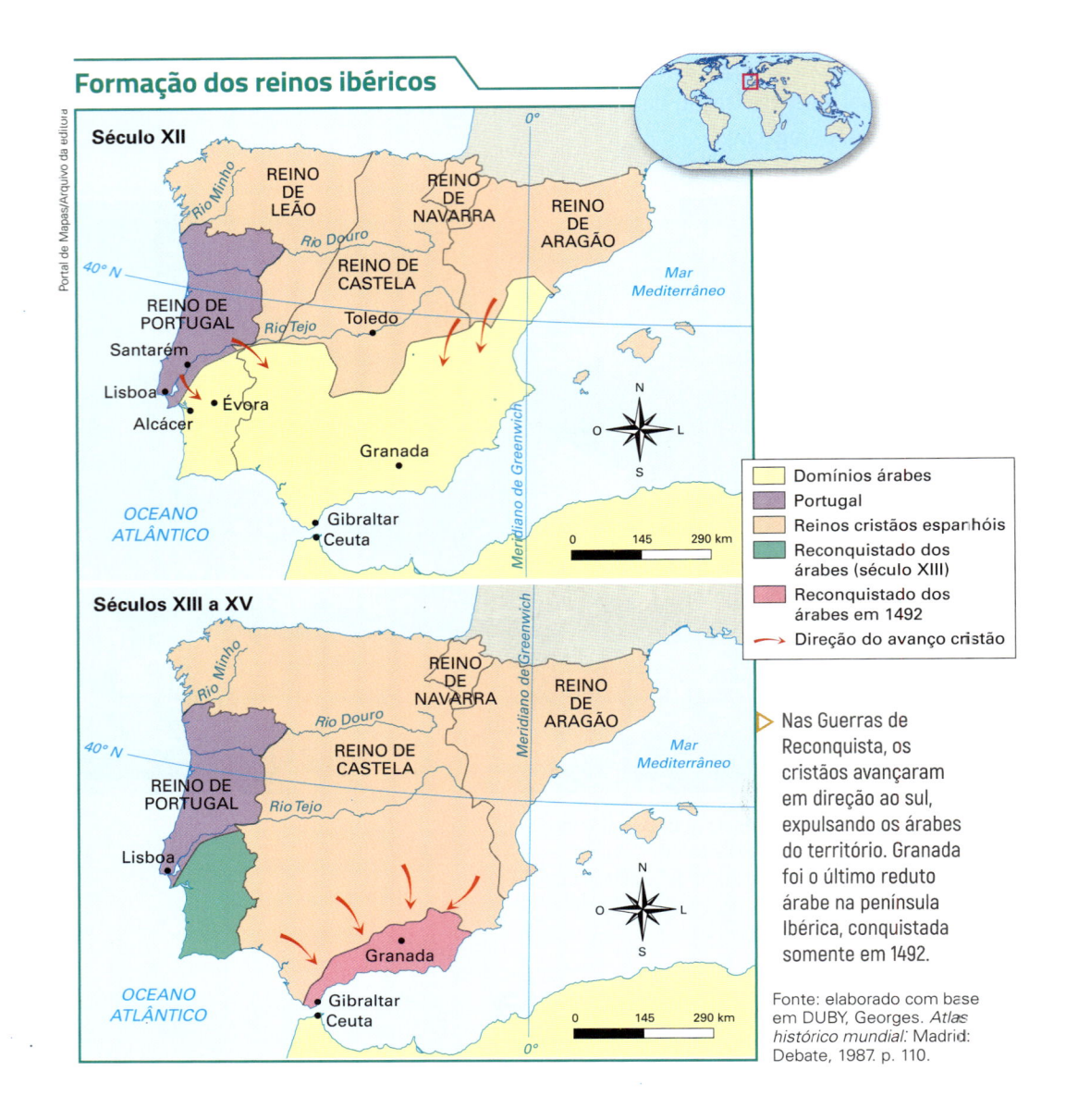

Formação dos reinos ibéricos

Século XII

REINO DE LEÃO
REINO DE NAVARRA
REINO DE ARAGÃO
REINO DE CASTELA
REINO DE PORTUGAL

Rio Minho
Rio Douro
Rio Tejo

Santarém
Lisboa
Alcácer
Évora
Toledo
Granada
Gibraltar
Ceuta

Mar Mediterrâneo
OCEANO ATLÂNTICO
Meridiano de Greenwich

40° N
0°

N O L S

0 145 290 km

Séculos XIII a XV

REINO DE NAVARRA
REINO DE ARAGÃO
REINO DE CASTELA
REINO DE PORTUGAL

Rio Minho
Rio Douro
Rio Tejo

Lisboa
Granada
Gibraltar
Ceuta

Mar Mediterrâneo
OCEANO ATLÂNTICO
Meridiano de Greenwich

40° N
0°

N O L S

0 145 290 km

Legenda:
- Domínios árabes
- Portugal
- Reinos cristãos espanhóis
- Reconquistado dos árabes (século XIII)
- Reconquistado dos árabes em 1492
- → Direção do avanço cristão

Portal de Mapas/Arquivo da editora

▷ Nas Guerras de Reconquista, os cristãos avançaram em direção ao sul, expulsando os árabes do território. Granada foi o último reduto árabe na península Ibérica, conquistada somente em 1492.

Fonte: elaborado com base em DUBY, Georges. *Atlas histórico mundial.* Madrid: Debate, 1987. p. 110.

A dinastia de Avis

O último governante da dinastia de Borgonha, dom Fernando, morreu em 1383, sem deixar herdeiros do sexo masculino. Como a filha de dom Fernando, dona Beatriz, era casada com o monarca de Castela, Portugal deveria passar para o domínio desse reino. Temendo perder sua <u>autonomia</u>, grupos mercantis e populares lutaram em favor da coroação de dom João, <u>Mestre de Avis</u>, meio-irmão do monarca morto.

Seguiu-se um conflito vencido pelos partidários de dom João. Coroado rei de Portugal, em 1385, com o título de dom João I, deu início à dinastia de Avis, que governaria Portugal até 1580.

O governo de dom João I distinguia-se dos de seus antecessores pela centralização do poder e pela organização de um exército mantido com as riquezas obtidas por meio das atividades mercantis.

Uma das principais características do reinado de dom João I foi o apoio constante a novos empreendimentos mercantis. Por isso, a conquista de territórios e a busca de uma rota alternativa para as Índias eram alguns de seus principais objetivos.

▶ **Autonomia:** direito ou capacidade de se autogovernar; liberdade, independência.

▶ **Mestre de Avis:** líder supremo da ordem militar cristã chamada Ordem de Avis.

Dom João I atendeu aos anseios dos grupos mercantis portugueses e estabeleceu um governo ligado aos interesses expansionistas. Esta iluminura, de Jean de Wavrin, do século XV, representa cena de seu casamento com a princesa inglesa dona Filipa.

Esses fatores, bem como o espírito de conquista e de luta contra "infiéis", situado na religiosidade portuguesa, transformaram Portugal em uma potência econômica e expansionista daquele período.

4 A Expansão Marítima de Portugal e Espanha

As navegações portuguesas

Em 1415, os portugueses estabeleceram seu domínio sobre **Ceuta**, um importante entreposto comercial árabe no norte da África. Em seguida, conquistaram ilhas do oceano Atlântico, como Madeira e Açores, e alcançaram o litoral atlântico da África. A partir de então, deram início ao périplo africano, contornando, pouco a pouco, a África e estabelecendo feitorias e fortificações militares por toda a costa.

Em 1438, a expedição comandada pelo português Bartolomeu Dias alcançou e cruzou o extremo sul africano, que liga o oceano Atlântico ao Índico. O local, que era chamado de Cabo das Tormentas, em razão das violentas tempestades, foi rebatizado de cabo da Boa Esperança.

Em 1498, **Vasco da Gama** desembarcou em Calicute, na Índia. Sua viagem garantiu a Portugal o controle sobre o comércio das mercadorias orientais, estabelecendo acordo com os líderes locais.

Dois anos depois, em 1500, **Pedro Álvares Cabral** e sua esquadra chegavam ao território americano, no litoral nordeste do que viria a ser o Brasil. Após alguns dias, a esquadra seguiu para a Índia, onde seriam embarcadas especiarias orientais.

Dessa forma, já nos primeiros anos do século XVI, a cidade de Lisboa se transformou em um dos mais importantes centros econômicos da Europa, e o Atlântico Sul passou a ser uma região de predomínio português.

▶ **Périplo africano:** viagem de contorno ao longo da costa africana, com estabelecimento de possessões e entrepostos portugueses que facilitavam o caminho rumo às Índias.

 Minha biblioteca

Os lusíadas, de Luís Vaz de Camões, Scipione, 1997. Adaptação em prosa do clássico da literatura portuguesa que trata das Grandes Navegações.

TRABALHANDO COM **DOCUMENTOS**

Luís Vaz de Camões (1524-1580), um dos maiores poetas da língua portuguesa, foi também marinheiro e participou da viagem realizada por Vasco da Gama às Índias. Sua obra mais conhecida, *Os lusíadas*, um poema épico que narra essa viagem, foi publicada em 1572. Leia este trecho do poema e depois responda às questões propostas.

As armas e os Barões assinalados
Que, da Ocidental praia Lusitana,
Por mares nunca dantes navegados,
Passaram ainda além da Taprobana,
Em perigos e guerras esforçados,
Mais do que prometia a força humana,
E entre gente remota edificaram
Novo reino, que tanto sublimaram;

E também as memórias gloriosas
Daqueles Reis que foram dilatando
A Fé, o Império, e as terras viciosas
De África e de Ásia andaram devastando,
E aqueles que por obras valerosas
Se vão da lei da Morte libertando:
Cantando espalharei por toda parte,
Se a tanto me ajudar o engenho e arte.

Cessem do sábio Grego e do Troiano
As navegações grandes que fizeram;
Cale-se de Alexandre e de Trajano
A fama das vitórias que tiveram;
Que eu canto o peito ilustre Lusitano,
A quem Netuno e Marte obedeceram.
Cesse tudo o que a Musa antiga canta,
Que outro valor mais alto se alevanta.

CAMÕES, Luís Vaz de. *Os lusíadas*. Comentado por
Francisco da Silveira Bueno. São Paulo: Saraiva, 1960. v. 1.
p. 87-89. (Clássicos Saraiva). Primeiro canto, estrofes I, II e III.

▶ **Poema épico**: narrativa, em versos, de feitos considerados heroicos. Muito empregado na Antiguidade, o poema épico voltou a ser adotado durante o Renascimento (assunto que você vai estudar no capítulo 4), época em que Camões viveu.

▶ **Taprobana**: corresponde ao Ceilão, atual Sri Lanka, na Ásia.

▶ **Valeroso**: valoroso.

▶ **Alexandre** e **Trajano**: imperadores da Antiguidade. O primeiro, rei da Macedônia, conquistou a Pérsia e expandiu a cultura helênica; o segundo foi o imperador romano que alargou as fronteiras de seu império.

▶ **Netuno** e **Marte**: deuses da mitologia romana que simbolizam os mares e a guerra, respectivamente.

▶ **Musa**: figura feminina considerada pelos gregos inspiradora das ciências, letras e artes.

1 ▸ Quais qualidades do povo português são exaltadas no poema? Copie os adjetivos e outras palavras do texto que mostrem tais qualidades.

2 ▸ Quais são os "mares nunca dantes navegados"?

3 ▸ Quais são os personagens históricos citados pelo poeta? Por que ele os cita?

4 ▸ Quais são os personagens mitológicos do poema? Por que o poeta os menciona?

5 ▸ Reúna-se em grupo com os colegas e reconstituam o trecho do poema de Camões com uma nova linguagem: teatro, desenho, mímica, música, etc. Só não se esqueçam de manter o mesmo "espírito de exaltação" presente no texto.

As navegações espanholas

Motivados pelos mesmos interesses dos portugueses, os espanhóis também passaram a buscar novas rotas marítimas. Suas viagens pelo Atlântico, porém, começaram mais tarde que as de Portugal, pois o prolongamento das Guerras de Reconquista retardou a formação de uma monarquia centralizada.

O processo espanhol de centralização política só foi concretizado com o casamento de Fernando II, do reino de Aragão, com Isabel I, de Castela, em 1469. Os chamados reis católicos organizaram um Estado unificado e forte que venceu os muçulmanos. Em 1492, os árabes foram expulsos de Granada, último local de dominação muçulmana na península Ibérica.

Com a intenção de se antecipar aos portugueses na descoberta de uma nova rota comercial para as Índias, a Coroa espanhola patrocinou a viagem do genovês **Cristóvão Colombo** e iniciou seu processo expansionista.

Colombo defendia que a Terra era redonda e que, portanto, seria possível chegar às Índias através do oceano Atlântico. Em 12 de outubro de 1492, chegou às Antilhas, na América Central, convencido de que alcançara as Índias, na Ásia. Por isso, durante muitos anos, os europeus denominaram as terras da América de Índias.

Reprodução/Coleção particular

Gravura de Theodore de Bry produzida em 1596, representando a chegada de Cristóvão Colombo a Guanahani, ilha antilhana na qual desembarcou em 1492. A imagem destaca o contato entre Colombo e os nativos.

O conhecimento de que os espanhóis tinham chegado a um novo continente só veio no início do século XVI, com base em estudos do cartógrafo **Américo Vespúcio**, cujo nome serviu para batizar as novas terras: América.

Portugal e Espanha na partilha do mundo

Nas décadas finais do século XV, Portugal e Espanha reivindicavam o direito de posse sobre as terras encontradas ou a encontrar. Para solucionar os conflitos, fizeram diversos acordos. O primeiro deles, chamado de Tratado de Toledo, foi assinado em 1480 e afirmava que as terras a serem descobertas ao sul das ilhas Canárias pertenceriam a Portugal, garantindo o acesso às rotas marítimas do Atlântico Sul.

Com a chegada de Colombo à América, as disputas cresceram, e a Igreja católica publicou, em 1493, a Bula papal *Intercoetera*. Ela estabelecia uma linha imaginária norte/sul (chamada meridiano) que passaria a 100 léguas a oeste do arquipélago de Cabo Verde. As terras encontradas a leste dessa linha seriam de Portugal, e as localizadas a oeste, da Espanha.

> ▶ **Bula papal:** documento expedido pelo papa em nome da Igreja católica.

O governo de Portugal recusou-se a aceitar a Bula papal, pois sabia da existência de territórios a oeste da linha e desejava dominar parte deles. As pressões portuguesas resultaram na assinatura, em 1494, do **Tratado de Tordesilhas**.

Esse acordo estabelecia um novo meridiano, 370 léguas a oeste do arquipélago de Cabo Verde. O papa reconhecia que todas as terras a leste dessa linha seriam portuguesas, e as terras a oeste seriam espanholas. Em troca, os monarcas de Portugal e Espanha se comprometiam a estender o cristianismo às novas terras.

Expansão espanhola e tratados de limites (séculos XV e XVI)

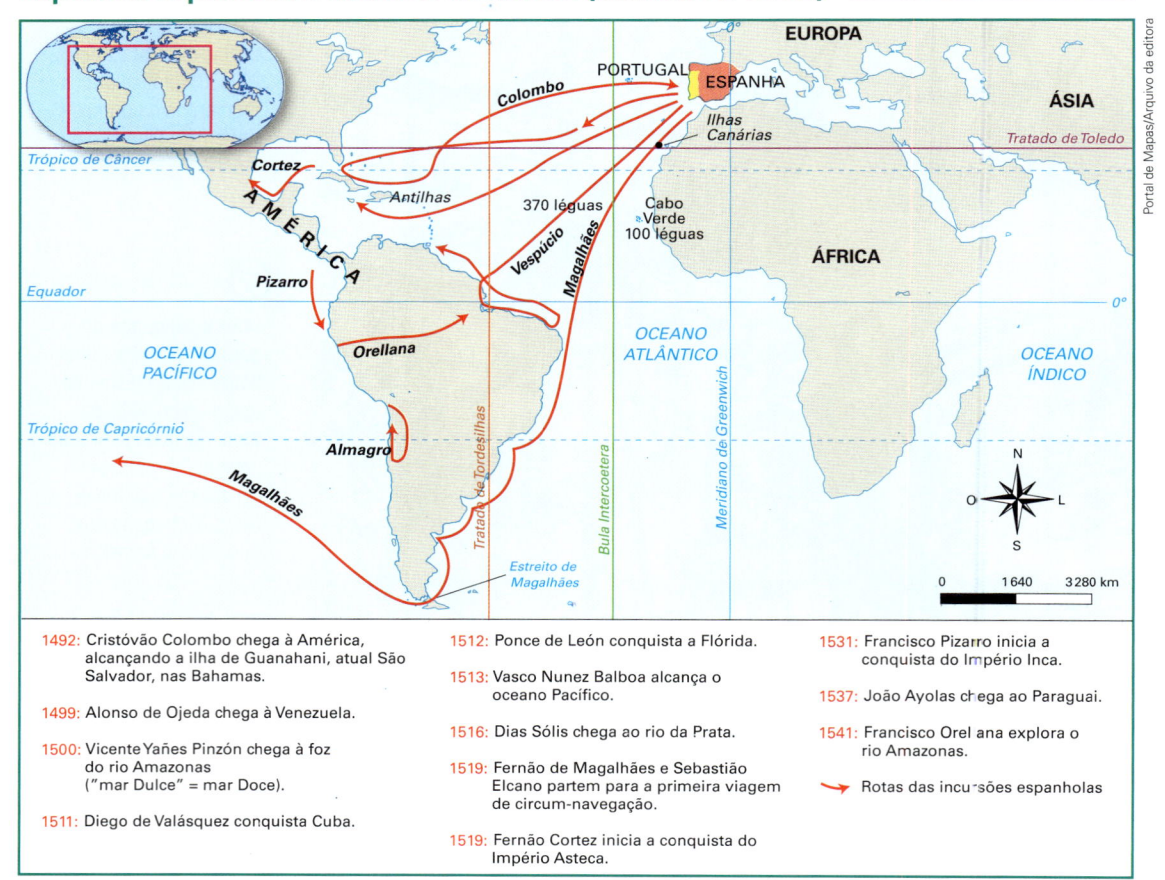

1492: Cristóvão Colombo chega à América, alcançando a ilha de Guanahani, atual São Salvador, nas Bahamas.

1499: Alonso de Ojeda chega à Venezuela.

1500: Vicente Yañes Pinzón chega à foz do rio Amazonas ("mar Dulce" = mar Doce).

1511: Diego de Valásquez conquista Cuba.

1512: Ponce de León conquista a Flórida.

1513: Vasco Nunez Balboa alcança o oceano Pacífico.

1516: Dias Sólis chega ao rio da Prata.

1519: Fernão de Magalhães e Sebastião Elcano partem para a primeira viagem de circum-navegação.

1519: Fernão Cortez inicia a conquista do Império Asteca.

1531: Francisco Pizarro inicia a conquista do Império Inca.

1537: João Ayolas chega ao Paraguai.

1541: Francisco Orel ana explora o rio Amazonas.

↱ Rotas das incursões espanholas

Fonte: elaborado com base em ARMENTO, B. et al. *Across the centuries*. Boston: Houghton Mifflin, 2003. p. 378.

⚠ O mapa destaca algumas das mais importantes viagens realizadas pelos espanhóis rumo ao oeste.

O Tratado de Tordesilhas garantiu a Portugal e Espanha a posse das terras recém-encontradas, o que levou ao controle sobre o comércio dos produtos obtidos no continente americano. Transformaram-se, assim, em grandes potências do século XVI.

Possessões lusas e espanholas (até 1600)

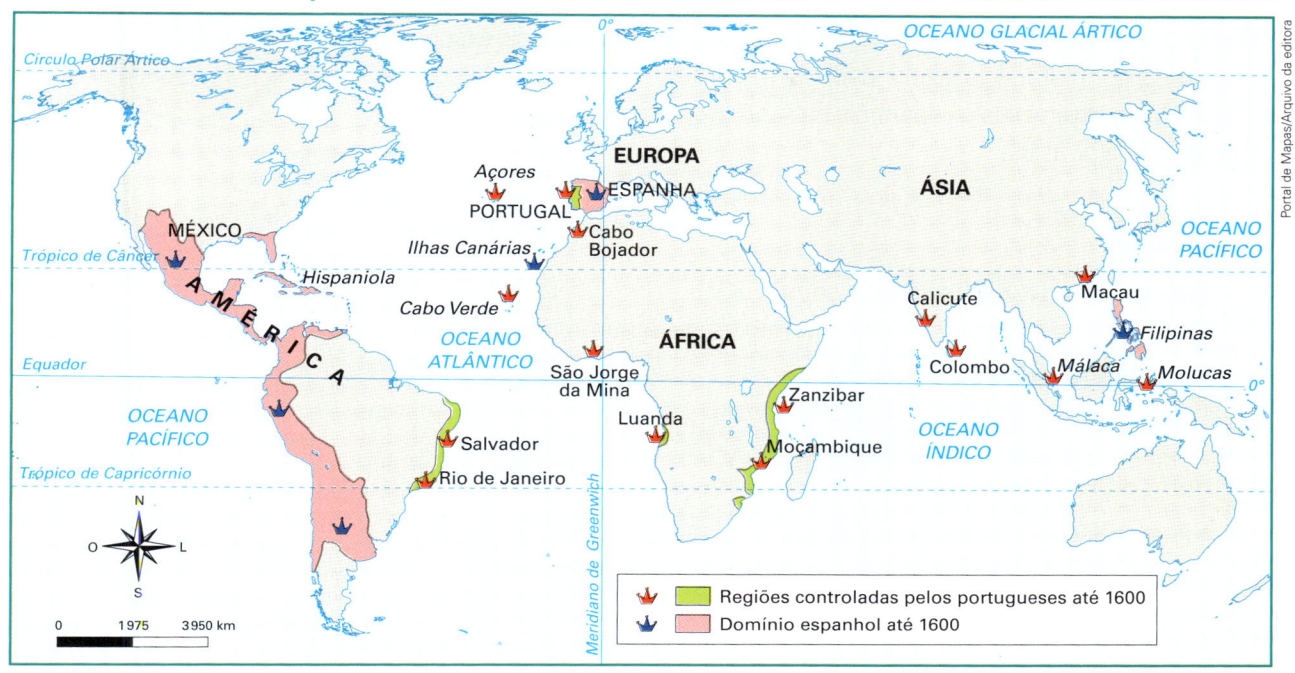

Fonte: elaborado com base em DUBY, Georges. *Atlas histórico mundial*. Madrid: Debate, 1987. p. 86.

Durante a Expansão Marítima dos séculos XV e XVI, portugueses e espanhóis estenderam seus domínios a várias regiões da África, da Ásia e da América.

▷ Detalhe de mapa do século XVI mostrando o Castelo de São Jorge da Mina, em Gana, construído pelos portugueses em 1482.

5 Navegações inglesas, francesas e holandesas

Após superarem as dificuldades causadas pela Guerra dos Cem Anos e pela Guerra das Duas Rosas, França e Inglaterra se envolveram na expansão ultramarina. Contestando a legitimidade do Tratado de Tordesilhas, ameaçaram os domínios portugueses e espanhóis na América por meio da invasão de seus territórios e da pirataria.

Inglaterra

- **Fim do século XV/início do século XVI:** Conquistou a costa norte da América com o navegador Giovani Caboto ou John Cabot.
- **Segunda metade do século XVI:** Francis Drake, capitão e corsário inglês, fez a volta ao mundo. Durante o reinado de Elizabeth I, comandou ataques piratas a galeões espanhóis carregados de ouro e prata da América, enriquecendo a Coroa inglesa.
- **Século XVII:** Iniciou a colonização da América do Norte, fundando as Treze Colônias que dariam origem aos atuais Estados Unidos.

▶ **Corsário:** espécie de pirata reconhecido por um Estado e que o apoiava na pilhagem de navios estrangeiros. Diferente do pirata, que era considerado criminoso também no próprio país e, por isso, era perseguido.

▶ **Galeão:** navio a vela com quatro mastros, usado do século XVI ao XVIII para transporte de mercadorias de valor e para guerra.

França

- **Século XVI:** Compartilhou territórios com a Inglaterra ao norte da América e fixou-se, principalmente, na área que corresponde ao Canadá.
- **1608:** Franceses fundam a atual cidade de Quebec.

Holanda

- **Século XVI:** Iniciou a Expansão Marítima na primeira metade do século. A partir da década de 1580, com a independência em relação à Espanha, ampliou sua atuação. Até essa época, suas cidades costeiras eram entrepostos comerciais da Espanha.
- **Início do século XVII:** Tornou-se grande potência naval europeia. Suas enriquecidas companhias de navegação formaram parcerias com Portugal no comércio de açúcar vindo da América portuguesa. Atuou no comércio de especiarias e no tráfico de africanos escravizados.

Saiba mais

Em 1555, os franceses tomaram a baía da Guanabara, no Rio de Janeiro, e fundaram a França Antártica. Foram expulsos em 1567 pelas forças lusas. Em 1612, desembarcaram no Maranhão e fundaram a França Equinocial, sendo expulsos em 1615, um ano após perderem São Luís para os portugueses e seus aliados, os indígenas Tremembé.

Por sua vez, os holandeses dominaram diversos territórios na África (a região do cabo da Boa Esperança) e na Ásia (Java, Ceilão e Nova Guiné). Na América, fundaram Nova Amsterdã, que corresponde à atual cidade de Nova York. Na América portuguesa, invadiram Salvador (1624-1625) e Pernambuco (1630-1654).

Reprodução/Coleção Particular

Vista da Cidade Maurícia e de Recife (denominação de parte da cidade de Recife durante o período do domínio holandês). Pintura do holandês Frans Post, do século XVII.

Domínios ingleses, franceses e holandeses (séculos XVI e XVII)

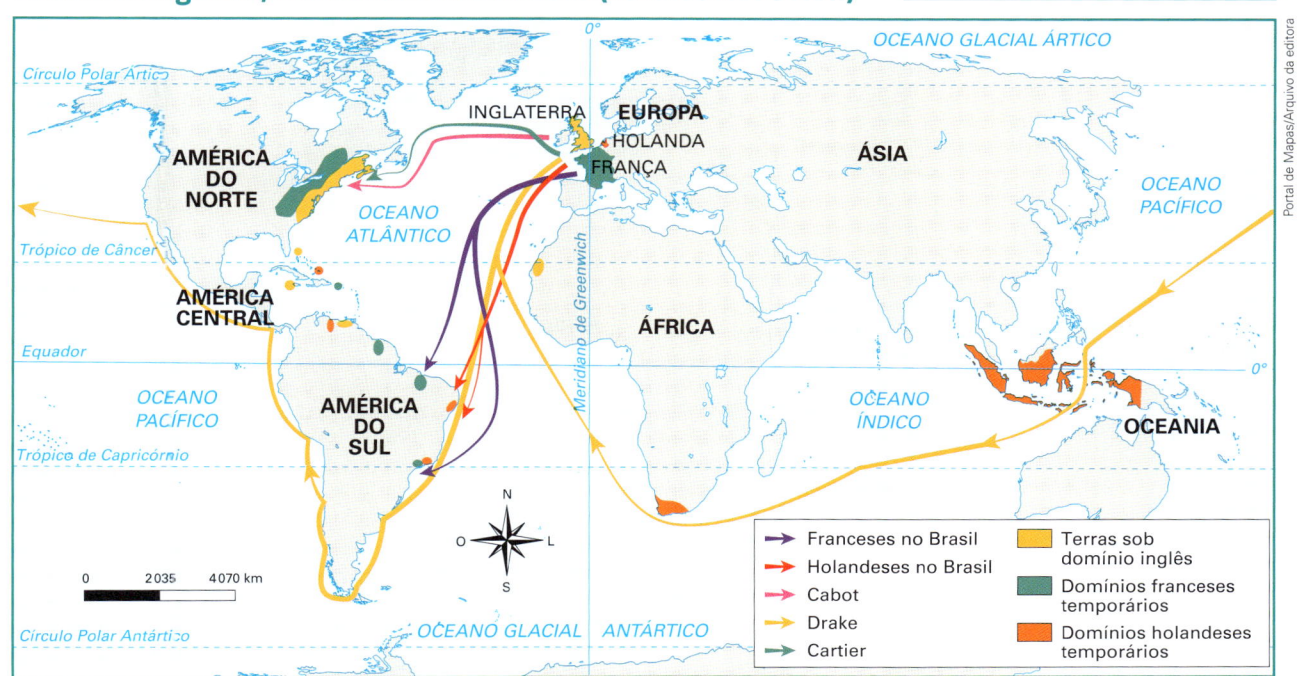

Portal de Mapas/Arquivo da editora

Fonte: elaborado com base em ATLAS of World History. Chicago: Rand McNally, 1990. p. 36-37.

No início, ingleses, franceses e holandeses concentraram seus esforços de colonização em áreas onde a presença ibérica era frágil ou inexistente. No final do século XVI, porém, iniciaram tentativas de dominação e até de colonização sobre os territórios ocupados pelos ibéricos, enfrentando-os abertamente.

6 Consequências da Expansão Marítima

As expedições marítimas dos séculos XV e XVI levaram os europeus a diversas regiões do planeta. Portugueses, espanhóis, holandeses, franceses e ingleses enriqueceram com a exploração do comércio e dos territórios recém-conquistados. O eixo comercial deslocou-se do mar Mediterrâneo para o oceano Atlântico, e o afluxo dos produtos americanos, em especial os metais preciosos, impulsionou a atividade mercantil.

A burguesia europeia, formada no final da Idade Média, pôde aumentar suas riquezas e conquistar mais prestígio social. Os monarcas, por sua vez, ampliaram seus poderes, transformando-se em **governantes absolutistas**, como veremos adiante.

Para os povos da América, a chegada dos europeus foi desastrosa. Grande parte da população foi exterminada pela violência ou pelas doenças dos colonizadores.

Na África, o tráfico de escravizados africanos para a América esvaziou parte dos territórios e disseminou a guerra entre os povos que lá viviam.

Mesmo para os europeus, as expedições marítimas trouxeram dificuldades. Com o aumento da circulação de ouro na Europa, a inflação se tornou altíssima, pois a abundância de moedas no continente elevou o preço das mercadorias. Menos de um século depois das conquistas ultramarinas, Espanha e Portugal enfrentaram profunda crise, que prejudicou especialmente a população mais pobre.

Rotas comerciais: América e Europa (séculos XVI a XIX)

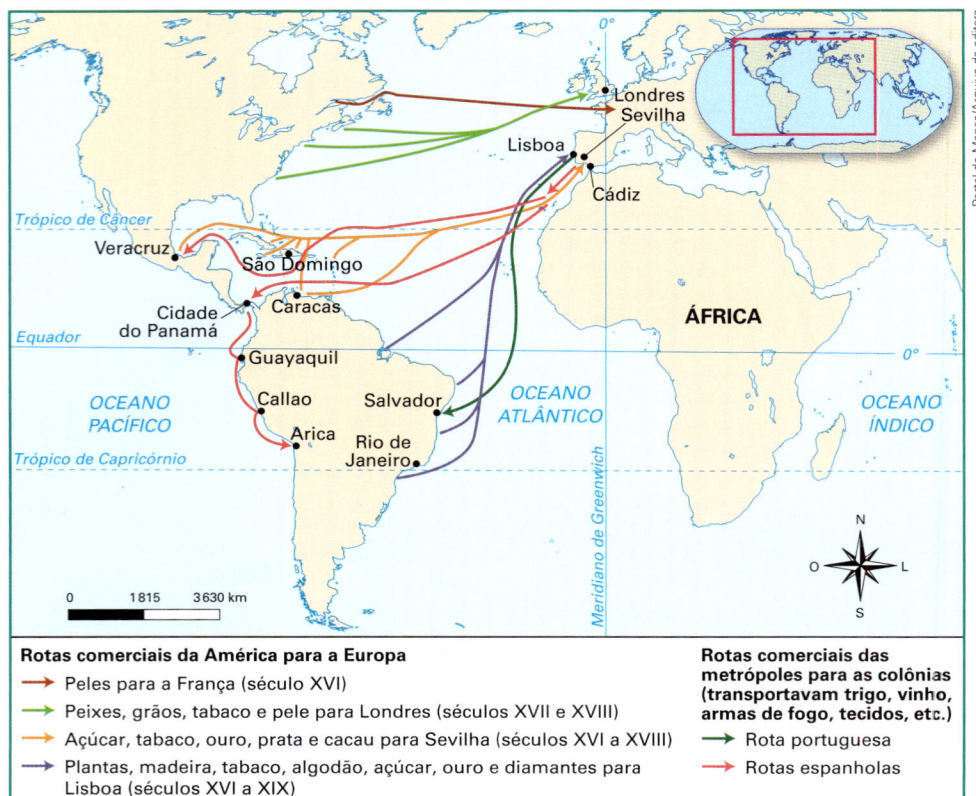

Portal de Mapas/Arquivo da editora

Rotas comerciais da América para a Europa

→ Peles para a França (século XVI)

→ Peixes, grãos, tabaco e pele para Londres (séculos XVII e XVIII)

→ Açúcar, tabaco, ouro, prata e cacau para Sevilha (séculos XVI a XVIII)

→ Plantas, madeira, tabaco, algodão, açúcar, ouro e diamantes para Lisboa (séculos XVI a XIX)

Rotas comerciais das metrópoles para as colônias (transportavam trigo, vinho, armas de fogo, tecidos, etc.)

→ Rota portuguesa

→ Rotas espanholas

Fonte: elaborado com base em ATLAS da história do mundo. São Paulo: Folha de S.Paulo, 1995. p. 155.

Mapeando saberes

As transformações econômicas da Baixa Idade Média ganharam forte impulso com a Expansão Marítima europeia dos séculos XV e XVI. As mudanças assinalam uma época de transição, o início do período conhecido como Idade Moderna, com novas formas de organização econômica, social e política tomando gradativamente o lugar das que prevaleciam no mundo feudal. Assim, nesse período, elementos do passado medieval conviveram com elementos novos, ou seja, houve permanências e rupturas.

ATENÇÃO A ESTES ITENS

- Os portugueses foram os primeiros europeus a explorar as rotas atlânticas. Vários fatores contribuíram para isso, como a localização geográfica, o domínio de técnicas de navegação provenientes dos árabes e a centralização monárquica, fundamental para o financiamento das navegações.

- Os espanhóis só iniciaram a Expansão Marítima no fim do século XV porque, até aquele momento, não dispunham de um governo centralizado. A Bula *Intercoetera* e o Tratado de Tordesilhas dividiram entre Espanha e Portugal as terras encontradas e as ainda a ser descobertas.

- Os ingleses e os franceses passaram a disputar mercados e territórios no ultramar no século XVI, depois de enfrentar os problemas resultantes da Guerra dos Cem Anos e da Guerra das Duas Rosas.

- Com as expedições marítimas e a conquista de novos territórios, a burguesia europeia aumentou suas riquezas, e os monarcas ganharam mais poder. As populações das terras conquistadas, porém, sofreram com a violência dos colonizadores, as novas doenças e a escravização.

- A Holanda lançou-se às navegações no final do século XVI e tornou-se grande potência naval, atuando no comércio do açúcar e de especiarias e no tráfico de africanos escravizados.

POR QUÊ?

- A Expansão Marítima iniciada nos séculos XV e XVI colocou diferentes regiões do mundo em contato e desencadeou transformações no modo de viver e de pensar dos europeus e de outros povos.

- A Expansão Marítima e a posterior colonização levaram a economia e a sociedade europeias a enriquecer, enquanto os povos nativos da América e da África foram submetidos ou dizimados, embora tenham tentado resistir de diferentes formas.

- A expansão colonialista transformou as populações e os territórios dominados em locais de produção de riqueza, em sua maioria explorados com mão de obra escravizada. Esses são indicadores de um processo que ajuda a explicar as atuais condições de vida dos descendentes desses nativos.

ATIVIDADES

Retome

1 ▸ Explique, com suas palavras, o que você entendeu sobre o conceito de "tempos modernos".

2 ▸ Complete o quadro comparativo dos Estados que participaram da Expansão Marítima europeia abaixo, baseando-se nas informações encontradas neste capítulo e em outras fontes.

Expansão Marítima europeia: quadro comparativo

	Portugal	Espanha	Inglaterra	França	Holanda
Início das navegações					
Navegadores					
Regiões					
Resultados					

3 ▸ Analise o quadro que você preencheu acima e responda às seguintes questões:

a) Quais fatores influenciaram o pioneirismo português na expansão ultramarina?

b) Por que a Espanha só entrou na "corrida ultramarina" no final do século XV?

c) Todos os países obtiveram o mesmo sucesso em suas viagens?

d) Por que os ingleses só começaram a disputar os mercados e territórios a partir do século XVI?

e) Qual foi o papel da França no início da colonização brasileira?

f) Como a Holanda tornou-se uma potência no século XVII?

Compare as gravuras

4 ▸ Observe a gravura abaixo e a pintura que representa o porto de Sevilha, reproduzida na página 39.

Reprodução/Universidade de Toronto, Canadá.

a) Indique em que período da história europeia as duas obras foram feitas (consulte a linha do tempo da página 31 para responder).

b) Identifique, na pintura da página 39, as mudanças ocorridas na Idade Moderna em relação à Idade Média. Explique quais mudanças são essas e como elas aparecem nessa imagem.

c) Indique qual das imagens mostra permanências da Idade Média na época moderna. Justifique.

▷ Gravura do século XVII, de Wenceslau Hollar, representando camponeses trabalhando.

5▸ Faça uma pesquisa em livros ou na internet sobre a vida de Cristóvão Colombo e responda às questões:

a) Quais fatores econômicos e políticos possibilitaram aos reis da Espanha financiar as viagens de Colombo?

b) Quantas foram as viagens de Colombo à América e quando ocorreram?

c) Por que os espanhóis não encontraram o caminho das Índias?

Compare os mapas

6▸ Compare o mapa "Rotas comerciais da Baixa Idade Média" (p. 31) com o mapa a seguir.

Expansão Marítima e comércio português (séculos XV e XVI)

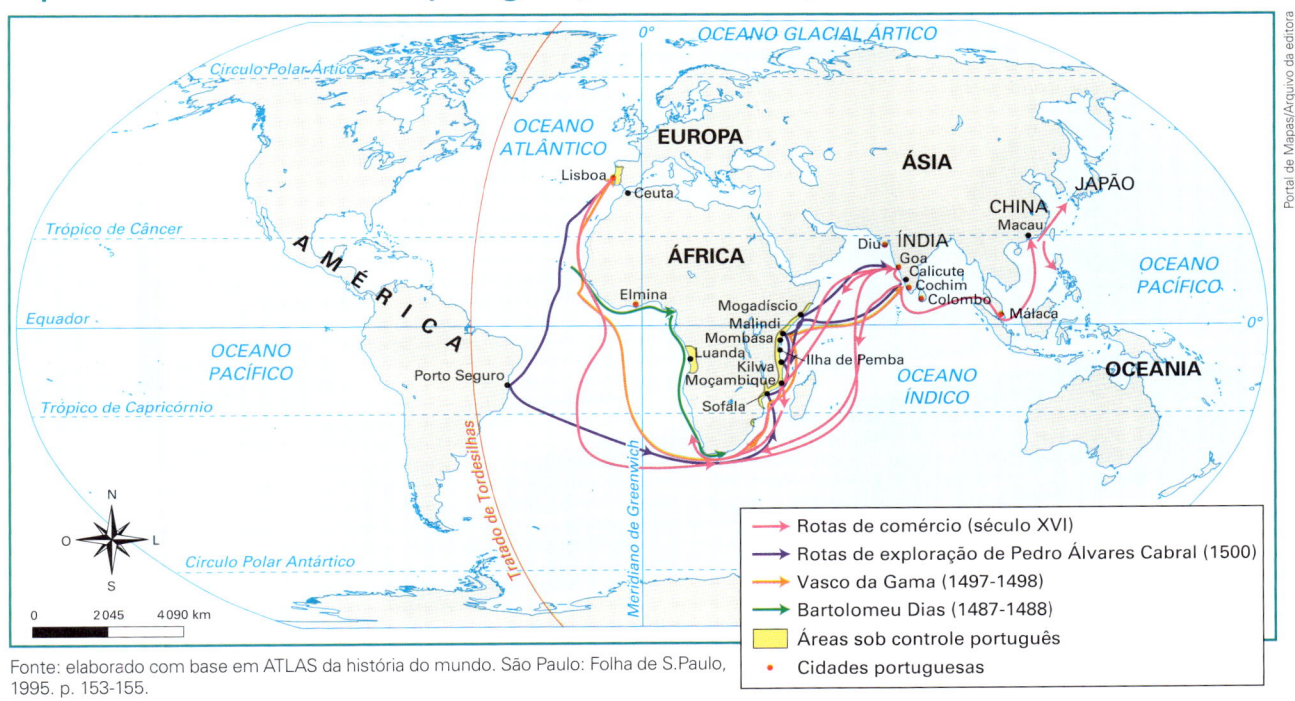

Fonte: elaborado com base em ATLAS da história do mundo. São Paulo: Folha de S.Paulo, 1995. p. 153-155.

a) Quais são os períodos representados em cada um dos mapas?

b) Descreva a transformação na atividade comercial europeia ocorrida entre os períodos.

c) Quais são as principais diferenças entre os dois tipos de rotas?

Autoavaliação

1. Quais atividades você considerou mais fáceis e mais difíceis? Por quê?

2. Em quais atividades você utilizou o texto do capítulo como base para sua resposta?

3. Algum ponto do capítulo não ficou muito claro para você? Qual?

4. Você compreendeu o esquema *Mapeando saberes*? Explique.

5. Você saberia apontar exemplos da atualidade considerando o que aprendeu no item *Por quê?* do *Mapeando saberes*?

6. Como você avalia sua compreensão dos assuntos tratados neste capítulo?

» **Excelente**: não tive nenhuma dificuldade.

» **Boa**: tive algumas dificuldades, mas consegui resolvê-las.

» **Regular**: foi difícil compreender certos conceitos e resolver as atividades.

» **Ruim**: tive muitas dificuldades, tanto no conteúdo quanto na realização das atividades.

3 América: povos, reinos e impérios antigos

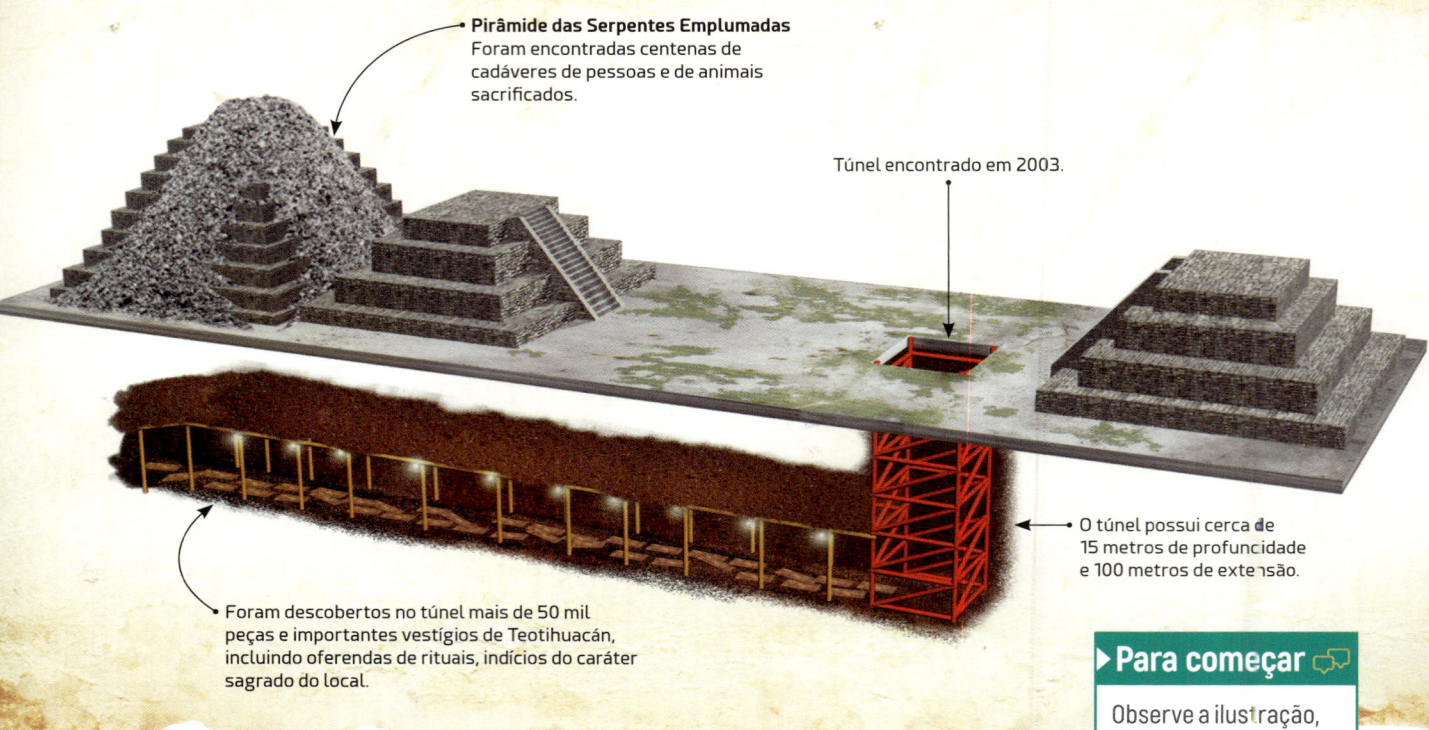

Ligia Duque/Arquivo da editora

Pirâmide das Serpentes Emplumadas
Foram encontradas centenas de cadáveres de pessoas e de animais sacrificados.

Túnel encontrado em 2003.

O túnel possui cerca de 15 metros de profundidade e 100 metros de extensão.

Foram descobertos no túnel mais de 50 mil peças e importantes vestígios de Teotihuacán, incluindo oferendas de rituais, indícios do caráter sagrado do local.

⚠️ Ilustração de pirâmide do sítio arqueológico de Teotihuacán, cidade antiga que se situava a nordeste da atual Cidade do México. Sua fundação ocorreu por volta de 100 a.C. A partir de 2003 os arqueólogos passaram a contar com avançada tecnologia como georradares, *scanner* a *laser* e robôs. Dentro do túnel foram encontradas mais de 50 mil peças, como esculturas, pedras de jade e cerâmicas, sementes de diversas plantas, como tomate, milho e flores de abóbora, objetos de madeira, etc. As peças teriam função cerimonial, servindo de oferendas aos mortos.

Você já sabe que o continente americano foi povoado há milhares de anos. Nesse longo tempo, a população americana cresceu e se diversificou. Vários povos foram formados e desenvolveram distintos **modos de vida** e **técnicas de sobrevivência**. Isso ocorreu de acordo com as necessidades de cada população e as características da região que ocuparam.

Esses povos fizeram descobertas na agricultura, na domesticação de animais e no uso de ervas para a cura de doenças. Desenvolveram a cerâmica, as construções e organizações sociais. Alguns grupos criaram a escrita, entre outros feitos, e deram origem a diversas sociedades. Várias delas desapareceram por completo, outras permanecem até hoje, mas muitas sofreram com o impacto da conquista europeia.

▶ Para começar 💬

Observe a ilustração, leia as informações da legenda e responda às questões.

1. O que esses achados revelam sobre a sociedade que vivia em Teotihuacán?

2. Arqueólogos mexicanos afirmaram que a investigação dos objetos e do túnel vai produzir novas ideias sobre Teotihuacán. Qual é sua hipótese para o surgimento dessas novas ideias?

1 A América nativa

Por volta de 5000 a.C., povos pescadores e caçadores conhecidos como **esquimós** (ou **inuítes**, como se autodenominam) se instalaram na região ártica. Mais ao sul, espalhados pela América do Norte, estavam diversos povos caçadores-coletores, como os **iroqueses**. Entre os povos sedentários (que praticavam agricultura), destacaram-se os chamados *pueblos* da América do Norte.

A domesticação das plantas deve ter começado, provavelmente, em três regiões americanas: perto de 7000 a.C., na região sul do atual México; na região dos Andes do Peru, por volta de 4000 a.C.; e no centro dos atuais Estados Unidos da América, em cerca de 2000 a.C. Com o tempo, essas práticas se espalharam por diversas outras áreas.

Na **região Amazônica**, há indícios de ocupação humana desde cerca de 9000 a.C., intensificada nos milênios seguintes, com organizações sociais amazônicas de estruturas complexas, algumas provavelmente com população superior a 50 mil habitantes. Além dessas evidências, por milhares de anos diversos povos foram sendo formados e se espalharam pelo atual território brasileiro. Alguns ocuparam a região do **alto Xingu** e viviam conectados em uma rede de núcleos populacionais ligados por estradas.

Já no norte da América Central, aproximadamente em 1700 a.C., surgiu um dos mais antigos reinos americanos: o dos **olmecas**. Bem mais tarde, na região onde hoje se situa o México, foi construída uma enorme cidade, **Teotihuacán**, que você conheceu na abertura do capítulo. Sua população chegou a mais de 100 mil habitantes no século II d.C.

Portal de Mapas/Arquivo da editora

fotosullenuvole/Shutterstock

Alamy/Fotoarena/Museu Amparo, Puebla, México.

◁ Escultura (à esquerda) e urna funerária (acima) encontradas no sítio arqueológico de Teotihuacán.

LINHA DO TEMPO

11,5 mil anos
Achados dos povos que ocuparam o território do atual Brasil (Luzia, na região de Minas Gerais)

1,7 mil a.C.

200 a.C. — Olmecas

100 a.C.

500 d.C. — Teotihuacán / Maias
Povoações do Alto Xingu

650 d.C.

900 d.C.

1200 d.C.

1325 d.C.

1500 d.C.
Início da ocupação europeia: havia, aproximadamente, 1300 línguas faladas por nativos no atual território brasileiro — Astecas / Incas

1519 d.C.

1532 d.C.

Linha do tempo esquemática. O espaço entre as datas não é proporcional ao intervalo de tempo.

Na América do Sul, na região dos Andes, nos atuais territórios do Peru e da Bolívia, foram organizados, entre os séculos I e VIII, os reinos **Tiahuanaco** e **Huari**, seguidos de vários outros.

Assim como em outras regiões do mundo, as primeiras cidades deram origem a poderosas civilizações. As mais conhecidas foram as dos **maias**, **astecas** e **incas**.

As primeiras sociedades americanas

△ Esta ilustração, de 1871, representa uma comunidade de esquimós (inuítes).

Fonte: elaborado com base em ATLAS da história do mundo. São Paulo: Folha de S.Paulo, 1995. p. 46.

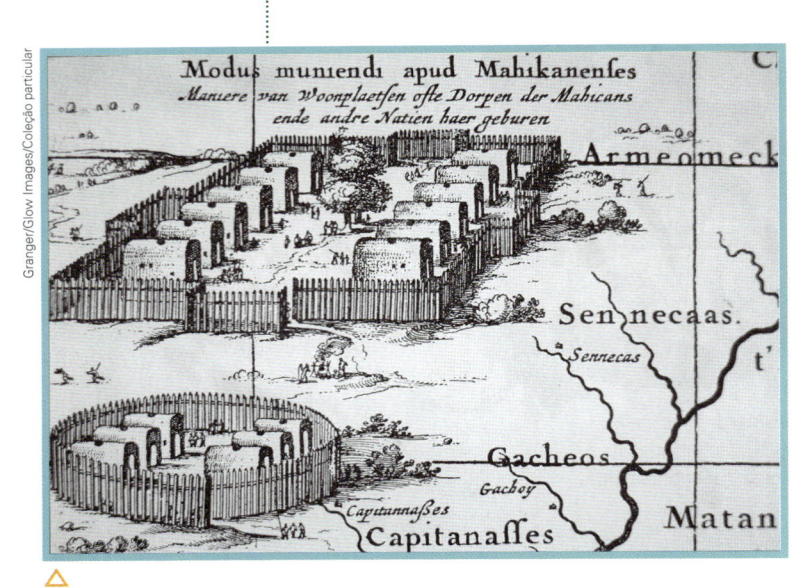

△ Representação de uma vila de iroqueses, em gravura do século XVII.

△ Vaso de cerâmica representando um homem. Ele foi feito entre os anos 600 e 900 por povos Huari e encontrado no atual Peru.

2 As civilizações antigas da América

Sabemos que as mais antigas civilizações surgiram no período Neolítico, em diversas regiões do mundo. O grande impulso para isso foi a criação de novas **técnicas agrícolas**, como a irrigação e instrumentos para revolver a terra. Na América, usava-se um bastão cavador, a *taclla*, enxadas pequenas para capinar e abrir canais e sulcos na terra, facas de colheita, cestos para transporte, cerâmica, etc.

Taclla

1 – Preparo do solo em agosto

2 – Semeadura do milho em setembro

3 – Colheita do milho em maio

Reprodução/Ed. Unesp

⚠ A *taclla* é um instrumento pontiagudo utilizado para revolver a terra e prepará-la para o plantio, utilizada na região andina na época pré-colombiana. Na sequência de ilustrações estão sendo representadas cenas de trabalho nos campos indígenas andinos, de acordo com um calendário cristão do início do período de ocupação espanhola (século XV).

As primeiras civilizações do continente americano se desenvolveram principalmente em duas regiões: a **Mesoamérica** (que corresponde ao sul do atual México e a grande parte da América Central) e a **Andina Central**, assim chamada por ser atravessada pela cordilheira dos Andes.

Também existiram civilizações organizadas em diversas partes do atual território brasileiro. Esses povos, provavelmente, nunca tiveram contato regular com civilizações de outros continentes até a chegada dos europeus nos séculos XV e XVI.

As regiões mesoamericana, andina, amazônica e do alto Xingu

Portal de Mapas/Arquivo da editora

◁ A Mesoamérica corresponde a boa parte dos atuais México, Guatemala, Belize, El Salvador, Honduras, Nicarágua e Costa Rica. A Andina Central compreende, principalmente, os atuais Equador, Colômbia, Peru, Bolívia, Chile e Argentina. Observe também as regiões de ocupação das populações amazônicas e do alto Xingu, que veremos mais à frente.

Fonte: elaborado com base em ATLAS da história do mundo. São Paulo: Folha de S.Paulo, 1995. p. 47.

- ▨ Região da Mesoamérica
- ▨ Região Andina Central
- ▨ Ocupação amazônica
- ▨ Ocupação do alto Xingu

0   1045   2090 km

3 As civilizações da Mesoamérica

Os olmecas

Os povos olmecas se fixaram em uma zona litorânea, próxima ao golfo do México, por volta de 1700 a.C. A maioria da população vivia no campo, próximo às plantações. Nos centros cerimoniais estava a elite, formada por sacerdotes e chefes olmecas. Também moravam ali artesãos e mercadores.

Os olmecas construíram centros cerimoniais com altares de pedra para cultuar seus deuses. Esses lugares eram guardados por sacerdotes que conduziam os rituais religiosos e exerciam grande poder sobre a população. Alguns desses centros cresceram e passaram a dominar a região, como **San Lorenzo**, **La Venta** e **Três Zapotes**.

San Lorenzo destacava-se por suas edificações e monumentos, como as cabeças de pedra colossais, que provavelmente representavam deuses e líderes olmecas. Elas chegavam a pesar 23 toneladas e medir 3 metros de altura.

Os sacerdotes e chefes olmecas tinham conhecimentos de Astronomia e calculavam a duração do ano e do mês com base nos movimentos da Lua. Eles criaram um calendário que lhes permitia saber quais eram as melhores épocas para se praticar a agricultura. Também tinham um sistema de escrita, do qual pouco se conhece.

Com uma população superior a 300 mil habitantes, a civilização olmeca firmou-se na região até cerca de 200 a.C., influenciando todos os povos que posteriormente se estabeleceram ali e em áreas vizinhas.

Cabeça colossal olmeca esculpida entre XIII a.C. e X a.C., encontrada em San Lorenzo.

O jaguar, animal selvagem típico da região, era uma espécie de deus ▷ cultuado pelos olmecas. Esta máscara cerimonial, com traços de homem e de jaguar, foi feita entre os séculos VII a.C. e IV a.C.

Primeiros registros agrícolas e culturais na Mesoamérica

Principais sítios arqueológicos com vestígios datados entre 10000 a.C. e 2500 a.C.

Centro da cultura olmeca (1200 a.C. a 900 a.C.)

Desenvolvimento da agricultura (7000 a.C. a 700 a.C.)
- Área de indícios mais antigos de prática agrícola
- Área da primeira expansão agrícola
- Área de expansão agrícola mais tardia

Principais cultivos e animais domesticados

Abacate	Feijão
Abóbora	Girassol
Algodão	Milho
Amaranto	Pimenta
Amendoim	Quinoa
Batata-doce	Tabaco
Cão	Tomate

◁ A civilização olmeca desenvolveu-se na região próxima ao golfo do México. Observe as áreas e os períodos do desenvolvimento agrícola, a localização dos sítios arqueológicos e os produtos cultivados na região.

Fonte: elaborado com base em A AURORA da humanidade. Rio de Janeiro: Time Life/Abril Livros, 1993. p. 60-61. (História em revista).

A civilização de Teotihuacán

Perto de 100 a.C., a cidade de Teotihuacán passou a dominar a região situada a nordeste da atual Cidade do México. Seu apogeu foi entre os séculos V e VII. Teotihuacán dominou diversos povos vizinhos, que eram obrigados a pagar tributos e a manter relações comerciais com a cidade.

A sociedade era comandada por sacerdotes, guerreiros, mercadores e funcionários administrativos. Na religião, entre as principais divindades dos teotihuacanos destacava-se Tláloc, o deus da chuva e das águas.

O fim dessa civilização deu-se depois do ano de 650, quando a cidade foi incendiada, possivelmente em razão de revoltas camponesas e ataques externos.

Urbanização

Teotihuacán destacou-se por ser, desde seu princípio, uma cidade planificada. Uma larga avenida, de aproximadamente 6 quilômetros de comprimento, cortava a cidade. Ao longo dela, foram construídas a Pirâmide do Sol e a Pirâmide da Lua. Havia ainda o Templo da Serpente Emplumada, ou Templo de Quetzalcóatl, deus que representava as forças do Universo.

The Art Archive/Easypix/Museu do Templo Mayor, Cidade do México, México.

Tláloc, deus da chuva e das águas, tido como responsável pelo sucesso das colheitas, é representado aqui em um vaso de cerâmica asteca feito, provavelmente, entre 1440 e 1469, demonstrando a influência da cultura teotihuacana séculos depois de seu desaparecimento.

> **Planificado:** planejado, organizado segundo um plano determinado.

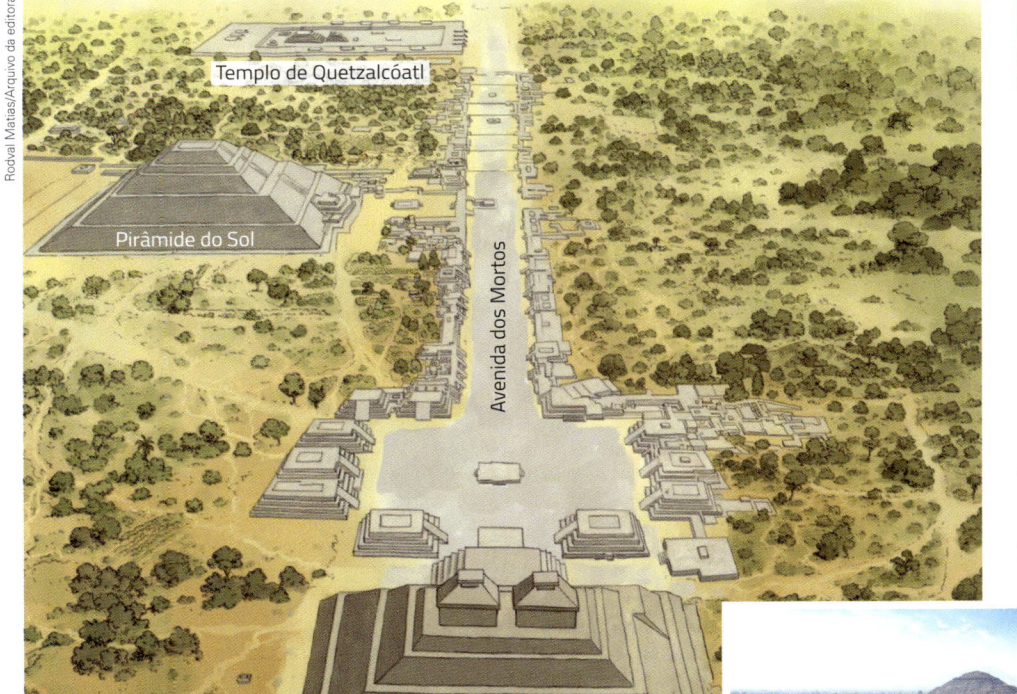

Rodval Matias/Arquivo da editora

Templo de Quetzalcóatl

Pirâmide do Sol

Avenida dos Mortos

Pirâmide da Lua

Vista, a partir da Pirâmide da Lua, da Pirâmide do Sol e da Avenida dos Mortos, em Teotihuacán. Foto de 2018.

Ilustração representativa de Teotihuacán. Os maiores edifícios de Teotihuacán eram os templos, construídos em forma de pirâmides escalonadas. A cidade era atravessada por uma imensa avenida e cortada por muitos canais navegáveis, facilitando o transporte e a comunicação. Essas estruturas compõem, hoje, o sítio arqueológico de Teotihuacán.

Alamy/Fotoarena

Os maias

A civilização maia desenvolveu-se na região que corresponde hoje à península de Iucatã, no México. Esse povo herdou influências das civilizações anteriores da região, especialmente dos olmecas e de Teotihuacán.

Os maias viveram o apogeu econômico e cultural entre os séculos III e X. Eles organizavam-se em cidades-Estado. Existiram mais de 50 delas, das quais se destacavam **Palenque**, **Tikal** e **Copán**.

Como outros povos, os maias tinham na agricultura sua atividade central, com destaque para a plantação de muitas variedades de milho.

Os governantes, que representavam os deuses maias, ficavam no topo da hierarquia social, ao lado dos sacerdotes, responsáveis pelas cerimônias para garantir as boas colheitas. Os chefes guerreiros completavam esse grupo dominante. A seguir, vinham os camponeses, a maioria da população. Eles viviam nos arredores das cidades, realizavam diversos trabalhos e pagavam impostos.

Existiam ainda outros grupos intermediários, como comerciantes, arquitetos, escultores, soldados e artesãos. Abaixo de toda a hierarquia social estavam os prisioneiros de guerra, que eram escravizados.

Após o ano 800, os núcleos populacionais mais tradicionais foram abandonados. Floresceram outras cidades na Mesoamérica, que antes eram secundárias, como **El Tajín**, **Xochicalco** e **Cholula**. Supõe-se que as invasões de outros povos colaboraram para a ruína da civilização maia. Explicações mais precisas sobre esse declínio, entretanto, ainda são pouco conhecidas.

Civilização maia (séculos III a X)

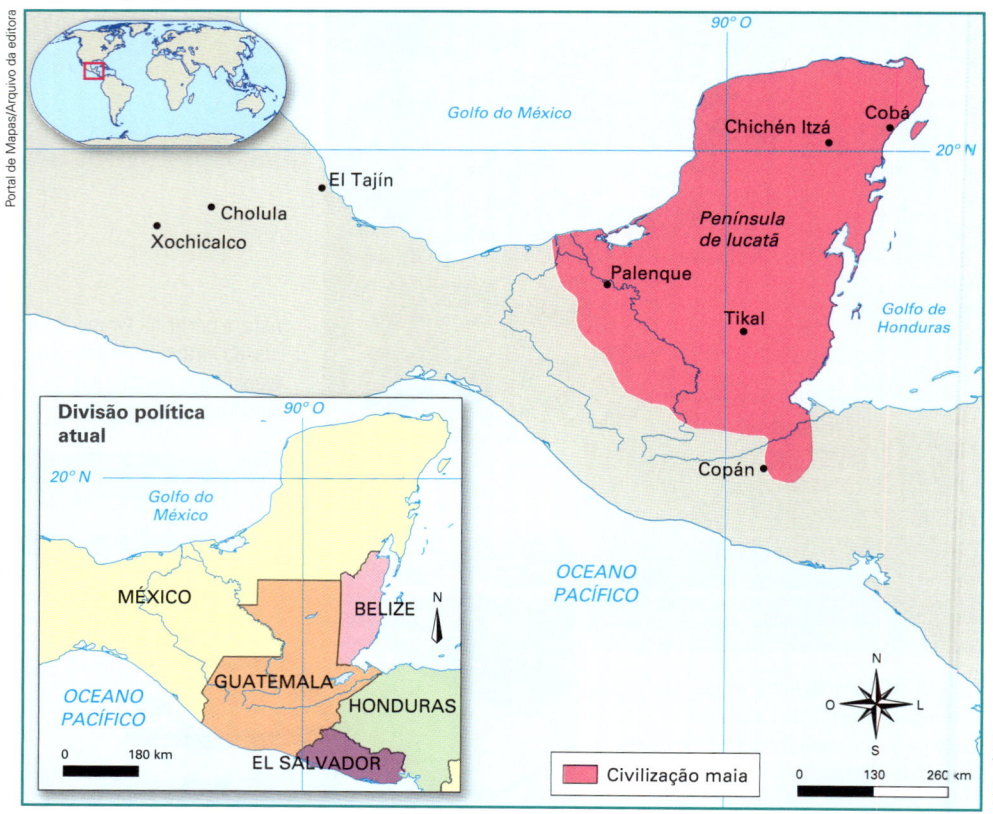

Portal de Mapas/Arquivo da editora

Fonte: elaborado com base em THE ANCHOR Atlas of World History. New York: Doubleday, 1974. v. 1. p. 222.

Saberes e práticas

Os maias se dedicaram à Astronomia e à Matemática e realizavam cálculos precisos. Eles foram um dos primeiros povos a possuir a noção de **zero**. O conhecimento técnico permitiu-lhes construir sofisticados sistemas de irrigação.

Saiba mais

O algarismo zero e seu significado foram transmitidos aos europeus pelos orientais, com base no conceito criado pelos indianos por volta do século V. Perto dessa mesma época, os maias já possuíam seu próprio conceito, provavelmente herdado dos olmecas.

Os maias eram arquitetos talentosos e possuíam apurado senso artístico. Suas construções, representadas por imponentes palácios e templos de adoração aos deuses, eram decoradas com pinturas e murais cheios de detalhes. As esculturas reproduziam a riqueza e a variedade de trajes e ornamentos usados por guerreiros, governantes e sacerdotes.

A religião tinha grande importância para os maias. Nas cerimônias religiosas, muitas vezes eram realizados sacrifícios humanos para oferecer aos deuses o coração das vítimas.

Os maias criaram o sistema de escrita mais completo da Mesoamérica. Eles também desenvolveram vários calendários. Um deles, o **Tzolkin**, possuía 260 dias. Outro, o **Haab**, tinha 365 dias, como o nosso.

De Agostini/Getty Images

Mural do palácio real de Palenque representando o rei maia Pacal transferindo o poder a seu filho K'inich K'an Joy Chitam II em 702.

Os astecas

Desde o século IX, grupos de caçadores-coletores nômades chegaram à região central do atual México. Os astecas foram os últimos deles e, em 1325, fundaram a cidade de **Tenochtitlán**, em uma ilha no lago Texcoco, na atual Cidade do México. Posteriormente, os astecas conquistaram os povos à sua volta, por meio da força ou de alianças, e formaram um dos maiores impérios da Mesoamérica.

O Estado era altamente centralizado. Controlava as atividades agrícolas, determinava a construção de sistemas de irrigação e cuidava da cobrança dos impostos, cujo pagamento era obrigatório (em alimentos, ouro, cacau, algodão e tecidos). A autoridade máxima era o imperador.

A sociedade era composta de nobres, sacerdotes, comerciantes, artesãos, camponeses, carregadores e escravizados (em geral, prisioneiros de guerra). Os camponeses astecas viviam em agrupamentos chamados *calpulli*. Um *calpulli* era uma comunidade agrícola formada por grupos familiares que cuidavam coletivamente das terras, produzindo milho, feijão, abóboras, cacau e pimentas. Eles construíram aquedutos para água potável e ligaram a ilha à terra firme com canais e pontes.

A cultura asteca possuía avançados conhecimentos matemáticos e astronômicos, que permitiram a elaboração de calendários. Os astecas conheciam técnicas de metalurgia e tinham uma escrita pictográfica. Na arquitetura, realizaram obras importantes, como os templos e palácios existentes até hoje no vale do México.

▶ **Pictográfico:** que utiliza imagens para expressar as ideias.

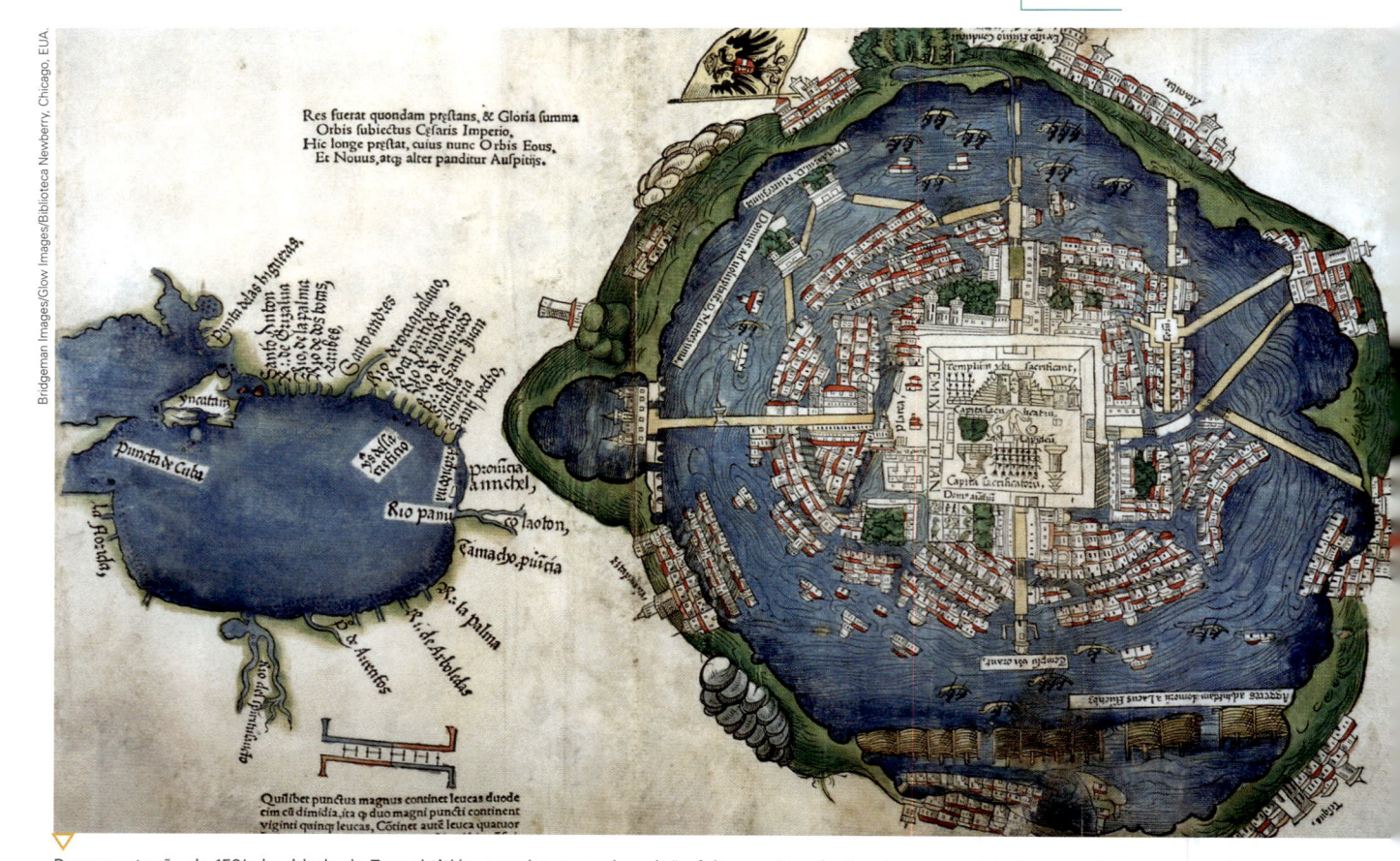

Representação de 1524 da cidade de Tenochtitlán, com base em descrição feita por Hernán Cortés, o conquistador espanhol que comandou a destruição da civilização asteca. Havia quase cem bairros residenciais, ruas limpas e um grande mercado com milhares de mercadores. No centro, erguia-se uma pirâmide de 40 metros, no alto da qual estavam os templos de Huitzilopochtli (deus do Sol) e Tláloc (deus da chuva).

Os astecas eram politeístas e, em seus cultos, praticavam sacrifícios humanos. A guerra também estava relacionada à religião – morrer em uma batalha era uma honra para um guerreiro asteca.

Embora fossem guerreiros destemidos e mais numerosos que os espanhóis, os astecas não resistiram às doenças trazidas pelos europeus, às suas armas de fogo e espadas e às alianças entre europeus e outros povos nativos. Assim, a partir de 1519, eles foram destruídos pelos conquistadores.

Civilização asteca (século XIV)

Fonte: elaborado com base em THE ANCHOR Atlas of World History. New York: Doubleday, 1974. v. 1. p. 222.

▷ O enfrentamento entre espanhóis e astecas é o tema desta ilustração feita em 1550 por um morador da cidade de Tlaxcala, no México, cujos habitantes lutaram ao lado dos conquistadores.

➕ Saiba mais

Um dos legados culturais dos povos nativos da América foi a criação de uma bebida amarga, consumida pelos chefes nativos astecas. Segundo a lenda, ela tinha sido oferecida aos humanos pela serpente emplumada, a Quetzalcóatl. Essa bebida era chamada Xhocolha, "o alimento do espírito": o chocolate.

Minha biblioteca

Como seria sua vida no Império Asteca?, de Terry Deary, Scipione, 1996. O livro conta como seria viver na civilização asteca.

4 As antigas civilizações andinas

O desenvolvimento agrícola na América do Sul ocorreu a partir do ano 2000 a.C., ao longo dos vales e rios que desciam dos Andes. Nessas regiões, que estão em partes dos atuais Peru, Bolívia, Equador, Chile, Argentina e Colômbia, surgiram as mais antigas cidades-Estado.

Até o ano 700, ao longo da costa do oceano Pacífico, destacaram-se a civilização **Mochica**, no Norte; **Lima**, no Centro; e **Nazca**, ao Sul.

Os primeiros impérios desenvolveram-se entre os anos 600 e 1000, com destaque para o **Império Tiahuanaco**, na bacia do lago Titicaca, e o **Império Huari**, no vale do Mantaro, no atual Peru. Existiram ainda numerosos povos e Estados independentes, como o **Reino Chimu**, formado a partir do século XII.

Museu de Arte Metropolitano, Nova York, EUA.

△ Máscara funerária chimu de ouro pintado, feita no século XI.

Império Inca

Perto do ano de 1200, ao sul do atual Peru, o povo quíchua fundou uma pequena aldeia rural que, com o passar do tempo, deu origem a uma grandiosa cidade: Cuzco.

A partir de 1438, sob o comando do imperador **Pachacuti Inca Yupanqui**, Cuzco (que na língua quíchua significa 'umbigo') tornou-se um grande centro administrativo e passou a dominar as regiões vizinhas. Surgia, assim, o **Império Inca**.

As conquistas incas eram feitas pela força militar e também pela persuasão. Em geral, os chefes dos povos conquistados eram levados para Cuzco, onde aprendiam a história inca, seus valores, sua língua, seus costumes e seus conhecimentos administrativos. Para isso, havia centros especiais, e a reeducação durava anos. Só depois de terem passado por esse aprendizado, os chefes retornavam aos seus locais de origem para servir ao império.

Primeiros grandes estados da região andina (séculos IV a XV)

Impérios andinos — mapa. Divisão política atual: BRASIL, PERU, BOLÍVIA, CHILE. Localidades: Cajamarca, Chan Chan, Machu Picchu, Cuzco, Lago Titicaca, Lago Poopó. OCEANO PACÍFICO.

Império Tiahuanaco (375 a 1000)
Império Huari (500 a 700)
Reino Chimu (1200 a 1470)
Cordilheira dos Andes

Portal de Mapas/Arquivo da editora

Fonte: elaborado com base em ATLAS da história do mundo. São Paulo: Folha de S.Paulo, 1995. p. 47.

Império Inca

Mapa do Império Inca. Localidades: Tumipampa, Cajamarca, Machu Picchu, Cuzco, Lago Titicaca, Lago Poopó. Equador, Trópico de Capricórnio, OCEANO PACÍFICO.

Portal de Mapas/Arquivo da editora

Fonte: elaborado com base em ATLAS da história do mundo. São Paulo: Folha de S.Paulo, 1995. p. 145.

Organização social

A sociedade inca obedecia a uma estrutura hierárquica rígida. Na posição mais elevada estava o imperador (o inca), seguido por seus parentes, que formavam a aristocracia, e por seus funcionários (*curacas*). Os sacerdotes também faziam parte dessa elite. Esses grupos representavam a menor parcela da população, mas concentravam o máximo de poder e riqueza.

Na base da sociedade estavam os camponeses, que viviam em pequenas aldeias chamadas *ayllus*. As famílias recebiam e cultivavam lotes de terras proporcionais ao número de seus integrantes.

Cada *ayllu* era comandado por um *curaca*, encarregado de distribuir as terras, consideradas propriedades do imperador. Ele também organizava as atividades da comunidade e recebia os tributos devidos ao imperador (a *mita*), pagos em gêneros e em trabalho. No *ayllu* também havia as terras comunais em que trabalhavam os homens responsáveis pelo sustento dos anciãos, dos inválidos e do próprio *curaca*.

Para administrar o reino, foi construída uma rede de estradas com mais de 25 mil quilômetros de extensão. Os incas não conheciam a roda: as viagens eram feitas a pé, pois os animais eram usados somente para transporte de carga. O sistema de correio era rápido, com postos a cada dois quilômetros, que permitiam uma comunicação ágil entre todas as províncias e Cuzco. A administração imperial contava ainda com centros fortificados e depósitos de alimentos.

Os funcionários do imperador usavam um instrumento chamado **quipo**, que servia para controlar os estoques de alimentos e outros bens do império. Ele era formado por várias cordas coloridas nas quais se faziam diferentes tipos de nós: cada um deles tinha um significado.

A base da economia era agrária: cultivavam-se mais de 40 tipos de vegetais (como o milho, a batata, a mandioca, o algodão, o tabaco, o tomate, etc.) e criava-se a lhama para obter couro, carne, lã e estrume para adubação. Para isso também usavam o **ghamo**, um produto decomposto dos dejetos e restos de milhares de aves marinhas.

Os incas eram politeístas, mas cultuavam principalmente o deus Inti (Sol), considerado o antepassado da família imperial. Outras divindades cultuadas por eles eram a Lua, o trovão, a terra, o mar, as estrelas e Viracocha, o criador do Universo.

Os incas acreditavam que Viracocha era capaz de fazer brotar água das rochas. A água foi importante para essa civilização, que soube desenvolver técnicas de irrigação fundamentais para sua sobrevivência.

Minha biblioteca

A civilização inca, de Rosana Bond, Ática, 2004. O livro trata de diferentes aspectos da civilização inca: política, religião, economia, arquitetura, entre outros, e ressalta que crenças e costumes dos tempos do apogeu daquela civilização ainda fazem parte do cotidiano de milhões de pessoas que vivem no Peru, na Bolívia e no Equador.

Os incas, de C. Arthur Burland, Melhoramentos, 1996. A obra relata a história do povo inca, da origem ao desaparecimento, com ilustrações e mapas que trazem detalhes do cotidiano desse povo.

Templo de Viracocha, localizado no sítio arqueológico de Racchi, em Cuzco, no Peru.

Alamy/Fotoarena

Lhama de prata, artefato da cultura andina, feita provavelmente em 1438.

Reprodução/ Museu Americano de História Natural, Nova York, EUA.

Paisagens da cordilheira dos Andes

Frio intenso, lagoas, desertos de sal, bosques nublados, vulcões, geleiras. Na cordilheira dos Andes, as paisagens são espetaculares e variadas, parecendo inadequadas para acomodar a vida humana. Apesar das dificuldades do ambiente, alguns povos puderam sobreviver nesse local graças à agricultura, favorecida pela presença de rios e lagos. Ainda hoje, muitas pessoas habitam a cordilheira dos Andes. No lado peruano do lago Titicaca, por exemplo, estão os uro, um dos povos que conseguiram superar as dificuldades impostas pela natureza da região.

Para compreender melhor como foi a relação do ser humano com a natureza nos Andes, vamos conhecer um pouco da geografia desse lugar. Para começar, como essa cordilheira se formou?

A crosta terrestre é composta de uma série de placas que se movimentam. Essas placas podem ser classificadas em **oceânicas** ou **continentais**. Há milhões de anos, a placa de Nazca (oceânica) começou a mover-se de encontro à placa Sul-Americana (continental). Como a placa de Nazca é formada por rochas mais pesadas, ela penetrou por baixo da placa Sul-Americana e provocou alterações na superfície do planeta. Observe a ilustração à esquerda.

Um enrugamento da costa oeste da América do Sul ocorreu em consequência do encontro entre as placas, dando origem à cordilheira dos Andes. Mas o processo não parou por aí. Quando parte da placa de Nazca entrou sob a placa Sul-Americana, ela atingiu o manto terrestre. Com esse contato, essa porção da placa esquentou, fundiu-se e começou a subir para a superfície dos Andes, formando grandes vulcões na região

O resultado desse processo que durou milhões de anos é uma cordilheira com 8 mil quilômetros de extensão, que vai da Venezuela até a Patagônia. A área ocupada pela cordilheira dos Andes tem uma variedade impressionante de paisagens. Vamos conhecer algumas?

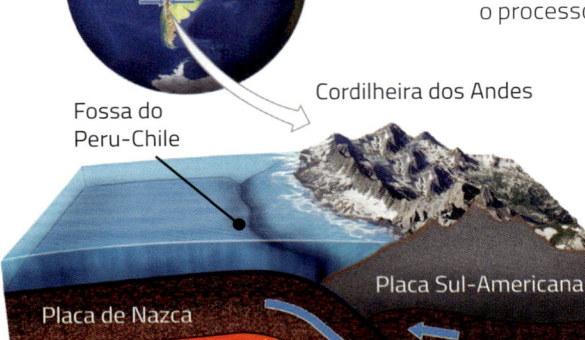

Fossa do Peru-Chile

Cordilheira dos Andes

Placa Sul-Americana

Placa de Nazca

Luiz Ina/Arquivo da editora

Alamy/Fotoarena

Lago formado pelo degelo da geleira Pastoruri, na cordilheira Branca. Parque Nacional de Huascarán, Peru. Foto de 2016.

Gigantescas geleiras formadas durante o período glacial mais recente (12 mil a 15 mil anos atrás) moldaram as paisagens mais atuais na região dos Andes. As geleiras andinas fornecem toneladas de água para milhões de pessoas na América do Sul. Em La Paz (Bolívia), por exemplo, as geleiras são responsáveis por até 15% do abastecimento de água. Contudo, pesquisadores afirmam que as geleiras andinas estão sendo afetadas pelas mudanças climáticas, pois observam que o degelo vem ocorrendo em toda a região.

Alamy/Fotoarena

Ilha artificial feita pelos uro no lago Titicaca. Foto de 2017.

O lago Titicaca está situado na cordilheira dos Andes, na fronteira entre o Peru e a Bolívia. Ele é o maior lago da América do Sul em volume de água. Possui 41 ilhas, algumas bem povoadas, e grande variação de temperatura durante o ano. Os uro, que habitam essa região desde o período anterior à conquista europeia, utilizam a totora, um junco que cria raízes parecidas com um xaxim e boia na água, permitindo a construção de casas em aldeias flutuantes.

Deserto do Atacama, no Chile, em foto de 2016.

O deserto do Atacama localiza-se entre o oceano Pacífico e a cordilheira dos Andes. Ao longo de boa parte de sua extensão, rochas e areia dominam uma vasta área onde a água é uma raridade. Em menos de 24 horas, a temperatura pode variar de 40 °C até marcas negativas. O deserto do Atacama tem ainda vulcões e gêiseres.

Vulcão Cotopaxi, em foto de 2017.

Dezenas de vulcões fazem parte da paisagem andina. É o caso do vulcão Cotopaxi, um dos mais altos do mundo, localizado na capital do Equador, Quito

▶ **Gêiser:** nascente ou fonte termal que ejeta vapor e água quente periodicamente.

América do Sul: físico

Fonte: elaborado com base em IBGE. *Atlas geográfico escolar.* 6. ed. Rio de Janeiro, 2012. p. 40.

1▶ De acordo com o texto, a natureza ajudou os uro a sobreviver durante muitos anos, mas a ação humana certamente foi determinante para a preservação dessa população. Com base nas informações do texto, de que maneira esse povo interfere na paisagem para sobreviver?

2▶ Os incas, assim como os uro, interferiram na paisagem natural para sobreviver. Trace um paralelo entre essas duas populações, dizendo o que fizeram para vencer as dificuldades impostas pelas condições naturais.

5 Sociedades da bacia Amazônica e do Xingu

Até a década de 1990, achava-se que as sociedades amazônicas fossem simples, limitadas a explorar os recursos obtidos na natureza e isoladas. No entanto, estudos das últimas décadas mostraram que grande parte da Amazônia foi densamente povoada, e de maneira organizada.

Com o uso de imagens feitas a partir de satélites, foram descobertas mais de 500 escavações feitas em formas geométricas distribuídas em 250 quilômetros de terras perto da fronteira do Brasil com a Bolívia. Essas formações, chamadas de **geoglifos**, ficaram muito tempo encobertas pela floresta e começaram a surgir com o avanço do desmatamento na contemporaneidade.

Os geoglifos

Essas grandes figuras geométricas são formadas por espécies de túneis abertos com 11 metros de largura, cercados por barrancos que variam de 1 a 4 metros, conectados por estradas. Eles foram construídos entre 2000 e 650 anos atrás, por grupos que podem ter chegado a somar de 100 a 200 pessoas. Cerca de 30 grupos viviam perto dessa região e se reuniam para construir ou reformar os geoglifos.

Não se sabe ao certo por que eles foram construídos. O mais provável é que funcionassem como centros cerimoniais.

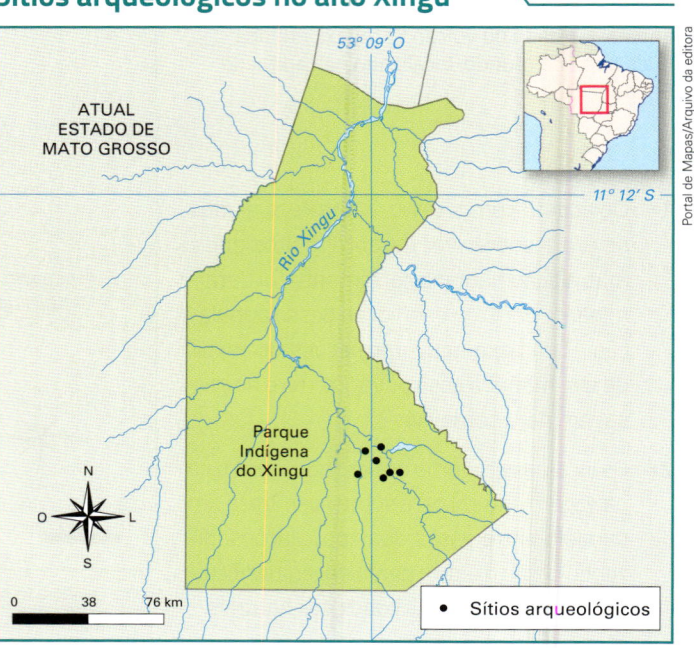

Geoglifos construídos no atual estado do Acre por populações indígenas. Foto de 2017.

Estradas e caminhos

Outro estudo mostra que no alto Xingu havia conjuntos de aldeias interligadas por grandes estradas, alinhadas entre si.

Cada povoado tinha um centro principal, que era rodeado por outras aldeias cujas distâncias desse centro eram semelhantes. Essa distribuição espacial demonstra a ordenação desses povoados, que tinham conhecimento de Cartografia, Astronomia, Matemática e Engenharia.

Em cada um desses locais teriam morado mil habitantes ou mais. Estima-se que poderia ter havido, no mínimo, 15 agrupamentos como esses, ocupando uma vasta área.

Sítios arqueológicos no alto Xingu

ATUAL ESTADO DE MATO GROSSO

Rio Xingu

53° 09' O

11° 12' S

Parque Indígena do Xingu

N O L S

0 38 76 km

• Sítios arqueológicos

Fonte: elaborado com base em HECKENBERGER, Michael J. As cidades perdidas da Amazônia. *Scientific American Brasil*. Disponível em: <www2.uol.com.br/sciam/reportagens/as_cidades_perdidas_da_amazonia.html>. Acesso em: 4 jun. 2018.

A ocupação do Xingu

As datações feitas pelos estudiosos indicam que os ancestrais dos povos do Xingu vieram do oeste há cerca de 1 500 anos ou mais, transformando as florestas e o espaço em que se instalaram. O solo da região mais alta da Amazônia, por exemplo, é pobre em nutrientes e foi modificado por esses povos. Isso ocorreu pelo uso controlado das queimadas e pela decomposição dos restos orgânicos produzidos pelas comunidades, o que originou a chamada "terra preta", muito fértil para as plantações.

Tais descobertas foram possíveis com a ajuda dos índios Kuikuro, que vivem hoje nessa região. Eles conduziram os arqueólogos e antropólogos pelas terras, mostrando os resquícios dessa civilização antiga, o que permitiu o mapeamento e a escavação dos sítios que existem ali.

Podemos observar que muitas práticas dos Kuikuro estão ligadas a esses povos, como a semelhança da organização de suas aldeias com as antigas, ainda que sejam menores. Os Kuikuro, assim como seus antepassados, cultivam a mandioca, mantêm pomares de frutas, principalmente de pequi, e plantam o sapé, base para a cobertura das casas.

Como afirma o arqueólogo Michael Heckenberger:

> Essas ligações fazem dos sítios dos xinguanos locais muito fascinantes, que se encontram entre os poucos assentamentos pré-colombianos na Amazônia onde a evidência arqueológica pode ser conectada diretamente com os costumes atuais. Em outros locais, a cultura indígena foi totalmente dizimada ou o registro arqueológico está disperso.
>
> HECKENBERGER, Michael J. As cidades perdidas da Amazônia. *Scientific American Brasil*. Disponível em: <www2.uol.com.br/sciam/reportagens/as_cidades_perdidas_da_amazonia.html>. Acesso em: 29 abr. 2018.

BLOQUEIO PODEROSO

Chamadas de paliçadas, estas barreiras eram utilizadas para demarcar territórios e se defender de inimigos.

ALDEIA MULTICÊNTRICA

Havia de 8 a 12 aldeias em um conjunto de quase 30 mil quilômetros quadrados: uma ou duas principais, várias secundárias e de cinco a dez menores. Como em uma confederação, cada grupo e cada aldeia tinham um líder com o mesmo poder dos demais.

Lígia Duque/Arquivo da editora

AUTOSSUSTENTÁVEIS

Em áreas ao lado das aldeias havia mosaicos de roças de mandioca, árvores frutíferas e vegetação secundária. As matas altas ficavam mais distantes. Como acreditavam ter parentesco com a floresta, os xinguanos desmatavam apenas o necessário para os assentamentos.

MALHA VIÁRIA

As estradas serviam de comunicação entre aldeias e conjuntos. Com até 50 metros de largura e, em média, 5 quilômetros de extensão, seguiam a direção dos pontos cardeais, sempre mantendo distâncias similares.

UM LUGAR AO SOL

A localização das aldeias era determinada pelo Sol e também seguia os pontos cardeais. As entradas formais ficavam a leste e a oeste, e as casas dos caciques, ao norte e ao sul. De pontos intermediários partiam estradas secundárias.

Fonte: elaborado com base em DIDONÊ, Débora. O Brasil antes do Brasil. *Nova Escola*. Disponível em: <https://novaescola.org.br/conteudo/2399/o-brasil-antes-do-brasil>. Acesso em: 1º out. 2018.

6 A conquista europeia da América

A dominação espanhola e portuguesa sobre a América alterou violentamente o destino dos povos que viviam no continente. Os europeus saquearam suas riquezas dizimaram seus habitantes e destruíram suas culturas. As doenças trazidas pelos europeus (varíola, sarampo, gripe, peste), inexistentes na América, também contribuíram para o declínio populacional desses povos.

Antes da chegada dos conquistadores europeus, a terra era um bem coletivo, e sua posse, muitas vezes, era garantida pela guerra. Não havia grandes extensões agrícolas, pois os nativos só tiravam da terra o que era preciso para sobreviver. Isso mudou com a chegada dos conquistadores europeus, que exploravam a natureza visando a objetivos econômicos.

Os indígenas não compreendiam a razão de os europeus plantarem mais do que necessitavam para sobreviver. Daí surgiu a ideia preconceituosa de que o indígena era "preguiçoso". Seus descendentes – atuais grupos indígenas norte-americanos, mexicanos, brasileiros, andinos e outros – são até hoje marginalizados.

> ▶ Marginalizado: excluído; deixado de fora de um grupo, de uma sociedade.

A conquista europeia também resultou no intercâmbio cultural entre os povos indígenas e os colonizadores. Se os europeus repassaram aos nativos o uso da roda e novas aplicações arquitetônicas, entre tantas outras, os indígenas tinham conhecimentos astronômicos, registros como os quipos e impressionantes construções, além de outras inúmeras realizações e saberes.

Mapa do cartógrafo italiano Giovanni Battista Ramusio, de 1557, que representa a exploração do pau-brasil. Os europeus aparecem apenas na área costeira, ao passo que os indígenas podem ser vistos por toda a área mais interiorana, fazendo o corte e o transporte das toras de madeira.

Construindo conceitos

Civilizações "pré-colombianas"

Como você estudou no capítulo anterior, em 1492 o navegador italiano Cristóvão Colombo, a serviço dos reis da Espanha, chegou à América. Para seu grande espanto, Colombo encontrou povos que habitavam o continente havia milhares de anos.

Séculos mais tarde, quando muitos desses povos já não existiam mais, os historiadores passaram a chamá-los de pré-colombianos, isto é, anteriores a Colombo.

Ao estudar História, você vai encontrar muitas vezes a expressão "pré-colombiano". Embora ela seja muito utilizada, é importante lembrar que a chegada de Colombo é apenas um marco histórico, escolhido pelos europeus, para distinguir o que aconteceu antes e depois desse fato.

Por isso, o termo "pré-colombiano" motiva uma visão sobre a História que carrega apenas o ponto de vista europeu. Ela pode reforçar a ideia equivocada de avanços perante atrasos; de que a cultura europeia é melhor ou mais importante do que as culturas dos outros povos.

Jean-Pierre Courau/Bridgeman Images/Easypix/Museu Nacional de Antropologia, Cidade do México, México.

⚠ Ao chegar à América, os europeus encontraram culturas que produziam obras de arte como este relevo asteca gravado em pedra, encontrado na região do atual México, conhecido como Pedra de Tizoc. A peça é datada do século XV.

A produção de esculturas nas civilizações "pré-colombianas"

De ouro e prata

1. Primeiro esculpia-se um molde em carvão.

2. Depois, cobriam-se os moldes com camadas de cera e de argila, mantendo uma abertura superior. Aquecia-se o molde até que a cera derretesse.

3. O ouro ou a prata eram despejados na abertura superior.

4. A camada de argila era quebrada com cuidado. Abaixo dela, surgia a escultura.

De pedra

O trabalho exigia paciência, ferramentas adequadas e habilidades técnicas do artesão.

Ilustrações: Osnei Studio/Arquivo da editora

⚠ As civilizações "pré-colombianas" dominavam técnicas para a produção de detalhadas esculturas, como é possível observar na ilustração.

 Minha biblioteca

Antes de Colombo chegar, de Adriano Messias, Alis, 2009. O autor apresenta mitos das civilizações astecas, incas e maias antes do contato com os europeus e mostra como aquelas civilizações compreendiam o mundo.

Os mapas abaixo mostram a distribuição dos principais grupos indígenas antes da conquista portuguesa e na atualidade. Observe-os atentamente e depois responda às perguntas propostas.

Povos indígenas antes da conquista portuguesa (mapa 1) e na atualidade (mapa 2)

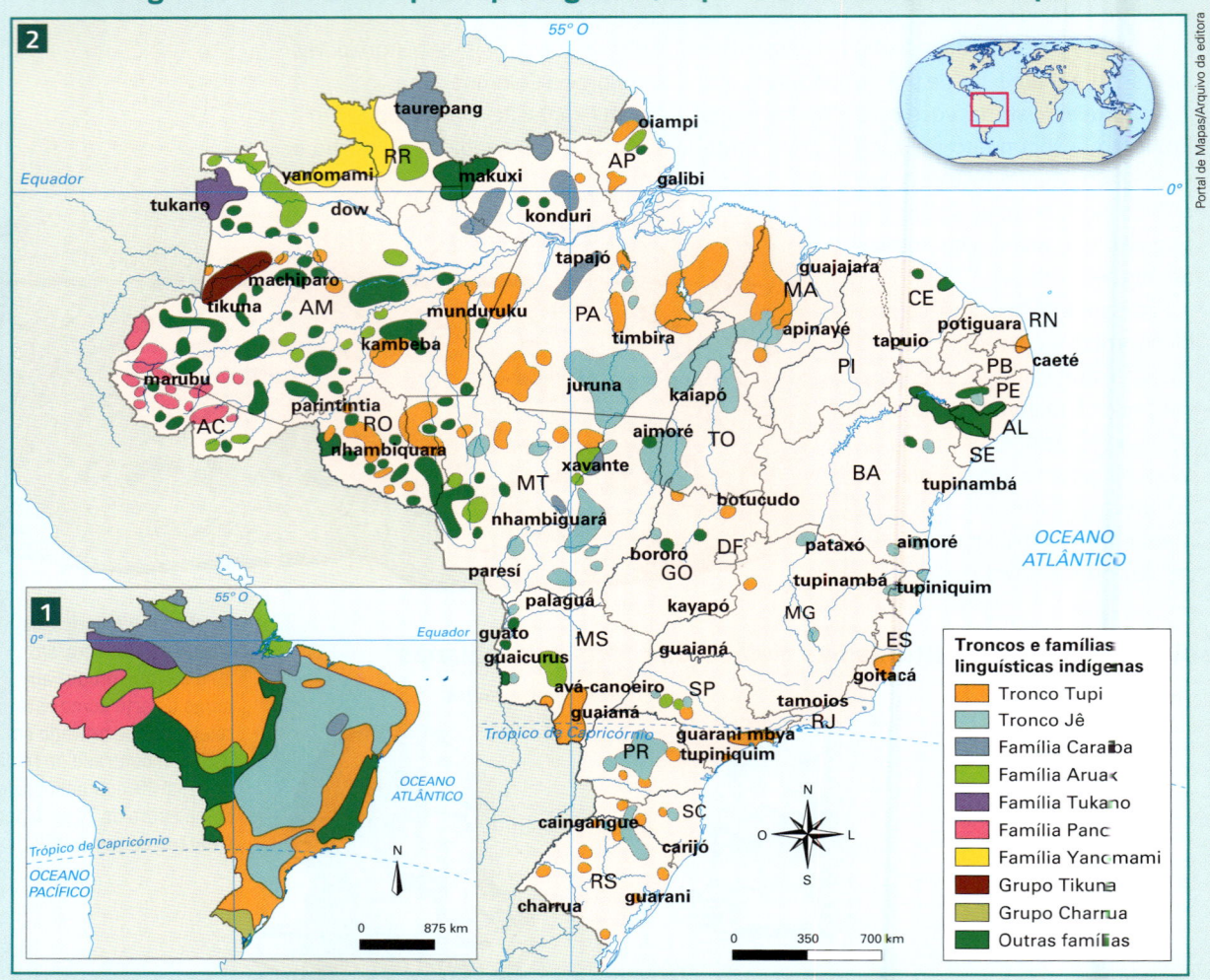

Fonte: elaborado com base em CAMPOS, F. de; DOLHNIKOFF, M. *Atlas:* história do Brasil. 3. ed. São Paulo: Scipione, 1998. p. 6; *Povos indígenas no Brasil 1987-90.* São Paulo: Cedi, 1991. (Coleção Aconteceu especial, 18).

1▸ Qual é o critério utilizado nos mapas para identificar os povos indígenas?

2▸ Observando o mapa 1, quais eram os troncos e as famílias linguísticas que predominavam no território antes da conquista dos portugueses?

3▸ Quais são os troncos e as famílias linguísticas que predominam hoje, de acordo com o mapa 2?

4▸ O que podemos concluir sobre a população indígena nativa mais remota e a do Brasil atual, comparando os dois mapas?

5▸ O que ocasionou essa transformação?

6▸ Observe o mapa 2 e responda: Ainda existem populações indígenas no seu Estado? Quais?

- A diversidade dos povos indígenas americanos foi formada a partir do povoamento da América e durou milhares de anos. Com a sedentarização agrícola, surgiram cidades e civilizações na Mesoamérica, na América andina e em territórios do Brasil atual.

ATENÇÃO A ESTES ITENS

- As mais famosas civilizações americanas foram:
  » na região mesoamericana: olmecas, de Teotihuacán, maias e astecas;
  » na região andina: Tihuanaco, Huari, o Reino Chimu e os incas;
  » no atual território brasileiro: povos amazônicos e do alto Xingu.

Reprodução/Museu Nacional de Arqueologia, Antropologia e História do Peru.

- A conquista da América pelos europeus impôs dominação, submissão e morte aos povos indígenas nativos. Mas também existiram movimentos de luta e resistência contra essa condição.

POR QUÊ?

Reprodução/Museu Americano de História Natural, Nova York, EUA.

- A população americana carrega inúmeras influências herdadas dos povos indígenas nativos, como a diversidade étnica, as condições de vida e as lutas por direitos.

- São imensas as contribuições à cultura alimentar, linguística, material, etc. dos povos nativos e das populações formadas por seus descendentes.

- Em várias regiões da América, incluindo o Brasil, diversos grupos de populações desses descendentes continuam atuando contra a discriminação social e o preconceito e também em busca de garantia de terras e de direitos.

ATIVIDADES

Retome

1▸ O desenvolvimento das primeiras civilizações da América está associado a quais importantes atividades?

2▸ Explique o que você entendeu do conceito de civilizações pré-colombianas.

3▸ Reveja a organização de Tenochtitlán na página 60. Quais outros povos nativos da América estudados neste capítulo construíram cidades de forma semelhante a essa?

4▸ Por que podemos afirmar que os maias se diferenciavam politicamente das civilizações asteca e inca?

5▸ Descreva a organização da sociedade inca.

6▸ Explique como viviam os indígenas que habitavam o que hoje é o Brasil quando os conquistadores portugueses chegaram.

7▸ Indígenas nativos e conquistadores portugueses na região do atual Brasil tinham visões de mundo bem diferentes. Explique essas diferenças.

8▸ Quais foram as consequências da chegada dos europeus para as civilizações da América?

Analise o texto e a imagem

Observe a pintura e leia o texto a seguir. Depois, responda às questões.

[...] Os historiadores, por sua vez, comprovam as teorias e lendas de que os maias praticavam um esporte que teria hoje parentesco com o basquete e o vôlei. A bola, de pesada borracha maciça, não poderia tocar o chão e deveria passar pelo estreito buraco de uma grande pedra redonda que, [presa no] alto, separava os oponentes. Não se usavam as mãos nem os pés, só os ombros, os braços, o peito, as cadeiras e as coxas. Os jogadores se protegiam com almofadões. Era o esporte predileto dos maias – em todas as suas cidades, descobriram-se ruínas de estádios para essa prática. Mas o jogo tinha um objetivo religioso: a bola representava o Sol movimentando-se no céu. E o vencedor era, nas cerimônias oficiais, quem ia para o sacrifício: um sacerdote arrancava seu coração e o oferecia aos deuses. O sacrificado também se transformaria em deus. Por isso se esforçava para vencer. Para os maias, a morte não acabava com a vida, apenas a transferia para outras paragens. [...].

TOTTI, Paulo. *Gazeta Mercantil*, 17 set. 1999. Fim de Semana, p. 14.

9▸ O texto refere-se a um esporte maia parecido com o basquete e o vôlei. No entanto, existem algumas diferenças entre os jogos. Quais são elas?

10▸ O texto traz várias informações sobre a prática do jogo de bola dos maias. Procure na imagem elementos que comprovem essas informações.

11▸ De acordo com o texto, qual era o objetivo dos sacrifícios humanos praticados pelos maias?

12▸ Com base nas informações do texto, você classificaria o jogo de bola maia como uma prática esportiva ou como um ritual religioso? Por quê?

Pintura maia feita em vaso entre os anos 500 e 900, que representa o jogo de bola praticado por esse povo.

As florestas da Amazônia foram moldadas pela ação humana ao longo de milhares de anos, num processo que transformou boa parte da mata em gigantescos "pomares", repletos de espécies domesticadas de árvores. [...]

Em alguns lugares da bacia do Amazonas, as espécies selecionadas e alteradas pela atividade humana chegaram a ser as mais comuns da mata, apesar da gigantesca diversidade natural de vegetais da região.

[...]

E, de fato na maioria das áreas, a concentração de espécies moldadas pelo uso humano aumenta nas proximidades de sítios arqueológicos e dos rios – ou seja, áreas que comprovadamente foram ocupadas por pessoas no passado ou que serviam (e ainda servem) como as principais estradas para quem circulava pela mata. Para onde os antigos indígenas iam, as plantas iam junto – e esse processo foi fazendo com que elas se tornassem cada vez mais comuns, alterando a composição natural de espécies da floresta para que ela se tornasse cada vez mais útil para os membros da nossa espécie.

[...]

O arqueólogo Eduardo Góes Neves, da USP, [...] calcula que esse grande processo de "engenharia florestal" amazônica começou há pelo menos 6 000 anos, mas pode ter se intensificado de uns 2 500 anos para cá. É quando a região fica repleta de sítios com a chamada terra preta – um solo muito fértil produzido pela ação humana, em parte graças à queima controlada de restos de vegetais.

LOPES, Reinaldo José. Civilizações pré-colombianas moldaram vegetação da Amazônia. *Folha de S.Paulo*, 2 mar. 2017. Disponível em: <www1.folha.uol.com.br/ambiente/2017/03/1863192-civilizacoes-pre-colombianas-moldaram-vegetacao-da-amazonia.shtml>. Acesso em: 1º out. 2018.

13 ▸ De acordo com o texto, por que podemos dizer que as florestas da Amazônia foram moldadas pela ação humana?

14 ▸ Qual é a relação entre a localização das árvores selecionadas pelos indígenas e as regiões que eles habitavam?

15 ▸ Na sua opinião, a interferência dos povos indígenas relatada no texto teve consequências boas ou ruins para o meio ambiente? Justifique sua resposta.

16 ▸ A história da humanidade é repleta de exemplos de povos que, em razão das dificuldades impostas pela natureza, desenvolveram diferentes meios tecnológicos para aproveitar os recursos disponíveis. Além disso, muitos deles depositaram suas crenças em divindades que julgavam ser responsáveis pelo sucesso das colheitas.

Os astecas, povo mesoamericano que se desenvolveu em uma região de clima predominantemente seco, são um desses exemplos.

Representação feita de pedra da deusa da terra, Coatlicue, feita no século XV.

Escultura de pedra representando a deusa da primavera, Xochipili, datada de 1428-1521.

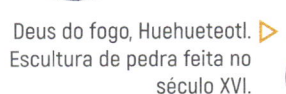

Deusa da água (rios, lagos e chuvas) e da fertilidade, Chalchiuhtlicue, em escultura de pedra datada de 1325-1521.

Deus do fogo, Huehueteotl. Escultura de pedra feita no século XVI.

- Estabeleça uma relação entre o aspecto climático da região em que os astecas se assentaram e o culto aos deuses das imagens acima.

Autoavaliação

1. Quais atividades você considerou mais fáceis e mais difíceis? Por quê?

2. Em quais atividades você utilizou o texto do capítulo como base para sua resposta?

3. Algum ponto do capítulo não ficou muito claro para você? Qual?

4. Você compreendeu o esquema *Mapeando saberes*? Explique-o.

5. Você saberia apontar exemplos da atualidade considerando o que aprendeu no item *Por quê?* do *Mapeando saberes*?

6. Como você avalia sua compreensão dos assuntos tratados neste capítulo?

» **Excelente**: não tive nenhuma dificuldade.

» **Boa**: tive algumas dificuldades, mas consegui resolvê-las.

» **Regular**: foi difícil compreender certos conceitos e resolver as atividades.

» **Ruim**: tive muitas dificuldades, tanto no conteúdo quanto na realização das atividades.

LENDO IMAGEM

Os mapas são importantes fontes para o trabalho dos historiadores. Mapas antigos podem revelar como as pessoas do passado pensavam e representavam o mundo.

Até o final da Idade Média, em geral, os mapas mostravam apenas uma pequena parcela do mundo, de forma circular. Eles representavam as porções de terra conhecidas pelos europeus (Europa, Ásia e África) separadas por massas de água. A presença de ornamentos era outra característica dos mapas produzidos no período. Veja a imagem abaixo.

O mapa apresenta uma visão de mundo, e não um guia para orientar viagens.

O mapa apresenta Jesus Cristo abençoando o mundo conhecido pelos europeus.

Os principais rios conhecidos na época, como Ganges, Eufrates e Tigre, foram representados com linhas azuis.

Uma figura dá origem aos rios.

O mapa apresenta uma representação simbólica, idealizada, do mundo que os europeus conheciam.

O Oriente foi representado na parte superior do mapa.

Grécia

Macedônia

Roma

Egito

Mar Mediterrâneo

Figuras monstruosas indicam as regiões pouco conhecidas pelos europeus no período.

Jerusalém foi representada no centro do mapa, revelando o caráter religioso da ilustração.

Mapa presente em um Livro de Salmos produzido por volta do século XIII.

Sicília

Uma figura dá origem aos mares, representados em verde. Os mares dão a volta nas porções de terra.

Reprodução/British Library, Londres, Reino Unido.

Na Idade Moderna, as novas tecnologias de navegação permitiram que exploradores europeus se lançassem ao mar em busca de novas rotas. Com isso, os mapas foram se aperfeiçoando e passaram a ter mais precisão e a servir para orientar navegadores e viajantes.

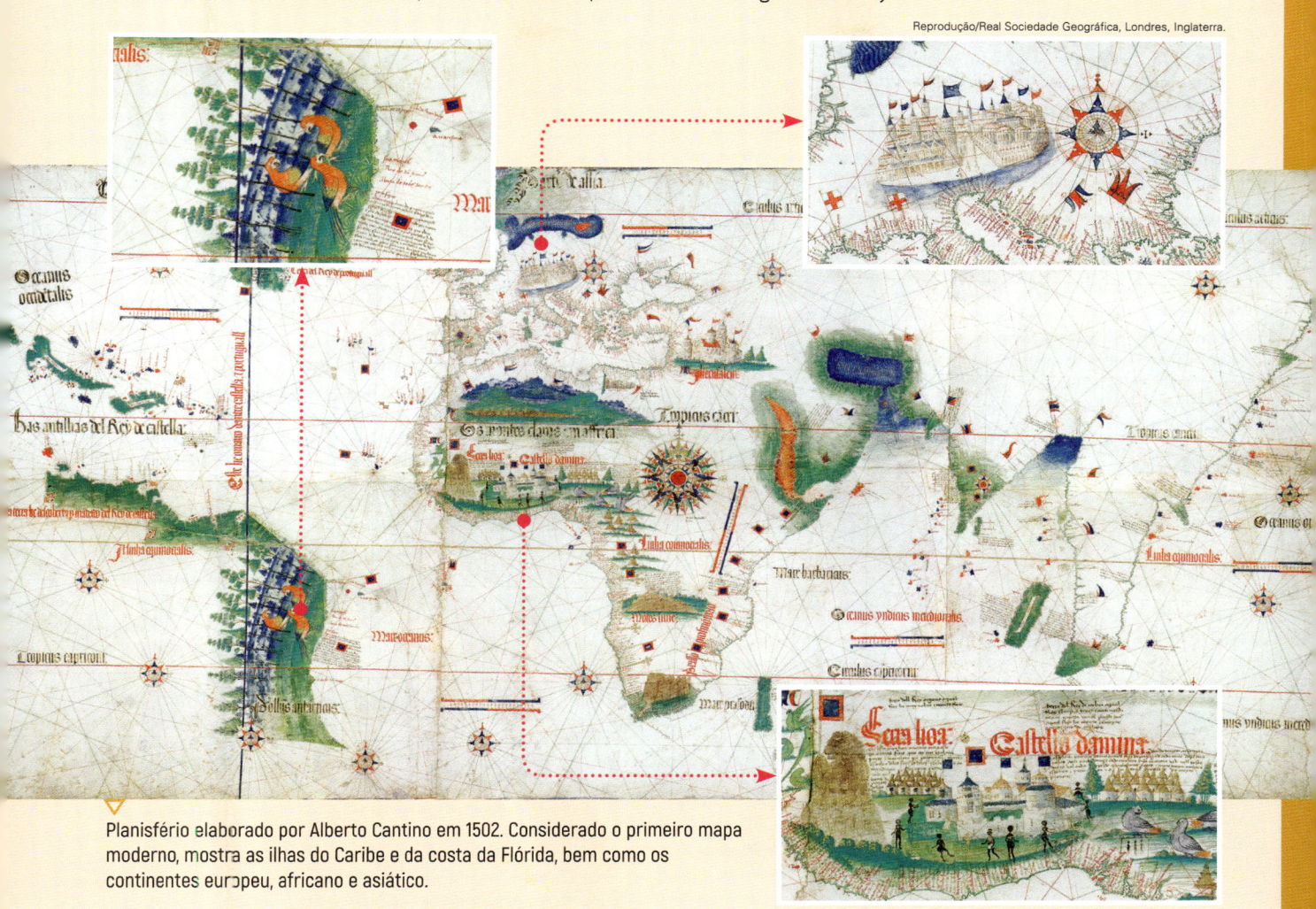

Planisfério elaborado por Alberto Cantino em 1502. Considerado o primeiro mapa moderno, mostra as ilhas do Caribe e da costa da Flórida, bem como os continentes europeu, africano e asiático.

Identifique os elementos do mapa

1 ▸ Quais elementos desse mapa são semelhantes aos dos mapas atuais?

2 ▸ Diferentemente dos mapas atuais, o mapa de Cantino traz várias ilustrações. Descreva um exemplo de ilustração usada nas representações da América, da África e da Europa.

3 ▸ No mapa do Livro de Salmos, Jerusalém estava no centro. O que está no centro do mapa de Cantino?

Analise e compare os mapas

4 ▸ Comparando os dois mapas desta seção, qual deles era, em sua opinião, mais útil para um viajante?

5 ▸ Há ilustrações em ambos os mapas. Qual deles apresenta ilustrações que tentam caracterizar as localidades de maneira realista?

6 ▸ O mapa do Livro de Salmos e o mapa de Cantino não apresentam apenas diferentes formas de representar o espaço geográfico. Eles apresentam também visões de mundo distintas. Que visões de mundo são essas?

A cúpula da Catedral Santa Maria del Fiore, em Florença, na Itália, foi projetada por Filippo Brunelleschi (1377-1446). É a maior cúpula de alvenaria já construída, e Brunelleschi é considerado um dos mais importantes arquitetos do período. Foto de 2018.

Alamy/Fotoarena

UNIDADE 2

Transformações culturais, religiosas e políticas na Europa moderna

Entre os séculos XIV e XVI, a cultura europeia passou por amplas mudanças nos conhecimentos, nas artes e na religião. Transformações também ocorreram nas estruturas sociais e políticas ao longo da Idade Moderna.

Observe a fotografia e, de acordo com o que você já estudou, responda:

1. Quais eram os ideais de beleza e conhecimento da Antiguidade? Cite alguns exemplos.

2. Ao longo dos nossos estudos, você deve ter percebido que existem diversas religiões espalhadas pelo mundo. Enumere as religiões que você conhece e aquelas sobre as quais você já estudou ou ouviu falar. Conte um pouco sobre o que sabe delas.

4

O Renascimento cultural

Reprodução/Museus e Galerias do Vaticano, Cidade do Vaticano, Itália.

Detalhe de *Escola de Atenas*, de Rafael, encomendado pelo papa Júlio II para decorar um salão do Palácio do Vaticano. O afresco, produzido entre 1508 e 1511, possui 7,70 metros de largura por 5,50 metros de altura. O artista representou grandes filósofos da Antiguidade reunidos em uma construção renascentista, de inspiração clássica. No centro estão representados Platão, de barbas brancas, e Aristóteles a seu lado.

Como vimos, a partir do século XII, a Europa passou por profundas transformações. Entre elas se destacaram o aumento da população e das **atividades comerciais**, o crescimento de **burgos** e **cidades** e a fundação das primeiras **universidades**. Nessa nova sociedade circulavam mercadorias, pessoas e ideias de diversas regiões e culturas, que se espalhavam rapidamente pelas rotas comerciais que ligavam povos dos mais variados lugares.

A partir do século XIV, intelectuais e artistas da Europa, em especial os das ricas cidades comerciais da península Itálica, começaram a buscar no passado clássico da Grécia e de Roma respostas para os problemas dessa nova sociedade. Ao olhar para o passado, os europeus desenvolveram uma visão cada vez mais racional, exata e matemática do mundo e da natureza. Essa busca culminou em um movimento artístico, científico e filosófico denominado **Renascimento**.

▶ Para começar 💬

Observe o afresco e leia a legenda.

1. Qual é o sentido da palavra "escola", no título da obra de Rafael?

2. Identifique, na obra, elementos que mostram a valorização das culturas clássicas grega e romana.

▶ **Afresco:** técnica usada para pintar paredes e tetos previamente revestidos com preparado especial. A pintura é feita sobre o revestimento ainda úmido, para que este fique embebido com a tinta.

1 A origem do Renascimento

Os valores do Renascimento

Se, na Idade Média, Deus era considerado o centro de tudo (**teocentrismo**), no Renascimento esse lugar passou a ser ocupado pelo ser humano (**antropocentrismo**).

Os renascentistas recuperaram a ideia grega de que "o homem é a medida de todas as coisas". Isso originou uma corrente de pensamento chamada **Humanismo**, que se iniciou na península Itálica, devido à urbanização e ao desenvolvimento da burguesia, e depois se espalhou pelo Ocidente. Os textos humanistas foram difundidos graças à invenção da imprensa, que ocorreu no século XIV, como você verá mais adiante neste capítulo. Os humanistas, formados em grande parte por membros da elite e da burguesia em ascensão, buscaram nos textos clássicos o entendimento do ser humano e de sua vida terrena. Nesse período, o ensino tornava-se cada vez mais acessível aos grupos enriquecidos por meio da atividade comercial. Dessa forma, os humanistas valorizavam a educação para obter e transformar o conhecimento. Contudo, a religião continuou a exercer grande importância na produção cultural do período. Tal permanência pode ser notada pela constante presença de temas religiosos nas artes plásticas e na literatura, mesmo com a disseminação do antropocentrismo.

As pessoas da Idade Média, em geral, acreditavam que o destino delas era determinado por sua origem e pela vontade de Deus. A partir do Renascimento, porém, começou a se desenvolver a ideia de que cada indivíduo era responsável por seu sucesso ou fracasso (**individualismo**). Não por acaso, foi a partir do final do século XV que os artistas passaram a assinar suas obras. Antes do Renascimento, a pintura e a escultura eram produtos de um artesão, cujo trabalho como o de todos os outros, era anônimo, pois eram valorizados o trabalho coletivo e o produto artístico final.

Jovem inglês, óleo sobre tela de Ticiano, de 1540. Muitos retratos produzidos durante o Renascimento eram de burgueses que queriam ser eternizados por um grande mestre, a fim de ostentar seu poder e sua riqueza.

akg-images/Rabatti - Domingie/Album/Fotoarena/Palácio Pitti, Florença, Itália.

Portal de Mapas/Arquivo da editora

LINHA DO TEMPO

1304-1306
Giotto: *A lamentação de Cristo*

Século XIV – *Trecento*: Início do Renascimento na península Itálica

1454
Gutenberg: criação da prensa de tipos móveis

1485
Botticelli: *O nascimento de Vênus*

Século XV – *Quatrocento*: Predomínio de Florença

1504
Michelangelo: *Davi*

1506
Leonardo da Vinci: *Mona Lisa*

1543
Copérnico: heliocentrismo

Século XVI – *Cinquecento*: Predomínio de Roma e expansão pela Europa

Linha do tempo esquemática. O espaço entre as datas não é proporcional ao intervalo de tempo.

Para os medievais, todo o saber vinha de Deus e dos textos sagrados. Já os renascentistas diziam que o conhecimento resultava da observação e da experimentação, o que gerou uma postura mais racional e crítica (**racionalismo**). Entretanto, não houve um rompimento radical com a fé. A própria Igreja tentara, desde o século XIII, conciliar razão e fé.

Durante os séculos XV e XVI, a Europa viveu um intenso período de conquistas e desenvolvimento, que levou à euforia e à expectativa de acontecimentos positivos (**otimismo**). As manifestações alegres do cotidiano, expressas na cultura popular medieval, e o culto à beleza, presente nos costumes pagãos, foram incorporados às obras dos artistas renascentistas, em oposição à sobriedade da arte medieval.

Construindo conceitos

Renascimento

O termo "Renascimento" foi criado ainda na época em que as transformações na arte e na ciência aconteciam. O arquiteto italiano **Giorgio Vasari** (1511-1574) foi quem o usou pela primeira vez. Ele se referia à preocupação de certos artistas e intelectuais de sua época em recuperar o pensamento e as criações da antiga cultura greco-romana.

Os renascentistas passaram a se referir aos séculos que antecederam o Renascimento como a "Idade das trevas". Eles acreditavam que nesse período a Europa havia passado por uma fase de estagnação, de "obscurecimento". Hoje, porém, sabe-se que isso não é verdade.

Como você já viu, durante a Idade Média a rica cultura popular se desenvolveu, expressa nas festas religiosas e divulgada por menestréis e trovadores. Os próprios renascentistas se inspiraram na cultura medieval para criar suas obras. Além disso, muitos textos da Antiguidade clássica utilizados pelos renascentistas foram preservados graças à ação dos monges copistas e das universidades medievais.

Trovador em detalhe de iluminura do século XIII.

2 Península Itálica, berço do Renascimento

Nos séculos XIV a XVI (chamados pela historiografia, em italiano, de *trecento*, *quatrocento* e *cinquecento*, respectivamente *anos trezentos*, *quatrocentos* e *quinhentos*), o desenvolvimento comercial da península Itálica atraiu centenas de artistas, cientistas e intelectuais para cidades como Veneza, Florença, Roma, Milão e Nápoles. A região contava também com a forte presença da Igreja cristã, seus poderosos dirigentes e imensos recursos. O desenvolvimento comercial na região fez surgir ricos comerciantes, que passaram a patrocinar o trabalho de artistas e pensadores. Eram os chamados mecenas, geralmente ricos negociantes, nobres e papas, que buscavam exibir sua riqueza e suas crenças e afirmar seu poder por meio da arte.

Nas cidades da península Itálica foram preservados inúmeros monumentos e vestígios das civilizações greco-romanas, o que inspirou artistas e pensadores e incentivou a recuperação das obras e ideias da Antiguidade clássica.

Além disso, desde o século XII algumas cidades italianas praticavam comércio com a região de Bizâncio, local em que a cultura greco-romana havia sido bastante preservada. Com a tomada de Constantinopla pelos otomanos em 1453, muitos sábios bizantinos foram atraídos para as cidades da península Itálica, levando ideias e conhecimentos e auxiliando no desenvolvimento da arte e da ciência renascentistas.

▶ **Mecenas:** era o nome do conselheiro do imperador romano Otávio Augusto, do século I a.C., responsável pelo financiamento imperial das atividades dos grandes escritores daquela época, como Horácio e Virgílio. Seu nome ficou associado a todos aqueles que patrocinam as artes.

Retrato de um jovem cavaleiro, óleo sobre tela de Carpaccio, de 1510. Francesco della Rovere, o jovem retratado, foi um rico mecenas desse período.

A península Itálica no Renascimento

Portal de Mapas/Arquivo da editora

Legenda:
1 - Monferrato
2 - Asti
3 - Ventimiglia
4 - Lucca
5 - Piombino

Fonte: elaborado com base em ARMENTO, Beverly J. et al. *Across the Centuries*. Boston: Houghton Mifflin, 2003. p. 317.

Erich Lessing/Album/Fotoarena/Museu Thyssen-Bornemisza, Madri, Espanha.

▷ Durante o Renascimento, a península Itálica dividia-se em várias cidades-Estado, em constante confronto militar na disputa por territórios e domínios comerciais.

Pensadores, artistas e obras do
Renascimento italiano

Conheça alguns dos principais pensadores, artistas e obras que precederam ou marcaram o Renascimento na península Itálica entre os séculos XIV e XVI.

Dante Alighieri (1265-1321)

Considerado um precursor do Renascimento, Dante foi o autor do poema *A divina comédia*, que você já conheceu quando estudou a cultura medieval. Apesar de retomar textos e valores da Antiguidade clássica, Dante estruturou sua obra de acordo com o pensamento cristão. Acima, afresco do século XIV de Domenico di Michelino, que ilustra uma passagem de *A divina comédia*.

Francesco Petrarca (1304-1374)

Intelectual, escritor e poeta, Petrarca foi considerado o inventor do soneto, composição poética de catorze versos. Humanista, possuía uma relação apaixonada com os textos gregos e latinos. *De África* é um épico sobre as Guerras Púnicas, em que o autor realça o heroísmo e a virtude dos homens. Na imagem acima, retrato de Petrarca do século XV, de autoria desconhecida.

Giovanni Boccaccio (1313-1375)

Autor de *Decameron*, coletânea de 100 novelas, Boccaccio ridicularizava as instituições da época, especialmente o clero, e exaltava o individualismo e os aspectos terrenos da vida. Ao lado, óleo sobre tela de Francisco Podesti, de 1851, representando os contadores das histórias do *Decameron*.

Universal History Archive/Getty Images/Capela Scrovegni, Padova, Itália.

Giotto di Bondone
(1266-1337)
Artista florentino, Giotto foi um dos primeiros a romper com a rigidez e a solenidade das antigas pinturas medievais. Em seus trabalhos, as figuras sacras assumem feição humana, expressando dor ou alegria. A imagem mostra *A lamentação de Cristo*, afresco pintado entre 1304 e 1306.

akg-images/Rabatti - Domingie/Album/Fotoarena. Galeria Uffizi, Florença.

Sandro Botticelli (1445-1510)
Em suas pinturas, Botticelli representou a beleza e a pureza humanas de maneira idealizada. Nelas também são representados deuses gregos e romanos. A obra *Alegoria da primavera*, de 1478, foi feita para decorar a residência de verão dos Medici, rica família de banqueiros e políticos de Florença.

Albury/Fotoarena/Museu Czartoryski, Cracóvia, Polônia

Leonardo da Vinci (1452-1519)
Da Vinci aplicou estudos científicos à pintura e fez pesquisas sobre forma, proporção, cor, luz e sombra, harmonizando arte e ciência. Foi também inventor, poeta e músico. Entre suas pinturas estão *Mona Lisa* ou *A Gioconda* (1503-1506), *A última ceia* (1494-1499) e *A dama com arminho* (ao lado, 1489-1490).

Alamy/Fotoarena/Basílica de São Pedro, Vaticano

Michelangelo Buonarroti (1475-1564)
Os temas religiosos têm forte presença no trabalho de Michelangelo. Ele pintou os afrescos no teto da Capela Sistina, no Vaticano, em que representa várias passagens da Bíblia. É também autor de esculturas famosas, como *Pietà*, *Davi* e *Moisés*. Ao lado, *Pietà*, esculpida entre 1498 e 1499.

Nicolau Maquiavel (1469-1527)

Maquiavel é considerado o pai da ciência política por seu trabalho *O príncipe*, de 1513, em que apresenta as qualidades de um bom governante, tendo sempre em conta que os interesses do Estado estão acima dos interesses dos indivíduos.

Na imagem, detalhe do retrato póstumo de Maquiavel pintado por Santi di Tito no século XVI.

Rafael Sanzio (1483-1520)

Rafael se dedicou a temas religiosos e da mitologia greco-romana. Sua maior contribuição à pintura foi a representação realista e harmoniosa de figuras humanas, que dão a sensação de movimento. Ao lado, *A transfiguração*, última pintura de Rafael, produzida entre 1516 e 1520.

O Renascimento
em outros lugares da Europa

A partir do século XVI, diversas regiões europeias, além da península Itálica, vivenciaram profundas transformações na sua produção cultural.

As Grandes Navegações modificaram a mentalidade e a cultura dos europeus. Em contato com as culturas do chamado Novo Mundo, os europeus passaram a questionar seus próprios valores, transformando sua visão.

Outro fator de grande importância nesse período foi a **imprensa**, desenvolvida em 1454 pelo gráfico alemão Johannes Gutenberg. A novidade introduzida por ele foi a utilização da prensa de tipos móveis de metal (pequenos carimbos com letras), o que permitia imprimir diferentes obras com a mesma prensa, bastando mudar os tipos de lugar. Com a imprensa, a difusão de notícias e livros tornou-se muito mais fácil e rápida, mesmo que para um público ainda restrito. Antes dessa invenção, a maioria dos livros na Europa ocidental era reproduzida manualmente ou por meio de uma prensa mais simples, o que exigia muito tempo e trabalho.

É importante destacar também que o Renascimento europeu não foi mera ampliação ou reprodução do movimento iniciado na península Itálica. Em cada região, as particularidades das culturas e tradições locais influenciaram as inovações renascentistas. Conheça a seguir nomes e obras importantes da Renascença europeia.

França

François Rabelais (1494-1553)
Rabelais foi um literato francês e autor de *Gargântua* e *Pantagruel*, comédias escritas no século XVI, que satirizam a Igreja.

Michel de Montaigne (1533-1592)
Montaigne foi um filósofo francês, autor de *Ensaios*, de 1580, coletânea de textos sobre a experiência humana e questões metafísicas.

▶ **Satirizar:** ridicularizar por meio de críticas.

Inglaterra

Thomas Morus (1476-1535)
O pensador inglês foi o autor de *Utopia*, obra de 1516 que descreve uma sociedade perfeita em um país ideal.

William Shakespeare (1564-1616)
Shakespeare foi um dramaturgo inglês, cujos trabalhos mais conhecidos, produzidos entre 1590 e 1613, são *Romeu e Julieta*, *Hamlet*, *Rei Lear* e *Sonho de uma noite de verão*.

◁ Detalhe de retrato de William Shakespeare pintado em 1610 (autoria desconhecida). O escritor inglês deixou obras teatrais magníficas que são encenadas até hoje.

Fine Art images/Heritage Images/Getty Images/Coleção particular

Região alemã

Albrecht Dürer (1471-1528)
Dürer foi um pintor, gravador e arquiteto alemão, de quem se destacam as gravuras *Adoração da Santíssima Trindade*, *Adoração dos Reis Magos* e *Melancolia*.

Reprodução/Museu do Prado, Madri, Espanha.

△ Autorretrato de Albrecht Dürer (1498). O artista dominou todas as técnicas de pintura de sua época, especialmente a perspectiva, usando-as para acentuar o realismo de suas obras.

Holanda

Erasmo de Roterdã (1466-1536)

Foi um escritor holandês, autor de *Elogio da loucura*, obra de 1511, que denuncia algumas atividades da Igreja e a imoralidade do clero.

Retrato de Erasmo de Roterdã, óleo sobre tela de 1523, do pintor alemão Hans Holbein, o Jovem. Depois de escrever *Elogio da loucura*, Erasmo traduziu o *Novo Testamento* do grego para o latim.

Kurwenal/Prisma/Album/Fotoarena/Museu do Louvre, Paris, França.

Portugal

Gil Vicente (1465-1536)

Dramaturgo português, foi autor de *Auto da Lusitânia* (1532), *Auto da barca do Inferno* (1516) e *A farsa de Inês Pereira* (1523).

Luís de Camões (1525-1580)

Autor de *Os lusíadas* (1572), considerado o mais importante poema épico da língua portuguesa, Camões produziu também uma notável lírica, valorizada até hoje.

▶ **Auto:** nome dado, na Idade Média, a qualquer peça curta de teatro de tema religioso ou profano (isto é, leigo).

▶ **Lírica:** gênero de texto em que o autor expõe seus sentimentos, pretendendo despertar sentimentos semelhantes no leitor.

Espanha

Miguel de Cervantes (1547-1616)

Cervantes foi um escritor espanhol, autor de *Dom Quixote de la Mancha* (1615), obra que satiriza os ideais de cavalaria herdados da Idade Média.

Reprodução/Real Academia de História, Madri, Espanha.

Retrato de Miguel de Cervantes, óleo sobre tela de 1600, do pintor espanhol Juan de Jáuregui Aguilar.

 De olho na tela

Moça com brinco de pérola. Direção: Peter Webber. Reino Unido/Luxemburgo, 2003. Griet trabalha como criada na casa do pintor Johannes Vermeer. Fascinada pela arte de seu patrão, a moça passa a auxiliá-lo em seu ateliê, onde encontra um mundo de cor e luz.

Minha biblioteca

O mercador de Veneza, de William Shakespeare, Scipione, 2010. Adaptação do clássico da literatura inglesa ambientado na cidade de Veneza no século XVI.

Observe a reprodução da pintura *O nascimento de Vênus* e depois responda às questões propostas.

Reprodução/Galeria Uffizi, Florença, Itália.

O nascimento de Vênus (1485), de Botticelli, é uma pintura que representa um mito greco-romano da Antiguidade. Vênus, a deusa do amor e da beleza, está representada no centro do quadro. O deus Zéfiro, o vento do Oeste, está representado à esquerda, acompanhado da ninfa Clóris. À direita de Vênus, há uma Hora (as Horas são deusas das estações).

1▸ Com relação à forma:

a) Compare as cores utilizadas nessa pintura com as cores utilizadas pelos artistas medievais.

b) A pintura é estática ou sugere movimento? Justifique sua resposta.

c) Quais aspectos da pintura mostram que ela é uma obra renascentista?

2▸ Com relação ao conteúdo:

a) Qual é a relação entre os personagens representados na tela (deuses e ninfa) e o Renascimento?

b) A deusa Vênus se parece com os santos católicos representados nas pinturas medievais, analisadas nos capítulos anteriores?

c) De acordo com o que você estudou até agora, quais dos valores renascentistas que foram apresentados podem ser observados na pintura?

3▸ Sandro Botticelli nasceu em 1º de março de 1445, em Florença, e faleceu em 17 de maio de 1510, sendo sepultado na Igreja de Todos os Santos, também em Florença.

a) Liste alguns acontecimentos importantes da época que viveu Botticelli, buscando informações nos capítulos anteriores.

b) Retome as páginas anteriores, em que aparecem os pensadores, os artistas e as obras do Renascimento italiano, e liste aqueles que foram contemporâneos de Botticelli.

Renascimento: revolução no pensamento científico

Do mesmo modo que os antigos filósofos gregos, os renascentistas não separavam os civersos campos do saber (a arte, a filosofia, a ciência, etc.), que hoje vemos como distintos uns dos outros. Em sua busca pelo conhecimento, eles aplicavam a todas essas atividades o mesmo espírito investigativo.

Não é por acaso que Leonardo da Vinci, talvez o nome mais representativo do Renascimento, famoso por suas pinturas, também fosse cientista, inventor, poeta, escultor, estudioso da anatomia humana, etc. Alguns de seus projetos, por exemplo, são considerados antecessores do submarino e do helicóptero.

A formação ampla e os múltiplos interesses dos renascentistas garantiram a produção de conhecimentos revolucionários em vários campos. No campo da Astronomia, o aperfeiçoamento dos instrumentos de observação dos astros, somado ao avanço da Matemática e da Geometria, permitiu derrubar algumas ideias que prevaleceram durante toda a Idade Média.

Ligia Duque/Arquivo da editora

▷ Algumas invenções de Leonardo da Vinci – como o escafandro, o paraquedas e a bicicleta – revelam como o cientista e artista estava à frente de seu tempo.

Fonte: elaboradas com base em LOPES, Reinaldo José. 7 invenções de Da Vinci muito avançadas para a época. *Superinteressante*. Disponível em: <https://super.abril.com.br/historia/7-invencoes-de-da-vinci-muito-avancadas-para-a-epoca/>. Acesso em: 18 out. 2018.

Heliocentrismo

Originário da atual Polônia, **Nicolau Copérnico** (1473-1543) propôs a **teoria heliocêntrica**, defendendo que todos os planetas observáveis da Terra giravam em torno do Sol (*hélios*, em grego). Antes dele, acreditava-se que o Sol é que girava em torno da Terra, de acordo com a teoria de Ptolomeu, que havia vivido entre os anos 90 e 168.

Segundo a Igreja, Deus criara os seres humanos à sua imagem e semelhança, e só poderia tê-los colocado no centro do Universo. A teoria de Copérnico confrontava esse dogma.

 De olho na tela

Giordano Bruno. Direção: Giuliano Montaldo. Itália, 1973. Narra a vida do matemático e astrônomo italiano condenado, pela Inquisição, a ser queimado vivo, por discordar da tradição geocêntrica defendida pela Igreja católica.

Aquarela de Andreas Cellarius representando o Universo segundo Ptolomeu, século XVIII.

Aquarela de Andreas Cellarius representando o Universo segundo Copérnico, século XVII.

Astronomia e Medicina

Novos estudos, medições e cálculos feitos pelo italiano **Galileu Galilei** (1564-1642) deram mais precisão à teoria heliocêntrica de Copérnico. Galileu também desafiou diretamente a Igreja interpretando a seu modo as escrituras sagradas para provar que elas não eram contrárias às suas novas teorias astronômicas. Por isso, foi perseguido, preso e condenado pelo tribunal da Inquisição, que o obrigou a renegar suas descobertas. Somente em 1992 foi perdoado oficialmente pelo papa João Paulo II, que admitiu o equívoco da Igreja.

Johann Kepler (1571-1630), nascido na atual Alemanha, defendia a ideia de que os astros realizavam um movimento elíptico em torno do Sol, e não circular. Ele retomou os escritos de antigos pensadores gregos, como Ptolomeu. Sua teoria preparou o caminho para a descoberta da lei da gravitação universal, de Isaac Newton.

> **Elíptico:** oval.

No campo das investigações médicas e biológicas também ocorreram importantes descobertas. Entre os nomes de destaques estão **Miguel Servet** (1511-1553), médico que pesquisou a circulação sanguínea, e **André Vesálio** (1514-1564), criador da Anatomia como ciência, por isso denominado "pai da Anatomia moderna".

André Vesálio nasceu em Bruxelas, na atual Bélgica, e foi o autor de um influente livro sobre anatomia humana, *De humani corporis fabrica* (Da organização do corpo humano). As ilustrações sobre o sistema muscular humano presentes no livro, como essa ao lado, estão entre as mais importantes contribuições de Vesálio para a Medicina.

Mapeando saberes

- O movimento renascentista desenvolveu-se a partir do século XIV nas cidades da península Itálica enriquecidas pela atividade comercial. Essas cidades atraíram numerosos artistas e pensadores, e alguns clérigos, nobres e comerciantes ricos passaram a patrocinar a atividade artística.

- Há várias permanências da cultura medieval na renascentista, como a religiosidade católica e a preservação, por parte de copistas e universidades medievais, de muitos dos textos utilizados pelos renascentistas.

- Entre os valores que distinguem a cultura renascentista da medieval, destacam-se o humanismo, o antropocentrismo, o individualismo, o racionalismo e o otimismo.

ATENÇÃO A ESTES ITENS

- Ao fundamentar as explicações sobre os seres humanos e a natureza na observação e na experimentação, e não mais em concepções e dogmas religiosos, os renascentistas impulsionaram o pensamento científico.

- As ideias e os valores renascentistas influenciaram as mudanças culturais observadas no continente europeu a partir do século XVI, quando uma nova sociedade emergia, caracterizada pela circulação de mercadorias e de pessoas de diferentes regiões, pelo contato entre várias culturas e pela difusão mais rápida das informações e ideias.

POR QUÊ?

- A ciência moderna tem raízes renascentistas.
- Obras de arte e de literatura produzidas no Renascimento fazem parte do patrimônio cultural da humanidade. Elas são referência até hoje para artistas, pensadores e apreciadores de arte.

akg-images/Rabatti - Domingie/Album/ Fotoarena. Galeria Uffizi, Florença.

- As mudanças nas artes plásticas, na literatura e nas ciências, com novas concepções estéticas e avanços nos conhecimentos, tiveram por eixo a valorização do humano e da natureza, em oposição ao divino e ao sobrenatural. Por isso, elas tornam evidentes as relações entre as mudanças na vida dos europeus e a produção cultural.

ATIVIDADES

Retome

1▸ Identifique onde e quando surgiu o Renascimento cultural. Quais fatores impulsionaram o início do movimento renascentista?

2▸ Qual valor renascentista está expresso na frase a seguir, do frade franciscano Roger Bacon, que viveu no século XIII? Explique sua resposta.

> Parem de ser dominados por dogmas e autoridade; olhem para o mundo!
>
> BACON, Roger. In: GLEISER, Marcelo. *A dança do Universo*. São Paulo: Companhia das Letras, 1997. p. 97.

3▸ Qual foi a principal fonte de inspiração dos artistas renascentistas?

4▸ Cite as principais características da arte renascentista.

5▸ Retome a imagem da abertura do capítulo e responda: Quais características do Renascimento você consegue reconhecer nela?

Analise um texto

6▸ Leia atentamente o texto a seguir e depois responda às questões.

O movimento mais característico do Renascimento foi o humanismo, um programa educacional baseado no estudo da antiga literatura grega e romana. A atitude humanista para com a Antiguidade diferia da dos eruditos da Idade Média. Enquanto estes buscavam adaptar o conhecimento clássico a uma concepção cristã do mundo, os humanistas do Renascimento valorizavam a literatura antiga por ela própria – por seu estilo claro e elegante, pela sua percepção da natureza humana. Com os clássicos da Antiguidade, os humanistas esperavam aprender o muito que não lhes ensinavam os escritos medievais – especialmente, por exemplo, aprender a viver bem neste mundo e a desempenhar os deveres cívicos. Para os humanistas, eram os clássicos um guia para a felicidade e para a vida ativa. Para se tornarem cultos, para aprenderem a arte do escrever, do falar e do viver, era necessário conhecer os clássicos. Ao contrário dos filósofos escolás-ticos, que usavam a filosofia gre-ga para provar a verdade das doutrinas cristãs, os humanistas

▸ **Escolástico:** ligado à escola filosófica da Idade Média.

italianos usavam o conhecimento clássico para alimentar o seu novo interesse pela vida terrena.

PERRY, Marvin. *Civilização ocidental*: uma história concisa. São Paulo: Martins Fontes, 1981. p. 271.

a) Como o autor caracteriza o humanismo?

b) De acordo com o texto, quais eram os objetivos dos eruditos medievais em relação ao estudo dos textos clássicos?

c) Ainda segundo o texto, quais eram os objetivos dos humanistas em relação ao estudo dos textos clássicos?

Interprete texto e imagem

7▸ Leia o texto e observe a imagem a seguir. Depois, responda às questões.

Giotto foi o primeiro mestre do novo humanismo. Em Giotto, Cristo é realmente o filho do homem. Os acontecimentos da história sagrada tornam-se acontecimentos terrenais, situam-se bem no mundo humano, e não mais no além. Mesmo o suave dourado do halo que circunda a cabeça dos santos já não é um eco dos distintivos de uma hierarquia sobrenatural presente nas velhas pinturas: transformou-se numa aura de pura humanidade.

▸ **Terrenal:** terrestre.

▸ **Halo:** círculo luminoso.

FISCHER, Ernst. *A necessidade da arte*. Rio de Janeiro: Zahar, 1971. p. 167-168.

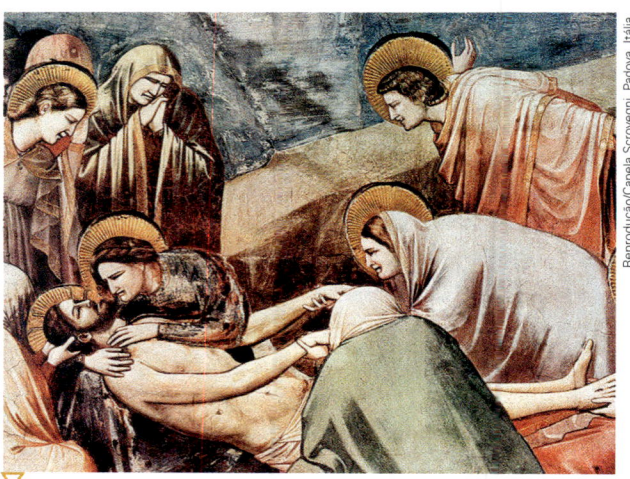

Reprodução/Capela Scrovegni, Pádova, Itália.

Detalhe da obra *A lamentação de Cristo*, afresco de Giotto, do século XIV, pintado nas paredes da Capela Arena, em Pádua, Itália.

a) Segundo o autor do texto, quais são os dois elementos da pintura de Giotto que fizeram desse artista o "primeiro mestre do novo humanismo"?

b) Identifique esses dois elementos no afresco *A lamentação de Cristo*, de Giotto, e descreva-os por escrito.

c) Com base no que você aprendeu neste capítulo, explique por que essas características da obra de Giotto contrariam os ensinamentos e a visão de mundo medieval.

Relacione passado e presente

8 ▸ O desenho abaixo é uma cópia do *Homem vitruviano*, de Leonardo da Vinci, feita em 2011 pelo artista plástico estadunidense John Quigley, com lâminas de cobre, sobre o gelo do mar no Ártico. A obra pretende chamar a atenção das autoridades mundiais para as mudanças climáticas que vêm acontecendo no planeta e levá-las a pesquisar mais e a utilizar com maior frequência fontes de energia limpa.

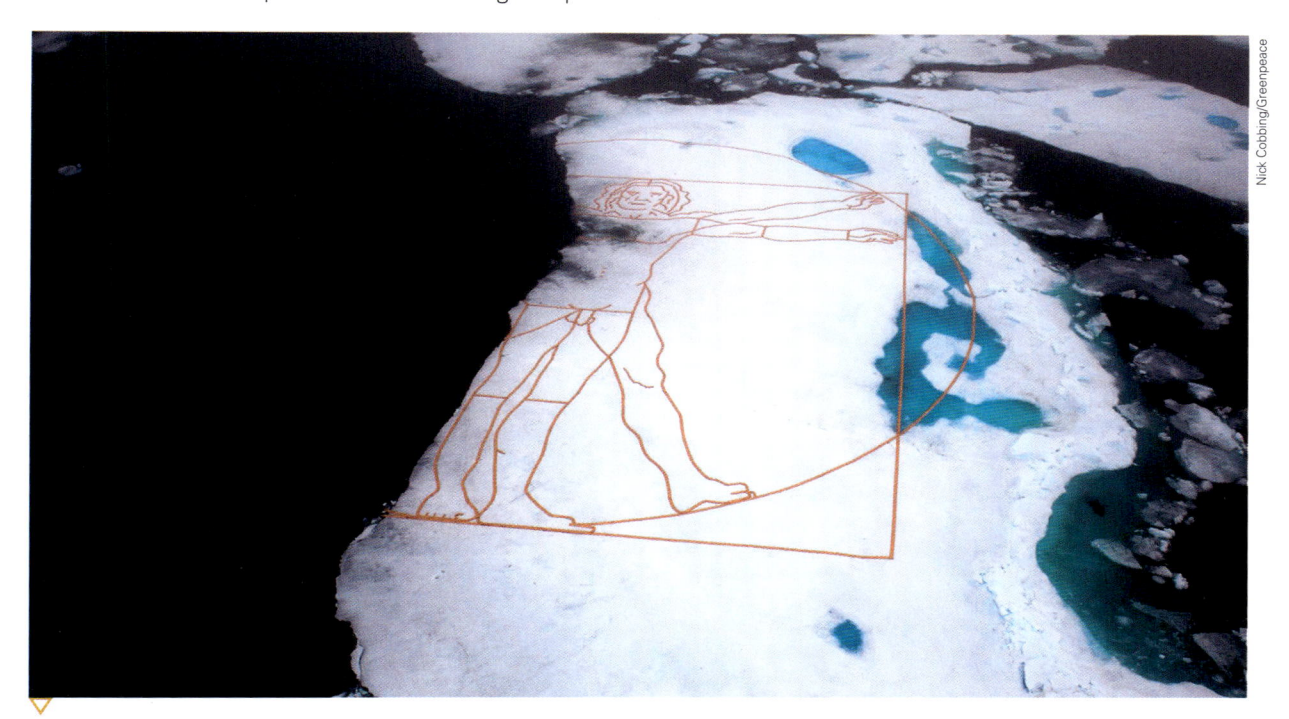

Nick Cobbing/Greenpeace

Recriação do *Homem vitruviano*, de Leonardo da Vinci, feita por John Quigley. Foto de 2011.

a) Relembre o que você estudou no capítulo. Em sua opinião, o que a obra *Homem vitruviano* simboliza para a cultura ocidental?

b) Faça uma breve pesquisa sobre os efeitos das mudanças climáticas no Ártico. O que o aumento da temperatura da Terra (também chamado de aquecimento global) está causando naquela região do planeta?

c) Observe com atenção a imagem e pense na sua resposta para a questão anterior. O que deve acontecer com a obra de John Quigley, à medida que o tempo for passando?

d) Você conhece algumas das medidas que podem servir para deter o aquecimento global? Pesquise e converse com seus colegas sobre o assunto.

e) Existiria alguma maneira de preservar essa obra? Explique.

Autoavaliação

1. Quais atividades você considerou mais fáceis e mais difíceis? Por quê?

2. Em quais atividades você utilizou o texto do capítulo como base para sua resposta?

3. Algum ponto do capítulo não ficou muito claro para você? Qual?

4. Você compreendeu o esquema *Mapeando saberes*? Explique.

5. Você saberia apontar exemplos da atualidade considerando o que aprendeu no item *Por quê?* do *Mapeando saberes*?

6. Como você avalia sua compreensão dos assuntos tratados neste capítulo?

» **Excelente**: não tive nenhuma dificuldade.

» **Boa**: tive algumas dificuldades, mas consegui resolvê-las.

» **Regular**: foi difícil compreender certos conceitos e resolver as atividades.

» **Ruim**: tive muitas dificuldades, tanto no conteúdo quanto na realização das atividades.

5

A Reforma religiosa

Martin Jung/imageBROKER/Getty Images

Detalhe do afresco *Glorificação de Santo Inácio*, feito entre 1691 e 1694 no teto da Igreja de Santo Inácio, em Roma, Itália. O artista, Andrea Pozzo, explorou ao máximo o ilusionismo, buscando glorificar o fundador da ordem dos jesuítas.

Costumamos utilizar a palavra "reforma" para designar a renovação ou modificação de algo que está velho ou desgastado, de modo que volte a nos servir de forma adequada. Podemos reformar, por exemplo, uma roupa, uma casa, um carro.

Com frequência, também ouvimos falar em reforma política, reforma jurídica, reforma ministerial, reforma previdenciária, entre outras. Nesses casos, trata-se de fazer transformações em instituições da sociedade com o objetivo de melhorar o seu funcionamento ou adequá-las a novas necessidades.

Pode-se entender, assim, que a palavra "reforma" se aplica bem às propostas de mudanças na Igreja católica no início da Idade Moderna e que foram defendidas por membros da própria Igreja. Eles achavam necessário mudar os costumes da instituição e o comportamento do clero, vistos como cada vez mais distantes da mensagem de Cristo.

O movimento reformista do século XVI resultou na **Reforma protestante**, que deu origem a diversas novas igrejas, quebrando a unidade religiosa cristã no Ocidente.

▶ Para começar 💬

Observe o detalhe do afresco pintado pelo italiano Andrea Pozzo. Note a profundidade infinita que a pintura sugere, a abundância da decoração e as figuras que parecem se movimentar e mostram certa agitação, recebendo a luz que parte do centro da pintura.

1. Preste atenção nas figuras que rodeiam a parte superior do detalhe do afresco. O que as caracteriza?

2. Descreva a personagem feminina que segura uma lança. Em sua opinião, o que ela representa?

1 O movimento reformista

Os precursores da Reforma

As denúncias sobre comportamentos considerados inadequados ou imorais de membros da Igreja já aconteciam na Baixa Idade Média, especialmente a partir do século XIV. Seus autores pretendiam conter os abusos da instituição e torná-la mais próxima dos fiéis. Destacam-se, entre esses precursores, **John Wyclif** (1320-1384) e **John Huss** (c. 1370-1415), ambos professores universitários.

Wyclif condenou a venda de indulgências e defendeu a formação de uma Igreja inglesa, em oposição ao poder "universal" de Roma, de onde o papa controlava as ações do clero de toda a Europa. Wyclif também insistiu na autoridade suprema das Sagradas Escrituras, destacando que a opinião da Igreja não substituía a leitura da Bíblia.

▶ Indulgência: perdão.

John Huss retomou essas propostas e, em sua crítica à Igreja de Roma, ressaltou que ninguém poderia representar Cristo ou São Pedro se não os imitasse em seus costumes.

As ideias de Wyclif e Huss foram assimiladas por muitos cristãos, que passaram a contestar a autoridade do papa.

Portal de Mapas/Arquivo da editora

LINHA DO TEMPO

1517
Publicação das 95 teses de Lutero (início do luteranismo)

1534
Henrique VIII – Ato de Supremacia

Fundação da Companhia de Jesus, por Inácio de Loyola

1536
Publicação da *Instituição cristã*, de João Calvino

1540
Papa Paulo III reconhece a Companhia de Jesus

1545-1563
Concílio de Trento

1564
Índice dos Livros Proibidos (*Index Librorum Prohibitorum*)

- ■ Reformas protestantes
- ■ Contrarreforma

Linha do tempo esquemática. O espaço entre as datas não é proporcional ao intervalo de tempo.

Bridgeman Images/Easypix/Coleção particular

▷ John Huss foi queimado vivo em 1415, gerando guerras entre seus seguidores e exércitos católicos. Ilustração de Ulrich von Richental, do século XV, representando a execução de John Huss.

Fatores do movimento reformista

Diversos fatores contribuíram para o crescimento do movimento reformista no século XVI. Vamos examinar alguns deles.

Ilustrações: Carlos Bourdiel/Arquivo da editora

Descontentamento da burguesia: algumas das ideias defendidas pela Igreja não eram bem-aceitas nos meios urbanos. Uma delas era a do **justo preço**, que afetava a atividade de mercadores e artesãos. Ela estabelecia que o valor de um produto não deveria incluir lucro, apenas os seus custos de fabricação e de venda, um problema para os negócios burgueses.

Questões teológicas: a Igreja de Roma seguia a teologia de São Tomás de Aquino (**tomismo**). Ela defendia o princípio do livre-arbítrio, ou seja, cada indivíduo opta entre sua salvação ou o caminho da perdição, cabendo aos sacerdotes a tarefa de ministrar os sacramentos e orientar os fiéis na escolha do melhor caminho. Essa ideia dava muito poder ao clero, que atuava na intermediação das relações entre os fiéis e Deus.

> **Teologia:** estudo das questões referentes a Deus, em sua relação com o mundo e os seres humanos.

Os reformadores afirmavam que todos nascem com seu destino traçado, para o bem ou para o mal, com base na teologia da predestinação e da fé, de Santo Agostinho. Para alguns reformadores, os "escolhidos" de Deus (os predestinados à salvação) seriam os dotados de uma fé extrema. Outros reformistas defendiam que os escolhidos seriam os que conseguiam o sucesso nos negócios, "sinais" de sua predestinação, proposta que ia ao encontro dos interesses da burguesia.

A reformulação religiosa do protestantismo serviu de resposta à nova sociedade comercial, que já não se identificava com algumas exigências do catolicismo. Ao mesmo tempo, porém, não queria abrir mão de sua espiritualidade, pois a preocupação com a salvação da alma continuava presente.

Insatisfação dos reis e dos nobres: no início da Idade Moderna, a Igreja católica detinha, aproximadamente, um terço das terras do território francês e quase a metade das terras cultiváveis do território que mais tarde seria a Alemanha. Elas haviam sido conquistadas durante a Idade Média, por doações de reis e senhores em troca do apoio político do papa e do clero. Os tributos cobrados pela Igreja eram, em geral, excessivos, o que desagradava reis e nobres e gerava muitas críticas.

Ilustrações: Carlos Bourdiel/Arquivo da editora

Corrupção moral: o desregramento moral que predominava em parte da hierarquia eclesiástica aumentou a descrença da população com relação à Igreja e a seus representantes. Cargos eclesiásticos eram vendidos para pessoas sem o menor preparo. Bispos, arcebispos e até papas exerciam seus cargos pela mera ambição do título ou pelas vantagens políticas obtidas com a posição. Entretanto, como apontam alguns historiadores, muitas ordens religiosas e parte do clero tinham uma conduta rigorosa e mantiveram seus votos cristãos de acordo com os ensinamentos e mandamentos de Cristo.

Uma das práticas católicas mais criticadas pelos reformistas era a venda de indulgências. A fim de manter seu luxo e suas riquezas, muitos membros da Igreja prometiam aos fiéis o perdão de seus pecados em troca de dinheiro. O comércio de supostas relíquias relacionadas à vida de Jesus ou dos santos também era alvo das críticas dos reformistas.

akg-images/Album/Fotoarena

◁ *Venda de relíquias e indulgências pelo clero*, xilogravura colorida de Lucas Cranach, o Velho, século XVI.

2 O reformismo de Lutero

Martinho Lutero (1483-1546) foi monge e professor da Universidade de Wittenberg, na atual Alemanha, região do Sacro Império Romano-Germânico. Revoltado com a venda de indulgências, em 1517 ele fixou na porta da igreja local um texto com suas **95 Teses**, em que criticava com rigor a troca das penitências por dinheiro.

Retrato de Martinho Lutero, produzido por Lucas Cranach, o Velho, em 1529.

Por causa disso, foi excomungado pelo papa em 1521 e banido pelo imperador do Sacro Império Romano-Germânico, Carlos V. Mas suas ideias se espalharam rapidamente pelos territórios alemães.

Os nobres ambicionavam apoderar-se das terras da Igreja e ampliar seus poderes, abalados com a decadência feudal. Por sua vez, os camponeses desejavam escapar das obrigações feudais, entre elas, o pagamento do dízimo à Igreja.

O imperador do Sacro Império Romano-Germânico contrapôs-se aos reformistas, pois julgava que o luteranismo poderia fortalecer setores da nobreza que se opunham ao poder imperial.

Depois de diversos confrontos entre as tropas imperiais e os partidários da Reforma, em 1555 o imperador católico e os nobres protestantes assinaram um acordo de paz, a **Paz de Augsburgo**.

A partir daquele momento, os príncipes alemães (a Alemanha não era um reino unificado, mas um conjunto de principados) puderam escolher a religião que desejavam em suas terras, confirmando o triunfo do luteranismo nos territórios do Sacro Império.

Retrato do imperador católico Carlos V, feito pelo pintor renascentista Ticiano em 1548.

A doutrina luterana

A doutrina luterana, definida em 1530 por **Felipe de Melanchton** (1497-1560), discípulo de Lutero, assumiu algumas concepções de Santo Agostinho, como a da predestinação e a da justificação pela fé. Para os luteranos, a Bíblia era a autêntica base da religião e, portanto, o culto devia reduzir-se à leitura e ao comentário das Sagradas Escrituras.

Apenas as práticas estabelecidas por Cristo e transmitidas no Novo Testamento deveriam ser conservadas. Dessa maneira, os luteranos reconheciam somente dois dos sete sacramentos defendidos pela Igreja católica: o batismo e a eucaristia. O culto à Virgem e aos santos foi rejeitado, assim como a existência do purgatório.

Os cultos religiosos eram praticados em língua nacional (vernácula), em vez do latim. Os ministros protestantes (pastores) deveriam ter participação ativa na comunidade e podiam se casar e ter filhos, ao contrário do clero católico. Além disso, o luteranismo separou o poder espiritual do temporal e não apoiava a intervenção direta na política do Estado.

O movimento reformista nos territórios alemães desdobrou-se em outros conflitos. **Thomas Müntzer** (1490-1525), discípulo de Lutero, passou a liderar um grupo religioso formado por camponeses, conhecidos como **anabatistas**. Eles pregavam que os fiéis deveriam ser batizados outra vez na idade adulta. Também reivindicavam algo que não agradava aos nobres: a divisão das terras da Igreja entre os mais pobres.

Lutero, que contava com o apoio dos nobres, acusou os anabatistas de radicais e incentivou os nobres a reprimir o movimento, o que resultou na morte de mais de 100 mil camponeses.

> ▶ **Sacramento:** rito sagrado instituído pela Igreja católica para dar, confirmar ou aumentar a graça divina. São reconhecidos sete sacramentos: o batismo, a crisma, a comunhão ou eucaristia, a confissão, o matrimônio, a ordenação e a extrema-unção.

Reprodução/Biblioteca Real de Bruxelas, Bélgica.

◁ Pintura de 1545, de autoria de Lucas Cranach, o Jovem. Na representação, podemos ver Lutero, divinamente inspirado, comentando as Sagradas Escrituras.

Leia algumas das *95 Teses* de Lutero, observe a imagem e depois responda às questões.

21. Erram os pregadores de indulgências quando dizem que pelas indulgências do papa o homem fica livre de todo o pecado e que está salvo.

[...]

36. Qualquer cristão verdadeiramente arrependido tem plena remissão do castigo e do pecado; ela lhe é devida sem indulgências.

> **Remissão:** libertação de pecado, de penitência.

[...]

50. É preciso ensinar aos cristãos que, se o papa conhecesse as usurpações dos pregadores de indulgências, ele preferiria que a Basílica de São Pedro desaparecesse em cinzas a vê-la construída com a pele, a carne e os ossos das suas ovelhas.

[...]

62. O verdadeiro tesouro da Igreja é o santíssimo Evangelho da glória e da graça de Deus.

[...]

86. Por que é que o papa, cujas riquezas são hoje maiores que as dos Cresos mais opulentos, não constrói a Basílica de São Pedro com seu próprio dinheiro e não com o das suas ovelhas?

> **Creso:** relativo ao antigo governante da Líbia, reino da Ásia Menor, que ficou conhecido por sua riqueza e opulência.

LUTERO, Martinho. Obras. In: FREITAS, G de. *900 textos e documentos*. Lisboa: Plátano, 1982.

Reprodução/Coleção particular

▷ Lutero durante pregação. Gravura de Gustav King, de 1847.

1▸ A quem são dirigidas as críticas feitas por Lutero?

2▸ Segundo Lutero, como os fiéis se livram dos pecados?

3▸ Quais são as críticas de Lutero à autoridade do papa?

4▸ Observe a imagem, leia a legenda e descreva a cena que está representada.

5▸ Na sua opinião, a gravura estabelece alguma relação com a doutrina luterana? Justifique sua resposta.

3 O reformismo de Calvino

Inspirado no luteranismo alemão, o francês **João Calvino** (1509-1564) publicou, em 1536, os fundamentos de seu pensamento. Como Calvino também criticou o rei francês pela perseguição aos luteranos, foi expulso da França. Em 1541, ele assumiu a posição de chefe político e religioso da cidade de Genebra, governando-a de forma absoluta e intransigente. Suas pregações obtiveram rápida aceitação na Suíça, área que, em 1499, tinha se separado do Sacro Império Romano-Germânico.

O culto e as práticas religiosas calvinistas eram simples e rigorosos, resumindo--se a comentários da Bíblia, preces e cantos. Como no luteranismo, imagens não eram admitidas e só os sacramentos da eucaristia e do batismo eram aceitos.

Os pastores (ministros do culto) não eram considerados intermediários entre Deus e os humanos, mas simples fiéis encarregados da pregação e das preces. Na vida em sociedade, os calvinistas deviam seguir regras rígidas de comportamento: estavam proibidos de dançar, jogar cartas, ostentar sua riqueza ou ficar fora de casa depois das nove horas da noite.

O sucesso econômico seria reflexo da predestinação do indivíduo: mercadores, banqueiros e artesãos eram vistos como os escolhidos para a salvação eterna. A miséria seria a demonstração concreta dos males e pecados humanos e devia ser combatida. Por isso, quem não alcançava sucesso econômico era marginalizado. Por reconhecer e exaltar o lucro e o trabalho, o calvinismo teve rápido acolhimento nas camadas burguesas europeias.

> ▶ **Intransigente:** inflexível, intolerante, rígido.

Reprodução/Biblioteca da Universidade de Genebra, Suíça.

Interior de um templo calvinista na França no século XVI, em pintura de Jean Perrissin, de 1565.

O calvinismo na Europa

Na Inglaterra, os calvinistas foram chamados de **puritanos**, os predestinados, e na França, de **huguenotes**. Em outros países, como Holanda e Dinamarca, o calvinismo ganhou muitos adeptos, confirmando o sucesso da doutrina diante do interesse no progresso econômico capitalista.

Na Escócia, a ação do pregador **John Knox** (1514-1572) foi decisiva para a difusão dos ensinamentos de Calvino e deu origem à **Igreja presbiteriana**. Knox foi amigo e discípulo de Calvino, com quem conviveu na cidade de Genebra.

A Igreja presbiteriana organizou-se nos moldes genebrinos, com base nos conselhos de membros da sociedade, os **presbíteros**, e não de pessoas voltadas exclusivamente à religião, como no catolicismo.

> ▶ **Genebrino**: relativo à cidade de Genebra.

Calvino discute suas ideias com seguidores, em pintura datada de 1549 (autoria desconhecida).

➕ Saiba mais

Como a religião predominante na França era o catolicismo, ainda no século XVI os huguenotes foram perseguidos e até mesmo assassinados. Depois de um período de relativa trégua, novos conflitos surgiram durante o reinado de Luís XIV. Milhares de huguenotes fugiram da França nesse período. No século XVII, os puritanos também sofreram perseguições na Inglaterra e muitos abandonaram o país com destino às colônias da América do Norte.

4 O reformismo de Henrique VIII

A Reforma religiosa foi iniciada na Inglaterra pelo próprio rei, **Henrique VIII** (1491--1547), e não por indivíduos extremamente religiosos, como nas outras regiões da Europa. O soberano tinha interesse em apoderar-se das terras da Igreja católica e diminuir a influência dela no território inglês. Mas foi uma questão pessoal que serviu de pretexto para o conflito do rei com a Igreja.

Sua esposa, Catarina de Aragão, não tivera nenhum filho homem para sucedê-lo no trono. Então, o rei pediu ao papa a anulação de seu casamento para poder se casar com uma dama da corte chamada Ana Bolena. A Igreja, unida por fortes laços políticos ao sobrinho de Catarina de Aragão, Carlos V (o monarca católico do Sacro Império Romano-Germânico), não aceitou o pedido.

Retrato de Henrique VIII feito por Hans Holbein entre 1536 e 1537.

Catarina de Aragão, em retrato de 1520. Autoria desconhecida.

Diante do impasse, em 1533 foi anunciada a submissão do clero católico inglês ao poder do monarca. Todos os pagamentos de rendas e taxas ao papa foram abolidos. Henrique VIII proclamou-se chefe da Igreja inglesa em 1534, suprimiu os mosteiros católicos e confiscou os bens eclesiásticos para o Estado. Essa medida, que contou com o apoio do Parlamento, ficou conhecida como **Ato de Supremacia**.

A Igreja na Inglaterra permaneceu, no início, muito parecida com a Igreja católica com relação à doutrina e ao cerimonial. Apenas com o reinado de Elizabeth I, filha de Ana Bolena e Henrique VIII, é que a Igreja inglesa, chamada **anglicana**, se consolidaria como religião de doutrina protestante.

A Igreja anglicana incorporou muitos princípios calvinistas, como a justificação pela fé, a valorização da pregação e a negação da autoridade papal, mas manteve o culto e a estrutura eclesiástica da tradição católica. Seus cultos eram ministrados em língua inglesa.

Ana Bolena, em detalhe de pintura do século XVI. Autoria desconhecida.

5 A Contrarreforma e a Reforma católica

Para conter a difusão das ideias protestantes, as autoridades católicas promoveram um movimento conhecido como **Contrarreforma**. Ele buscava fortalecer a Igreja papal e moralizar o clero, adotando medidas que compuseram a Reforma católica.

Esse movimento veio ao encontro de pressões de integrantes da própria Igreja católica que há muito tempo exigiam mudanças capazes de devolver à instituição credibilidade espiritual e religiosa.

Um instrumento eficaz da Contrarreforma católica foi a **Companhia de Jesus**, fundada pelo padre espanhol Inácio de Loyola em 1534 e reconhecida pelo papa Paulo III em 1540. Os jesuítas (assim se denominavam os membros da Companhia) seguiam uma disciplina militar e sua missão principal era difundir a fé católica onde quer que estivessem. Eles utilizavam o dom da palavra e o conhecimento profundo das Escrituras e das línguas de outros povos, o que facilitava sua atuação.

Esses religiosos fundaram instituições de ensino em diversas regiões com o objetivo principal de difundir o catolicismo romano. Sua ação estendeu-se aos novos territórios alcançados pelos europeus no período da expansão marítima.

Para a Igreja católica, no contexto da Contrarreforma, a exploração e o povoamento da América eram uma oportunidade de expandir a fé católica em crise na Europa ocidental. As populações nativas deveriam ser convertidas e catequizadas, deixando para trás suas antigas crenças. Estas eram vistas como expressões de povos primitivos e infiéis e foram duramente reprimidas durante toda a colonização.

Album/Fotoarena/Coleção particular

Esta tepeçaria mostra a Companhia de Jesus sendo aprovada pelo papa. O autor e a data da obra são desconhecidos.

Concílio de Trento e a Inquisição

Como parte do movimento de Contrarreforma, o papa convocou o **Concílio de Trento** (1545-1563), no qual se discutiram os problemas do cristianismo e foram definidas medidas para conter a expansão protestante.

A partir desse Concílio, os princípios tomistas do catolicismo foram reafirmados: o livre-arbítrio; o culto aos santos e à Virgem, mãe de Jesus; e a supremacia do papa. A venda de indulgências e de cargos eclesiásticos ficou proibida e foram criados seminários e instituições escolares para garantir uma boa formação aos clérigos.

Em Trento, o **Santo Ofício da Inquisição** foi fortalecido, como parte da estratégia de combate aos infiéis reformadores. O Santo Ofício servia, agora, para vigiar e regular a fé e a vida dos fiéis.

A Inquisição surgiu na Europa durante a Idade Média, com o objetivo de perseguir e condenar hereges. Foi oficializada em 1231, quando o papa Gregório IX convocou uma comissão para apurar os casos de heresia e de bruxaria. A Inquisição ibérica da Contrarreforma foi uma das mais violentas e só foi extinta no século XIX.

A perseguição inquisitorial durante a Idade Moderna atingiu os reformadores e todos os suspeitos de heresia, desde homens comuns até membros do clero. Houve torturas e julgamentos que causaram a morte de milhares de pessoas.

Nesse período, a Inquisição atuou também nas colônias do Novo Mundo. Na América portuguesa, os colonos foram submetidos ao Tribunal do Santo Ofício de Lisboa. Padres e bispos foram enviados à colônia para encontrar possíveis hereges. Eram as chamadas **visitações**.

G. Dagli Orti/De Agostini/Glow Images/Palácio Farnese, Caprarola, Itália.

Imagem dos trabalhos no Concílio de Trento em afresco dos irmãos Zuccari, do século XVII. O Concílio foi aberto em 1545 pelo papa Paulo III e se estendeu durante a gestão de mais quatro papas, até finalizar seus trabalhos em 1563.

Censura e intolerância

A Contrarreforma criou também, em 1564, o Índice dos Livros Proibidos (*Index Librorum Prohibitorum*), relação de obras consideradas heréticas e que não deveriam ser lidas pelos fiéis. Nele estavam as bíblias luterana, calvinista e anglicana e diversas obras de intelectuais da época, como Galileu Galilei, Giordano Bruno e Isaac Newton.

A censura a essas obras é um exemplo da intransigência que caracterizou as ações da Igreja, constituindo um sério obstáculo ao progresso cultural e científico da Idade Moderna.

A intolerância religiosa, entretanto, esteve presente também nas disputas entre as diversas denominações protestantes. Estas foram incapazes de estabelecer um acordo sobre várias questões de dogma e fé.

De olho na tela

As bruxas de Salem. Direção: Nicholas Hytner. Estados Unidos, 1996. O filme narra um episódio de julgamento por bruxaria, ocorrido no povoado de Salem, em Massachussets, na América inglesa, em 1692.

akg-images/Album/Fotoarena/Biblioteca Nacional, Paris, França.

Auto da fé em Lisboa, gravura de Bernard Picart, produzida em 1723, que representa a execução de condenados pela Inquisição em Portugal.

- As novas Igrejas geradas pelas dissidências protestantes não aceitavam o comando do papa de Roma, quebrando a milenar hegemonia da cristandade católica na Europa.

- Dois importantes reformadores, Lutero e Calvino, defendiam a teologia da predestinação, rejeitavam a mediação clerical entre os fiéis e Deus, valorizavam as Sagradas Escrituras como a base da religião, reconheciam apenas os sacramentos instituídos por Cristo (batismo e eucaristia) e repudiavam o culto à Virgem e aos santos.

- Entre os fatores que contribuíram para o crescimento do movimento protestante estavam o descontentamento de monarcas e nobres com a concentração de terras e a cobrança de altos impostos pela Igreja; a inconveniência, para a burguesia, de preceitos católicos, como o do justo preço; questões teológicas, como a contraposição entre livre-arbítrio e predestinação e a necessidade da mediação clerical entre os fiéis e Deus; e a corrupção moral do clero, que incluía a venda de indulgências e de relíquias.

ATENÇÃO A ESTES ITENS

- Para tentar deter o avanço protestante, a Igreja católica desencadeou o movimento conhecido como Contrarreforma, que teve entre suas principais medidas a reforma da própria Igreja, o reconhecimento da Companhia de Jesus, a realização do Concílio de Trento, o fortalecimento do Santo Ofício da Inquisição e a publicação do Índice dos Livros Proibidos.

- Na expansão da Reforma protestante, os luteranos contaram com o apoio da nobreza, que ambicionava as terras da Igreja, apesar de os camponeses desejarem escapar das obrigações feudais. Os calvinistas tiveram rápida aceitação entre os burgueses, pois exaltavam o lucro e o trabalho e consideravam o sucesso econômico um sinal de predestinação do indivíduo.

- Na Inglaterra, a ruptura com a Igreja católica foi promovida pelo rei Henrique VIII, que se proclamou chefe da Igreja inglesa em 1534, suprimiu os mosteiros católicos e confiscou os bens eclesiásticos por meio do Ato de Supremacia, apoiado pelo Parlamento.

World History Archive/Album/Museu Thyssen-Bornemisza, Madri, Espanha

Reprodução/Biblioteca da Universidade de Genebra, Suíça

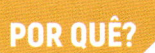
POR QUÊ?

- O desenvolvimento do capitalismo foi favorecido por um conjunto de concepções e posturas difundidas pelos protestantes, como a aceitação do lucro e dos juros e a valorização do trabalho e do sucesso econômico.

- As Igrejas geradas pelo movimento protestante reúnem milhares de fiéis no mundo inteiro e foi com base em suas concepções que foram formadas as Igrejas evangélicas existentes no Brasil atual, que têm conquistado um número cada vez maior de adeptos.

ATIVIDADES

Retome

1▸ Identifique as principais críticas à Igreja católica feitas pelos precursores da Reforma, John Wyclif e John Huss.

2▸ Quais eram as causas do descontentamento da burguesia em relação à Igreja católica?

3▸ Explique o motivo das críticas feitas pela nobreza e pela monarquia de alguns países ao clero católico.

4▸ O que eram as indulgências? Qual era a opinião dos protestantes e de setores da própria Igreja católica sobre a venda de indulgências?

5▸ Preencha o quadro a seguir com as principais características das doutrinas luterana, calvinista e católica.

	Características
Calvinismo	
Luteranismo	
Catolicismo	

6▸ Comente a importância dos jesuítas na consolidação do poder católico durante o período da Contrarreforma.

Analise o texto

7▸ Leia o texto e, em seguida, responda às questões.

Era corriqueiro pregar recados na porta da igreja de Wittenberg, na Alemanha do início do século 16. Membros da universidade local usavam-na como quadro de avisos: ligeiros recados convocavam alunos para arguições orais ou anunciavam cancelamentos de aula. [...]

Em outubro de 1517, o então frade e teólogo Martinho Lutero afixou uma folha impressa contendo 95 teses que dariam início à Reforma Protestante.

O aniversário de 500 anos do episódio tem impulsionado eventos e exposições ao redor do mundo. Estima-se que, hoje, 12% da população mundial seja protestante. Trata-se de um grupo plural, composto por diversas denominações.

As mais antigas preferem ser chamadas de protestantes. Outras se identificam com o termo "evangélico", que vem do grego e significa "boas novas". Entretanto, não é errado considerar os dois termos sinônimos, conta o pastor Walter Brunelli [...].

Corrupção do clero, luxo excessivo em Roma e negligência eclesiástica são causas comumente associadas à reforma, diz o historiador Ronaldo Vainfas, professor de história moderna da Universidade Federal Fluminense (UFF). Explicações de natureza socioeconômica.

Ele, contudo, chama atenção para a face teológica do movimento ao citar o historiador francês Lucien Febvre: "Há que buscar causas religiosas para uma revolução religiosa".

Algo que afligia os cristãos da época era o problema da "salvação espiritual": como alcançar o reino dos céus?

Lutero, estudioso da religião, havia chegado à conclusão de que as pessoas não poderiam se tornar mais aceitáveis aos olhos de Deus por meio do apego a "coisas religiosas", como imagens de santos, água benta, missas para mortos ou compra de indulgências – todos estes, produtos e serviços oferecidos exclusivamente pela Igreja Católica, [...]. A Reforma "representou para a população da Europa sua primeira experiência de mobilização em massa em favor de uma causa ideológica".

Sola Scriptura, Solo Christus, Sola Gratia, Sola Fide, Soli Deo Gloria

O leitor não deve se sentir ignorante caso não consiga traduzir as frases acima.

[...] Não era muito diferente na época de Lutero: praticamente só membros do clero dominavam o idioma. O problema é que, em 1517, as Bíblias e as missas eram em latim.

As frases, que se tornaram símbolo do movimento, significam: "Somente a escritura, somente Cristo, somente a graça, somente a fé, glória somente a de Deus".

A partir desse quinteto, toda a fé cristã ocidental foi transformada, inclusive a católica. Houve maior empenho das igrejas (das novas e da velha) em fazer com que suas doutrinas fossem melhor compreendidas pelos fiéis.

[...]

MOURA, Eduardo. Embrião dos evangélicos, Reforma Protestante completa 500 anos. *Folha de S.Paulo*, 3/10/17. Disponível em: <www1.folha.uol.com.br/poder/2017/10/1923892-embriao-dos-evangelicos-reforma-protestante-completa-500-anos.shtml>. Acesso em: 8 maio 2018.

a) Segundo o texto, os protestantes formam um grupo religioso unificado? Justifique sua resposta com exemplos.

b) Quais são as causas comuns associadas à Reforma protestante? De acordo com o autor, existe também uma causa religiosa relacionada a ela?

c) Identifique as transformações que ocorrem na fé cristã a partir da reforma religiosa.

8▸ Leia o texto abaixo, escrito por João Calvino no século XVI, e responda ao que se pede.

Se um homem muito rico e empreendedor, pretendendo comprar uma boa fazenda, leva emprestada de um vizinho uma parte do capital, por que razão aquele que empresta não poderá tirar algum lucro do rendimento, até que haja recebido o dinheiro de volta?

João Calvino
DELUMEAU, Jean. *Nascimento e afirmação da Reforma*. São Paulo: Pioneira-Edusp, 1989. p. 304.

a) Quais ideias da doutrina calvinista estão expressas nesse texto?

b) Aponte os motivos que podem afirmar que o calvinismo atendeu às expectativas espirituais de comerciantes e financistas.

Interprete uma propaganda protestante

9▸ Observe a imagem.

Esta gravura é uma propaganda protestante, na qual a Bíblia e os símbolos católicos são postos na balança (data e autor desconhecidos).

Na gravura, vemos uma balança formada por dois pratos. Em um dos pratos, estão um crucifixo, a chave de São Pedro, um livro que não é a Bíblia e um monge. No outro prato, está somente a Bíblia. De um lado da sala, estão vários clérigos, incluindo altas autoridades da Igreja católica. Do outro, há um grupo de reformadores. Ambos os grupos assistem à pesagem na balança. Observe a imagem, leia a legenda e depois responda às questões.

a) A balança se inclina em favor de que lado?

b) Além dos símbolos do catolicismo, o que mais está do lado esquerdo da balança?

c) Na sua opinião, qual é o significado desta imagem?

Autoavaliação

1. Quais atividades você considerou mais fáceis e mais difíceis? Por quê?

2. Em quais atividades você utilizou o texto do capítulo como base para sua resposta?

3. Algum ponto do capítulo não ficou muito claro para você? Qual?

4. Você compreendeu o esquema *Mapeando saberes*? Explique.

5. Você saberia apontar exemplos da atualidade considerando o que aprendeu no item *Por quê?* do *Mapeando saberes*?

6. Como você avalia sua compreensão dos assuntos tratados neste capítulo?

   » **Excelente**: não tive nenhuma dificuldade.

   » **Boa**: tive algumas dificuldades, mas consegui resolvê-las.

   » **Regular**: foi difícil compreender certos conceitos e resolver as atividades.

   » **Ruim**: tive muitas dificuldades, tanto no conteúdo quanto na realização das atividades.

6 O Estado absolutista europeu

Alamy/Fotoarena

Em 1715, os jardins do Palácio de Versalhes cobriam 93 hectares (o equivalente a cerca de 180 campos de futebol), contendo, aproximadamente, 400 esculturas e vasos e 50 fontes. O complexo formado por esses jardins e pelo palácio, nas cercanias de Paris, França, eram a grande expressão do poderio absolutista do rei francês Luís XIV. Foto de 2017.

A partir do século X, os reis começaram a deixar de ser figuras quase simbólicas e buscaram conquistar cada vez mais poder, apesar da resistência e da força dos poderes locais (nobres) e da Igreja.

Ao longo da Baixa Idade Média, vários monarcas europeus ampliaram o número de funcionários e passaram a contar com um exército profissional em seus governos. Assessorados por conselheiros, estabeleciam políticas econômicas, promulgavam leis, determinavam punições aos infratores, decidiam sobre a arrecadação e o uso dos impostos e tributos e procuravam controlar a Igreja. Além disso, utilizavam os bens e as riquezas do reino sem separar as finanças pessoais das do Estado.

Entre os séculos XV e XVIII, a progressiva intensificação dessa forma de governar e de conduzir a política tornou-se característica dos reinos da Europa, ficando conhecida como **regime absolutista** ou **Antigo Regime**.

Embora buscassem exercer um domínio incontestável, absoluto, os soberanos esbarravam em limitações a seu poder. A Igreja, as leis consuetudinárias (baseadas na tradição) e a força de outros grupos sociais (nobres ou burgueses) impunham limites aos monarcas.

▶ Para começar 💬

Observe a fotografia e responda às questões.

1. O que mais chama sua atenção na imagem dos jardins do Palácio de Versalhes?

2. Na sua opinião, por que o monarca francês ostentava tanto luxo e tanta grandeza?

3. A riqueza e o luxo existentes no palácio eram acessíveis à população?

1 Centralização do poder e absolutismo

O poder absolutista da Idade Moderna tinha uma base social de apoio herdada das longas transformações do feudalismo. De um lado, era apoiado pela nobreza (que dependia do poder real para conter as revoltas no campo e manter seus privilégios na corte); de outro, pela emergente burguesia (que dependia das medidas do rei para manter os negócios). Já os trabalhadores pobres das cidades e do campo continuavam excluídos da política e suas condições de vida permaneceram bastante precárias nesse período, denominado mais tarde Antigo Regime.

Para viabilizar seu poder e garantir o acúmulo de riquezas, os monarcas adotaram diversas práticas econômicas que ficaram conhecidas como **mercantilismo**. Também investiram na exploração de novos territórios, prática chamada **colonialismo**.

Construindo conceitos

Antigo Regime e mercantilismo

Antigo Regime refere-se à ordem política absolutista, à sociedade de ordens e privilégios em meio à emergência da burguesia e a uma maioria da população submetida a tributos. A expressão **Antigo Regime** foi cunhada pelos franceses após a Revolução de 1789, quando a maioria da população se rebelou contra os nobres e clérigos e derrubou seus privilégios. Ela foi usada para diferenciar o velho regime absolutista – o Antigo Regime – do novo regime, baseado na Constituição. Um dos primeiros autores a consagrar esse termo foi o francês Alexis de Tocqueville, que escreveu *O Antigo Regime e a Revolução Francesa*, publicado em 1856.

A denominação **mercantilismo** só começou a ser usada por economistas no final do século XVIII. Referia-se à intervenção e ao controle do Estado na economia ao longo da Idade Moderna. A grande diversidade de políticas econômicas dos reinos europeus ocidentais de então não chega a ser um conjunto coeso de ideias, uma corrente filosófica. Elas variaram conforme a situação de cada país, de seus governos, recursos e época. Assim, a denominação mercantilismo engloba diferentes medidas para o controle da produção de moedas, os estoques de metais preciosos, a redução da importação de produtos de luxo, a concessão de privilégios e monopólios na produção e no comércio e o estímulo às trocas comerciais de seus reinos.

Luís XV traz paz à Europa, pintura ▷ de François Lemoyne, de 1729.

Portal de Mapas/Arquivo da editora

LINHA DO TEMPO

987 — Capetíngios (França)

1215 — Magna Carta (Inglaterra)

1337-1453 — Guerra dos Cem anos

1399-1485 — Guerra das Duas Rosas

1572 — Noite de São Bartolomeu

1598 — Edito de Nantes – Henrique IV

1643-1715 — Luís XIV

1689 — Revolução Gloriosa

1789 — Revolução Francesa

Idade Moderna

Linha do tempo esquemática. O espaço entre as datas não é proporcional ao intervalo de tempo.

Album/Fotoarena/Palácio de Versalhes, França

Ideias e crenças como bases do absolutismo

Para estabelecer e sustentar regimes absolutistas, os monarcas precisaram do apoio dos nobres, da burguesia e do clero, e da submissão do conjunto da população. Alguns historiadores destacam que, desde a formação das monarquias medievais, o poder dos monarcas era considerado sagrado. Os reis absolutistas teriam se aproveitado dessas antigas crenças para reforçar ainda mais sua autoridade.

Precisaram também de teorias que justificassem seu poder e que defendessem a ideia de que somente um rei forte poderia solucionar os problemas da sociedade. Esses pensadores ficaram conhecidos como **teóricos do absolutismo**.

O precursor desses teóricos foi o florentino **Nicolau Maquiavel** (1469-1527), autor de *O príncipe* e da ideia de que o Estado é mais importante que os indivíduos. Para Maquiavel, somente um rei dotado de poderes absolutos poderia superar os conflitos políticos e construir um Estado unificado, centralizado.

Na Inglaterra, **Thomas Hobbes** (1588-1679) publicou o livro *Leviatã*, defendendo a ideia de que a tendência natural das sociedades é o permanente conflito de todos contra todos. Somente um acordo, um "contrato", entre o rei e a sociedade formaria um Estado forte, que impediria os abusos e levaria a uma sociedade mais equilibrada.

Frontispício da primeira edição de *O Leviatã*, de 1651. Gravura de Abraham Bosse.

Na França, **Jacques-Bénigne Bossuet** (1627-1704) defendeu a origem divina do poder real em sua obra *Política segundo a Sagrada Escritura*. Para ele, Deus atribuía o poder político aos monarcas, conferindo-lhes autoridade ilimitada e incontestável. Como o poder do rei derivava diretamente de Deus, era sagrado e superior a qualquer outro poder terreno.

▶ **Leviatã:** poderoso monstro marinho da mitologia fenícia descrito na Bíblia como a encarnação do mal. Mas, para Hobbes, o Leviatã é o Estado moderno, baseado no poder absoluto de um único soberano.

◁ Selo comemorativo da França com o retrato de Jacques-Bénigne Bossuet.

Estátua de Nicolau Maquiavel no ▷ exterior da Galleria degli Uffizi, em Florença, Itália. Foto de 2017.

Cultura e sociedade nos Estados absolutistas

Do ponto de vista cultural, os governos absolutistas impuseram uma religião oficial e uma língua comum aos seus reinos. Os idiomas "vulgares" foram regulamentados pelas primeiras gramáticas (a espanhola, em 1492, e a francesa, em 1529). Ao traduzir a Bíblia, Martinho Lutero também contribuiu para organizar a língua alemã.

Uma série de regras de comportamento foi criada nas cortes europeias, a fim de distinguir a nobreza dos demais grupos sociais. As normas de etiqueta eram tidas como sinal de vida "civilizada", em oposição ao comportamento do povo, considerado "rústico" e "atrasado". A maneira de sentar-se à mesa, falar, gesticular, vestir-se, tudo era medido e controlado por meio das regras de civilidade.

Alguns intelectuais, como filósofos, cientistas e poetas, beneficiados com o desenvolvimento e enriquecimento dos núcleos urbanos, apoiavam essas regras. Eles acreditavam que era necessário civilizar as pessoas que se comportavam de forma "iletrada e inculta". Assim, atribuíam aos soberanos absolutistas a responsabilidade pelo "renascimento da civilização", que teria declinado durante a Idade Média.

Para a população, que não acompanhava diretamente esse movimento, ficou a impressão de que os progressos culturais e científicos observados na época eram proporcionados pelos monarcas. Isso só reforçava o poder da realeza.

Reprodução/Museu do Louvre, Paris, França.

A Corte absolutista era o local onde se criavam os estilos, a moda, os "bons hábitos". No detalhe da ilustração de Barthélemy Olivier do século XVIII, o compositor Wolfgang Amadeus Mozart, aos 7 anos, toca em uma reunião na mansão da princesa de Conti. Os passatempos da aristocracia tinham o ar pomposo que caracterizava as cerimônias da Corte.

Bridgeman Images/Easypix/Museu do Louvre, Paris, França.

Detalhe de *Os pedintes*, pintura de Sebastien Bourdon do século XVII, mostrando as más condições da população francesa nessa época.

Durante o estabelecimento dos Estados absolutistas, um novo estilo artístico foi desenvolvido: o **Barroco**.

Na pintura, esse estilo manteve a preocupação renascentista de explorar as formas humanas e suas proporções, mas propôs um problema a mais para o artista: o movimento, em contraposição à serenidade e ao equilíbrio do período anterior, inspirado pelas obras clássicas.

Os artistas do Barroco eram fascinados pelo que o contraste entre luzes e sombras, claros e escuros, podia fazer na composição de uma cena.

Reprodução/Museu Wellington, Londres, Inglaterra.

▶ **Aguadeiro:** pessoa que vendia água nas ruas.

O aguadeiro de Sevilha, de Diego Velázquez, pintor da corte espanhola. Retratista da realeza, o artista pintou também cenas cotidianas, como a desta pintura, feita em cerca de 1620. Nela há três figuras: o aguadeiro está em primeiro plano, totalmente iluminado, servindo água a um menino que tem o rosto já um pouco imerso na sombra. No fundo e ao centro, quase oculta na escuridão, uma terceira pessoa observa.

2 Os Estados absolutistas e o modelo francês

Os governos absolutistas foram estabelecidos em várias regiões da Europa. Na Prússia, Estado alemão formado no início da Idade Moderna, o regime absolutista foi imposto pela dinastia **Hohenzollern**; no Sacro Império e na Espanha, pelos católicos **Habsburgo**; na Rússia, pelos czares cristãos ortodoxos da família **Romanov**.

As características desses governos absolutistas variaram de uma região para outra, de acordo com as condições econômicas, políticas, sociais e culturais. Mas foi o absolutismo francês que se tornou o modelo para os demais.

Como vimos, a dinastia capetíngia iniciou o processo de centralização política na França a partir do século X. As medidas tomadas pelos monarcas da família **Valois**, após a **Guerra dos Cem Anos** (1337-1453), aceleraram esse processo. Em 1589, os Valois foram substituídos pelos **Bourbon**, que reinaram até o século XVIII. Foi sob a dinastia dos Bourbon que o regime absolutista francês viveu seu apogeu e sua decadência.

▶ **Habsburgo:** dinastia europeia à qual pertenciam os governantes austríacos, espanhóis e os do Sacro Império Romano-Germânico.

Saiba mais

A Noite de São Bartolomeu

Durante a dinastia Valois, ocorreram na França vários conflitos entre huguenotes (calvinistas franceses, na maioria burgueses e apoiados pelos Bourbon) e católicos (na maioria, nobres). Um dos episódios mais violentos dessa disputa foi o massacre da Noite de São Bartolomeu, em 24 de agosto de 1572, com o assassinato de milhares de huguenotes.

Reprodução/Museu Cantonal de Belas Artes, Lausane, Suíça.

A Noite de São Bartolomeu foi um dos episódios mais sangrentos do conflito entre huguenotes e católicos. Ao lado, detalhe da tela de F. Dubois, *O massacre de São Bartolomeu*, finalizada provavelmente em 1584.

A consolidação do absolutismo na França

As disputas religiosas entre huguenotes e católicos ameaçavam a unidade da França. Para tentar pacificar o reino, **Henrique IV** (1553-1610), rei francês da dinastia Bourbon, promulgou o **Edito de Nantes** (1598). O documento concedia liberdade de culto aos protestantes franceses.

▶ **Promulgar:** ordenar a publicação; tornar oficial publicamente.

O rei seguinte foi **Luís XIII** (1610-1643). Ele nomeou como primeiro-ministro o cardeal Richelieu, cuja atuação conseguiu reforçar o absolutismo francês, diminuindo o poder dos nobres, que se opunham ao poder real e controlavam diversas regiões da Europa, ameaçando as ambições expansionistas da França.

A França ajudou a combater os Habsburgo nas lutas holandesas pela independência, na Restauração portuguesa e na **Guerra dos Trinta Anos**. Quando esse último conflito terminou, em 1648, a França havia estendido seu domínio sobre os territórios tomados do Sacro Império e firmara sua posição como potência continental europeia.

Impérios europeus nos séculos XVI e XVII

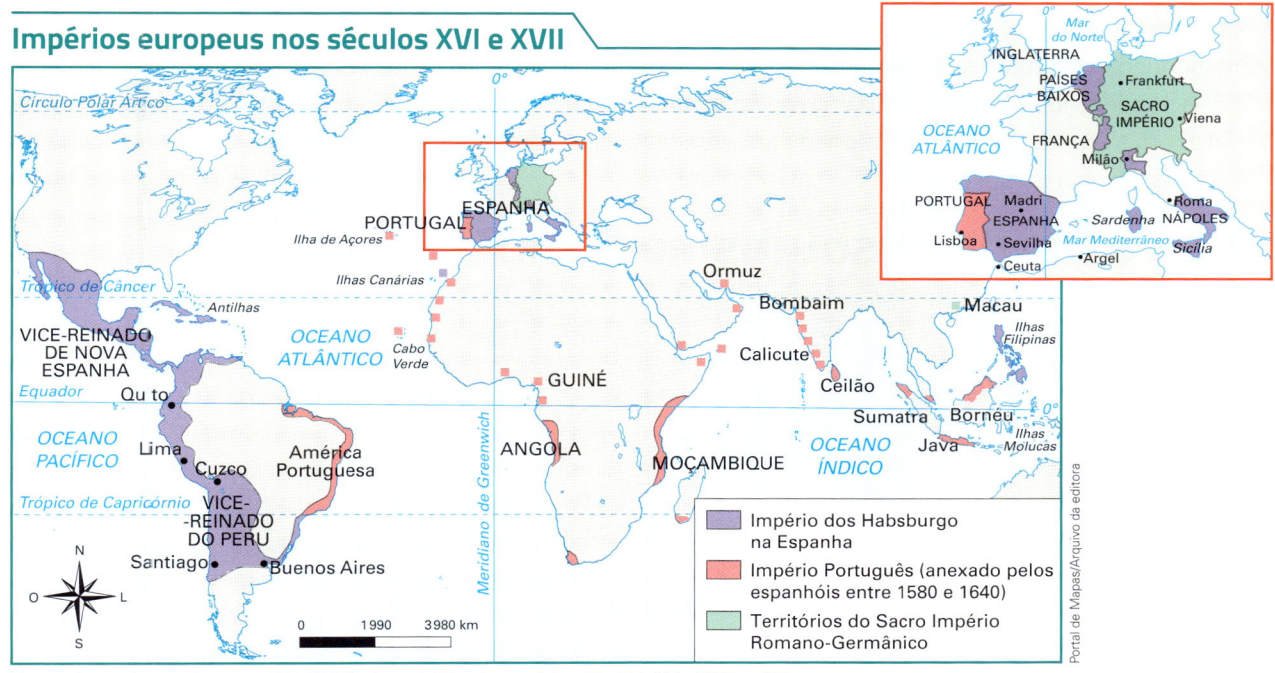

Fonte: elaborado com base em SANCHES, J. et al. *Ciencias sociales*. Madrid: SM, 1997. p. 210.

O desmantelamento do poderio dos Habsburgo

Entre 1580 e 1640, Portugal foi anexado pelos Habsburgo à Coroa espanhola, formando o que ficou conhecido como **União das Coroas Ibéricas**. A independência só veio em 1640, com o movimento chamado Restauração.

Os holandeses obtiveram sua independência da Espanha em 1581, após uma longa revolta popular. O argumento dos revoltosos era que grande parte da população holandesa, protestante, opunha-se ao governo católico dos Habsburgo espanhóis. Contudo, estes não reconheceram a autonomia da Holanda e travaram uma longa guerra com o país, que só terminaria em 1648.

Em 1618, os nobres protestantes da Boêmia (atual República Tcheca) e da Áustria rebelaram-se contra Fernando de Habsburgo, imperador do Sacro Império Romano-Germânico. Começava a Guerra dos Trinta Anos, conflito que envolveu outros países e que teve múltiplas causas, incluindo questões religiosas. A Espanha ficou do lado do imperador católico; França, Dinamarca e Suécia apoiaram os protestantes.

A guerra terminou em 1648 com o **Tratado de Westfália**. A região alemã, que mais tarde corresponderia ao Estado alemão, tornou-se um conjunto de estados autônomos e a Suécia se consolidou como potência na região do Báltico. A Espanha continuou em conflito com a França até 1659, perdendo para esse reino diversos territórios, assim como a hegemonia europeia.

Pintura retratando a destruição da frota espanhola pelos holandeses em conflito da Guerra dos Trinta Anos. Óleo sobre tela de Cornelis Claesz van Wieringen, c. 1580-1633.

Auge e fim do absolutismo francês

Sob o reinado de **Luís XIV** (1643-1715), a França viveu o auge do absolutismo. Como o rei tinha apenas cinco anos de idade quando assumiu o trono, o poder foi exercido por seu ministro, o cardeal Mazarino. Este ajudou a sufocar as frondas, revoltas de nobres descontentes com a perda de poder e a crescente centralização.

Com a morte do ministro Mazarino, em 1661, Luís XIV passou a dirigir pessoalmente toda a política interna e externa do reino. Ele escolheu o responsável pelas finanças do Estado, Jean-Baptiste Colbert, que daria ênfase à manufatura interna e ao aumento da oferta de produtos. O rei instituiu um exército monárquico permanente, submetido a rígida disciplina e formado por voluntários e pessoas recrutadas à força.

Luís XIV e sua corte em um passeio nos jardins de Versalhes, pintura de Étienne Allegrain, c. 1653-1736.

Fine Art Images/Archivi Alinari, Firenze/Palácio de Versalhes, França.

No plano interno, Luís XIV seguiu as ideias de Bossuet e reforçou as tradições do poder sagrado dos reis. Por ser católico, revogou o Edito de Nantes, restabelecendo a perseguição aos huguenotes. Mais de 150 mil pessoas deixaram a França, entre funcionários do governo, soldados e burgueses. Isso abalou a economia francesa e resultou em uma crise econômica que despertou duras críticas ao regime absolutista.

No plano externo, a França se envolveu em diversas guerras. As finanças ficaram mais enfraquecidas e o descontentamento e a oposição ao regime aumentaram.

Seu sucessor foi seu neto, **Luís XV** (1715-1774). Sua administração foi marcada por enormes gastos com a corte e por conflitos internacionais, como a **Guerra dos Sete Anos**, a partir de 1756, contra a Inglaterra. Com a derrota, a França perdeu grande parte de suas colônias, como a região correspondente ao Canadá.

Com **Luís XVI** (1754-1793), as dificuldades intensificaram-se, resultando na Revolução Francesa de 1789 e no fim do Antigo Regime.

Símbolos do poder

Luís XIV alimentou o culto à sua imagem, ficando conhecido como o "Rei Sol". É atribuída a ele a frase "O Estado sou eu", que expressa o desejado controle de todos os poderes em suas mãos.

O palácio de Versalhes é outra forma de ostentação do poder absolutista de Luís XIV, com seus luxuosos aposentos e monumentais jardins. Com dinheiro do Estado, Luís XIV também financiava escritores e criava academias para diversas atividades, como arquitetura, pintura e ciências.

Entretanto, muitas obras produzidas nesse período não representavam os interesses da Coroa, e sim faziam críticas a ela. Os gastos com a manutenção da luxuosa corte no palácio de Versalhes e com o patrocínio da produção intelectual e artística contribuíram para consumir as finanças do país.

 De olho na tela

O absolutismo: a ascensão de Luís XIV. Direção: Roberto Rossellini. Itália, 1966. Recria a história do rei Luís XIV, enfatizando a vida pessoal da figura que marcou o apogeu do absolutismo francês.

Alamy/Fotoarena

Criado nos arredores de Paris por decisão de Luís XIV, o palácio de Versalhes reproduzia em seu conjunto a imagem grandiosa do poder do "Rei Sol". Transformado em sede da monarquia francesa a partir de 1682, o palácio abrigava a família real, milhares de nobres e clérigos, servidos por uma legião de milhares de empregados e funcionários. Na imagem, detalhe da Galeria dos Espelhos, em foto de 2016.

Personagens da
dramaturgia, filosofia e literatura

Na efervescência cultural que marcou o reinado de Luís XIV, despontaram pensadores e artistas cujas ideias e obras floresceram naquela época e repercutem até hoje. Conheça alguns deles.

Descartes
(1596-1650)

Filósofo e matemático, autor de *Discurso do método*, em que estabeleceu as bases do racionalismo da época. Foi o autor da célebre frase "Penso, logo existo". Ao lado, René Descartes representado por Frans Hals, em 1649.

Molière
(1622-1673)

Um dos mais originais dramaturgos franceses, escreveu sátiras e comédias, como *O avarento*, *Tartufo* e *O burguês fidalgo*. Em sua obra, criticou usos e costumes da sociedade burguesa da época. Detalhe do retrato de Molière pintado por Pierre Mignard em 1658.

Racine
(1639-1699)

Escritor e dramaturgo, baseou-se nos modelos gregos para elaborar suas tragédias, como *Andrômeda* e *Phedra*. Na imagem, retrato de Racine, óleo sobre tela de Jean-Baptiste Santerre, pintado em 1698.

Pascal
(1623-1662)

Filósofo, matemático e físico, desenvolveu alguns princípios da chamada tecnologia moderna, com base na experimentação. Criou a primeira máquina de calcular moderna. Ao lado, obra de Augustin Quesnel, de cerca de 1690.

La Fontaine
(1621-1695)

Autor de inúmeras fábulas, nas quais usava os animais como personagens para satirizar os hábitos humanos e os costumes sociais de seu tempo. No livro *Fábulas*, de 1668, estão reunidas 240 histórias dessas. Retrato de La Fontaine produzido no século XVII. Autor desconhecido.

📖 Minha biblioteca

O avarento, de Molière, FTD, 2008. Adaptação do texto de Molière que faz uma crítica humorística à ganância e ao apego ao dinheiro.

BrAt82/Shutterstock

Fábula é uma narrativa que surgiu com base na tradição oral dos povos do Oriente. A partir de Esopo, escravizado que viveu no século VI a.C. na Grécia Antiga, as histórias passaram a ser registradas.

No século XVII, La Fontaine recriou e adaptou algumas das fábulas de Esopo, popularizando essa narrativa no Ocidente.

Na maioria das vezes, os personagens das fábulas são animais que, na verdade, representam e satirizam o comportamento dos humanos.

Leia abaixo a fábula "O leão e o rato", contada por Esopo e por La Fontaine. Depois, responda às questões propostas.

Texto 1

Um leão estava dormindo e um rato passeava sobre seu corpo. Acordando e tendo apanhado o rato, ia comê-lo. Como o rato suplicasse que o largasse, dizendo que, se fosse salvo, lhe pagaria o favor, o leão sorriu e deixou-o ir. Não muito depois, o leão foi salvo, graças ao reconhecimento do rato. Com efeito, preso por caçadores e amarrado a uma árvore com uma corda, logo que o ouviu gemendo, o rato se aproximou, roeu a corda e o libertou, dizendo: "Recentemente riste, não acreditando em uma retribuição da minha parte, mas agora vês que também entre os ratos existe reconhecimento".

ESOPO. *Fábulas completas*. São Paulo: Moderna, 1994. (Coleção Travessias).

Texto 2

Saiu da toca aturdido
Daninho pequeno rato,
E foi cair insensato
Entre as garras de um leão.
Eis que o monarca das feras
Lhe concedeu liberdade,
Ou por ter dele piedade,
Ou por não ter fome então.
Mas essa beneficência
Foi bem paga, e quem diria
Que o rei das feras teria
De um vil rato precisão!
Pois que uma vez indo entrando
Por uma selva frondosa,
Caiu em rede enganosa
Sem conhecer a traição.

Rugidos, esforços, tudo
Balda sem poder fugir-lhe;
Mas vem o rato acudir-lhe
E entra a roer-lhe a prisão.
Rompe com seus finos dentes
Primeira e segunda malha;
E tanto depois trabalha,
Que as mais também rotas são.
O seu benfeitor liberta,
Uma dívida pagando,
E assim à gente ensinando
De ser grata à obrigação.
Também mostra aos insofridos,
Que o trabalho com paciência
Faz mais que a força, a imprudência
Dos que em fúria sempre estão.

> **Aturdido:** confuso, tonto.
>
> **Vil:** insignificante, desprezível.
>
> **Roto:** roído.

LA FONTAINE, J. de. *Fábulas de La Fontaine*. Belo Horizonte: Itatiaia, 1992.

1. Pesquise em um dicionário os significados das palavras que você não conhece e anote-os.

2. Além do tema, quais semelhanças você encontra nas fábulas de Esopo e de La Fontaine? E quais são as diferenças entre elas?

3. Por que podemos dizer que os animais das fábulas representam os humanos? Que características tipicamente humanas você observa nas histórias? Justifique.

4. As fábulas possuem, em geral, uma moral da história, um ensinamento a ser transmitido. Na sua opinião, qual é a moral dessa fábula?

5. Não se sabe ao certo sobre a vida de Esopo, que viveu na Grécia do século VI a.C. Naquela época, predominavam conflitos e disputas que desembocaram no estabelecimento da democracia em algumas das pólis gregas. E na época de La Fontaine, como eram a sociedade, a política, a economia e a cultura da França?

3 O Estado absoluto inglês

Como vimos, a imposição da Magna Carta ao soberano João I, em 1215, havia limitado o poder real e permitido aos nobres o controle político na Inglaterra, por meio do Parlamento. Entretanto, a **Guerra das Duas Rosas** levou a nobreza inglesa à cisão e ao esgotamento, possibilitando a efetivação do regime absolutista com a ascensão ao trono de Henrique VII, da dinastia Tudor, em 1485.

Um dos mais célebres membros dessa dinastia foi **Henrique VIII** (1509-1547), fundador da Igreja anglicana, como vimos no capítulo 5. Durante os governos de Henrique VIII e de sua filha **Elizabeth I** (1558-1603), o Parlamento inglês tornou-se um instrumento nas mãos dos soberanos, que o convocavam sem regularidade, em geral para aprovar medidas de pouco apelo popular, como o aumento das taxações ou desapropriações de terra. Além disso, os monarcas limitavam suas sessões, subornavam seus membros e o compunham com partidários da Coroa.

A morte de Elizabeth I, em 1603, encerrou a dinastia Tudor. Como ela não se casou e não deixou herdeiros, o trono inglês passou para seu primo, o rei da Escócia Jaime I, da família **Stuart**.

A busca pela consolidação do poder absolutista e a perseguição religiosa foram dois aspectos do governo de Jaime I e do de seu filho, Carlos I. Muitos puritanos (calvinistas ingleses) abandonaram o país e emigraram para as colônias da América do Norte.

Retrato da soberana inglesa Elizabeth I, pintado por volta de 1592, por Isaac Oliver.

> **Magna carta:** documento assinado por João Sem Terra em 1215, no qual eram reconhecidos os direitos da nobreza e do clero, limitando os poderes reais.

A guerra civil (1640-1649)

Carlos I (1625-1649) entrou em conflito aberto com o Parlamento, que era contrário às perseguições religiosas e aos diversos tributos cobrados pelo monarca. Em 1628, o Parlamento aprovou, contra a vontade do rei, uma **Petição de Direito** (também conhecida como Segunda Carta Magna), que limitava os poderes do monarca de instituir impostos e de aplicar prisões sem a aprovação dos parlamentares.

Diante das pressões, Carlos I fechou o Parlamento em 1629 e só voltaria a convocá-lo em 1640.

A insistência do soberano em impor a religião anglicana e cobrar impostos cada vez mais altos provocou uma guerra civil de fundo religioso e político. De um lado, estavam os **cavaleiros**, grandes proprietários, católicos e anglicanos que eram partidários do rei; de outro, os **cabeças redondas**, partidários do Parlamento, representantes de pequenos proprietários, populações urbanas e calvinistas puritanos e presbiterianos.

A guerra civil terminou com a vitória dos cabeças redondas, liderados por **Oliver Cromwell**.

Após aprisionar, julgar e executar Carlos I, em 1649, os cabeças redondas aboliram a Monarquia e instituíram uma República, sob a liderança de Cromwell. A Inglaterra passou a ser governada por um Conselho de Estado, composto de 41 membros, sob a permanente supervisão da Câmara dos Comuns, de maioria puritana. A Câmara dos Lordes, formada pelos nobres, foi abolida.

Oliver Cromwell, que liderou a revolta contra o absolutismo de Carlos I, em pintura feita entre 1652 e 1654.

 De olho na tela

Cromwell, o chanceler de ferro. Direção: Ken Hughes. Inglaterra, 1970. Narrativa sobre a Revolução Puritana do século XVII na Inglaterra.

A República Puritana (1649-1660)

O novo Estado recebeu o nome de **Commonwealth**, pois a "riqueza" (*wealth*) da nação seria "de todos" (*common*). Em 1653, à frente do exército, Cromwell impôs à Inglaterra uma ditadura pessoal. Dominou o Conselho e a Câmara e chegou a receber o título de Lorde Protetor da República.

Durante o período republicano, a Inglaterra desenvolveu sua indústria naval. Os **Atos de Navegação** de Cromwell estabeleceram que os produtos importados pelo reino deveriam ser transportados apenas por navios ingleses ou pelos países produtores. Com isso, buscava-se ampliar a participação inglesa no lucrativo comércio internaciona, então liderado pela Holanda. Prejudicada em seus interesses, a Holanda declarou guerra aos ingleses em 1652, mas foi derrotada em 1654. Com isso, a Inglaterra tornava-se a maior potência marítima do mundo.

A morte de Cromwell em 1658 levou a Inglaterra às disputas e à crise política até que, em 1660, os ingleses elegeram outro Parlamento. Os novos parlamentares restabeleceram a Monarquia e coroaram **Carlos II** (1660-1685), membro da dinastia Stuart e filho de Carlos I, que tinha sido executado no fim da guerra civil.

A restauração Stuart e a Revolução Gloriosa

Carlos II comprometeu-se a respeitar a Magna Carta e a Petição de Direito, mas não cumpriu a promessa. Ele via em Luís XIV, rei da França, seu primo e protetor, um modelo de governante: absolutista e católico.

Com as medidas do monarca, que buscava restabelecer o absolutismo na Inglaterra, o Parlamento dividiu-se em dois partidos. Um de maioria burguesa, adversários dos Stuart e defensor do Parlamento (os *Whigs*). O outro, formado por anglicanos conservadores que defendiam a autoridade do rei (os *Tories*).

Em 1685, com a morte de Carlos II, o trono inglês foi assumido por Jaime II, seu irmão. Defensor do absolutismo político e da religião católica, ele conseguiu a oposição das duas alas do Parlamento. Em 1688, os dois lados se juntaram contra o rei, no movimento denominado **Revolução Gloriosa**. Para tanto, aliaram-se a Guilherme de Orange, protestante, marido de Maria, filha mais velha de Jaime II, e governante da Holanda.

Em 1688, Guilherme de Orange invadiu a Inglaterra, forçou Jaime II a fugir para a França e assumiu, no ano seguinte, a Coroa inglesa, com o título de Guilherme III. Ele jurou a **Declaração de Direitos** (*Bill of Rights*) e se comprometeu a respeitar o poder do Parlamento e as leis que garantiam as liberdades individuais e reduziam a autoridade da realeza. Com o **Ato de Tolerância**, estabeleceu-se a liberdade religiosa. Era o triunfo do regime parlamentar sobre o absolutismo real e o início de um período de moderação entre burguesia e nobreza na política da Inglaterra.

Detalhe do teto da Painted Hall, sala pertencente à Antiga Escola Real Naval de Greenwich, em Londres, Inglaterra. A pintura retrata o rei Guilherme III e a rainha Maria II e foi feita por James Thornhill entre 1707 e 1727.

James Brittain/Bridgeman Images/Easypix Brasil/Old Royal Naval College, Greenwich, Londres, Inglaterra.

Você deve ter notado que, nos capítulos que abordam os tempos modernos, as mulheres não aparecem como protagonistas, com exceção da rainha Elizabeth I, que governou a Inglaterra entre 1558 e 1603. Navegadores e conquistadores, artistas e pensadores renascentistas, papas, reformadores e reis eram quase todos homens.

Assim como na Idade Média, na Idade Moderna a maioria das mulheres não teve muito espaço na sociedade europeia. Elas se casavam de acordo com os interesses dos pais e, após serem entregues ao marido, deviam-lhe total obediência. Eram impedidas de ocupar cargos públicos, frequentar universidades e exercer o sacerdócio.

Do ponto de vista jurídico, o Antigo Regime marcou um retrocesso na condição das mulheres, que perderam o direito à propriedade e à herança. Somente o primogênito (filho mais velho do sexo masculino) podia receber as riquezas deixadas pelo pai. Além disso, as mulheres pararam de receber formação profissional. Por isso, a figura da artesã, comum na Idade Média, tornou-se cada vez mais rara.

As tarefas domésticas eram a ocupação principal das mulheres de todas as camadas sociais. As burguesas e aristocratas comandavam o lar, e as mais pobres, com frequência, trabalhavam como criadas ou amas de leite nas casas de outras mulheres. No campo, elas participavam também nas tarefas rurais de seus pais ou maridos.

Granger/Glow Images/Coleção particular

Detalhe de óleo sobre tela de Pieter de Hooch, pintor holandês que registrou diversas cenas domésticas. Neste quadro, de cerca de 1663, ele representou uma burguesa que descasca maçãs, sendo assistida por sua filha. As meninas, desde cedo, acompanhavam a mãe nas tarefas domésticas para aprender com ela.

Tentando romper as barreiras

Reprodução/Coleção particular

Apesar de condenada pela Igreja e pelos homens, a prática da leitura foi adotada por muitas aristocratas e burguesas. Mas houve mulheres que chegaram mais longe no desafio à ordem estabelecida. Entre estas, podemos destacar **Louise Labé** (1526-1566) e **Marie de Gournay** (1565-1645).

A poetisa Louise Labé ficou conhecida por praticar atividades tipicamente masculinas. Originária da alta burguesia francesa, teve uma educação bastante refinada para a época. Vestida com trajes masculinos, lutou em combates armados e chegou a participar de um torneio de esgrima. Escreveu poemas sob o pseudônimo de Olivier de Magny. Também publicou *Debate da loucura e do amor* (1555), em que defendia o direito das mulheres de escolher seus parceiros e receber educação.

Louise Labé em gravura do século XVI. Seus textos desafiaram as restrições sociais e intelectuais impostas às mulheres.

Marie de Gournay escreveu *A igualdade de homens e mulheres* (1622). Foi bastante atuante entre mulheres da corte e intelectuais franceses de seu tempo, como Michel de Montaigne, autor de *Ensaios*. Também escreveu poemas e traduziu obras clássicas.

Outras mulheres literatas dedicaram sua vida a combater a misoginia da sociedade do Antigo Regime. Mas pouco se sabe sobre elas, pois as obras que escreveram foram destruídas ou adulteradas.

▶ **Misoginia:** aversão às mulheres.

Detalhe de *Insubmissão feminina: música e leitura no cotidiano de uma aristocrata*, guache sobre tela de Pierre-Antoine Baudouin, c. 1760.

Reprodução/Museu de Artes Decorativas, Paris, França.

Rebeldia e resistência

Além dos exemplos citados, muitas mulheres contestavam, de forma anônima, o domínio e a opressão exercidos pelos homens, ainda que os relatos históricos tenham procurado silenciar suas ações e sua importância. É o caso de atos cotidianos de rebeldia e resistência que nem sempre aparecem registrados nos documentos históricos.

Muitas dessas mulheres, especialmente na ausência de seus maridos (seja por estarem envolvidos em conflitos ou por terem morrido), assumiam o comando de atividades econômicas e tornavam-se chefes de família. Entre as camadas populares, as mulheres assumiam importantes papéis sociais e culturais, devido à maior exigência de trabalhos fora do lar. Sendo assim, elas circulavam com bastante frequência pelos espaços urbanos.

Album/Fotoarena/Coleção particular

Pintura de Nicolaes Maes, c. 1634-1693, retratando ▷ mulheres preparando uma refeição.

⟨Questões⟩

1▸ De acordo com o texto, como era a vida das mulheres no Antigo Regime?

2▸ Podemos afirmar que elas eram completamente submissas aos homens? Justifique sua resposta.

3▸ Naquela época, algumas atividades, como participar de lutas em combates armados ou torneios de esgrima, eram consideradas práticas masculinas. E atualmente? Ainda existem diferenças entre atividades realizadas por homens e por mulheres?

4▸ Vimos que as mulheres atuaram de diversas formas para resistir à dominação masculina durante o Antigo Regime. Na sua opinião, de quais maneiras as mulheres lutam pela igualdade hoje? Cite alguns exemplos.

- Os regimes absolutistas da Europa moderna caracterizaram-se pela grande concentração de poder nas mãos dos monarcas: eles definiam políticas econômicas, leis e regras de comportamento social; impunham uma religião oficial e uma língua comum a todo reino; e não separavam as finanças pessoais das do Estado.

- O mercantilismo e o colonialismo foram práticas dos monarcas absolutistas para garantir acúmulo de riquezas a seus reinos.
- Os teóricos do absolutismo defendiam um poder forte e centralizado para garantir a unidade do Estado e o equilíbrio da sociedade.
- Os governos absolutistas europeus tinham características distintas, conforme as condições socioeconômicas, políticas e culturais locais, mas, em geral, seguiam o modelo francês.

- Na França, o absolutismo consolidou-se sob a dinastia Bourbon e atingiu seu apogeu no final do século XVII e início do XVIII, durante o governo de Luís XIV. Ele dirigiu pessoalmente a política interna e externa da nação, apoiando-se na concepção de Bossuet da origem divina do poder real.

ATENÇÃO A ESTES ITENS

- Na Inglaterra, o absolutismo efetivou-se com a dinastia Tudor (fins do século XV) e se consolidou no século XVI, com a dinastia Stuart. No século XVII, os conflitos entre os governantes e o Parlamento contribuíram para a eclosão de uma guerra civil que resultou na República puritana. Esta foi sucedida pela restauração Stuart, derrubada pela Revolução Gloriosa. Guilherme de Orange assumiu o trono inglês e foi obrigado a respeitar o poder parlamentar e a liberdade religiosa dos protestantes.

- Durante o Antigo Regime, embora tivessem acesso limitado a determinadas posições na sociedade e fossem oprimidas pelos homens, muitas mulheres tiveram atitudes de resistência e insubmissão.

POR QUÊ?

- Os teóricos do absolutismo deixaram importantes contribuições para os estudos sobre o nascimento do Estado, as atribuições dos governos e os poderes dos governantes.

- A sociedade do Antigo Regime, com suas heranças medievais de privilégios e tributações, mostrava os extremos da sociedade europeia da Idade Moderna: a nobreza e a burguesia, apoiadas na monarquia absolutista, externavam riqueza e luxo, enquanto a maioria da população vivia de forma miserável.

- O governo absolutista não separava o público do privado, pois o soberano se servia dos bens da nação, independentemente de limitações legais. A legalidade era, por muitas vezes, decorrente da vontade do governante.

- O mercantilismo e o colonialismo praticados pelos governantes absolutistas marcaram fortemente a história das colônias americanas, entre elas a América portuguesa.

ATIVIDADES

Retome

1 ▸ Identifique o que foi o absolutismo utilizando como base a expressão "O Estado sou eu", atribuída ao rei francês Luís XIV.

2 ▸ Explique, com suas palavras, o que você entendeu sobre o conceito de Antigo Regime.

3 ▸ Complete o quadro abaixo com um breve resumo sobre as ideias dos três teóricos do absolutismo: Nicolau Maquiavel, Thomas Hobbes e Jacques Bossuet.

Pensador	Ideias
Maquiavel	
Hobbes	
Bossuet	

4 ▸ Quais eram os interesses políticos envolvidos na luta religiosa entre huguenotes e católicos na França?

5 ▸ Quais fatores propiciaram o estabelecimento de uma República na Inglaterra em 1649?

6 ▸ Por que os Atos de Navegação foram importantes para a economia inglesa?

7 ▸ Explique, em poucas palavras, o que foi a Revolução Gloriosa.

Interprete uma charge

8 ▸ Observe a charge a seguir, cujo título é **Um estudo histórico**.

A gente logo vê, essa majestade toda vem da peruca, dos sapatos de salto alto e do manto... É assim que os barbeiros e os sapateiros fabricam os deuses que adoramos.

William Thackeray

THACKERAY, William. In: BURKE, Peter. *A fabricação do rei*: a construção da imagem pública de Luís XVI. Rio de Janeiro: Jorge Zahar, 2009. p. 2.

Essa charge foi feita em 1840 por William Thackeray, escritor, jornalista e caricaturista inglês, para satirizar a construção da imagem pública do rei. Observe-a com atenção e depois responda às perguntas.

a) Qual é a crítica presente na charge?

b) Preste atenção na data em que a charge foi feita. A crítica poderia ser aplicada aos governantes da época atual? Converse com os colegas a respeito

9 ▸ Leia o texto a seguir.

Se a propaganda é meio de assegurar a submissão ou o assentimento a um poder, há porém vários modos de efetuá-la. Pode ser, como Luís 14, pela glória, impressionando os súditos com a vitória, o prestígio, a grandeza do rei. Pode ser alardeando a proteção, num modelo paternalista, que tutela o povo. [...] Nossa sociedade talvez ainda esteja na mesma galáxia cultural inaugurada por Luís 14 [...]. Não deixa de ser interessante, acostumados que estamos a considerar o Antigo Regime como um tempo remoto, objeto só de nossa curiosidade, perceber que em algum ponto a fábula fala de nós. E que nossa sociedade continua marcada pela retórica e a teatralidade que Luís 14, 300 anos atrás, inventou.

RIBEIRO, Renato Janine. Luís XIV inventou o teatro do poder. *Folha de S.Paulo*, Caderno Mais!, 5 jun. 1994. p. 6-8.

Explique a relação feita pelo autor entre a época das monarquias absolutistas e a atual, no que diz respeito ao comportamento dos governantes.

▸ **Assentimento:** ato de concordar.
▸ **Alardear:** chamar a atenção, fazer "propaganda" de algo.

Autoavaliação

1. Quais atividades você considerou mais fáceis e mais difíceis? Por quê?

2. Em quais atividades você utilizou o texto do capítulo como base para sua resposta?

3. Algum ponto do capítulo não ficou muito claro para você? Qual?

4. Você compreendeu o esquema *Mapeando saberes*? Explique.

5. Você saberia apontar exemplos da atualidade considerando o que aprendeu no item *Por quê?* do *Mapeando saberes*?

6. Como você avalia sua compreensão dos assuntos tratados neste capítulo?

» **Excelente:** não tive nenhuma dificuldade.
» **Boa:** tive algumas dificuldades, mas consegui resolvê-las.
» **Regular:** foi difícil compreender certos conceitos e resolver as atividades.
» **Ruim:** tive muitas dificuldades, tanto no conteúdo quanto na realização das atividades.

Durante o absolutismo na França, Luís XIV introduziu costumes e objetos para divulgar o poder e a justiça de seu reinado. Nesse sentido, as pinturas deveriam expressar a superioridade do rei. Os costumes à mesa, as roupas da Corte e os modos de falar associavam uma ideia de civilização à nobreza.

Na imagem abaixo, o "Rei Sol" é representado vestindo luxuosas roupas, com entorno ricamente decorado.

Reprodução/Museu do Louvre, Paris, França.

Os drapeados transmitem a ideia de ostentação e riqueza.

Luís XIV usava peruca. Esse costume acabou se tornando moda na Corte.

A postura de Luís XIV pode ser associada a um ideal de nobreza.

O monarca empunha o cetro real, símbolo de poder.

Trono da monarquia.

A coroa representa a consagração do rei e seu poder divino.

Manto real.

A flor-de-lis amarela sobre o fundo azul é um símbolo da monarquia francesa desde os capetíngios.

Espada de Carlos Magno. Luís XIV era chefe da guerra, da defesa e da Igreja.

Salto vermelho: nobreza.

Retrato de Luís XIV pintado por François Hyacinthe Rigaud em 1701.

No mesmo período, a população era desassistida e explorada pelo rei e pela nobreza. A maioria dos trabalhadores das cidades e do campo não dispunha de condições básicas de vida. Esses populares não falavam à maneira da Corte e vestiam o que conseguiam.

Na imagem abaixo, representação de pessoas em feira na França.

Bridgeman Images/Glow Images/Museu Carnavalet, Paris, França.

> Representação produzida no século XVII de uma feira de peixes em Paris, França (autoria desconhecida).

Identifique os elementos e a composição da obra

1 ▸ Quantas pessoas foram representadas na obra acima? Em geral, o que elas estão fazendo?

2 ▸ A obra foi organizada pelo artista em torno de uma figura central. Como essa figura está vestida?

3 ▸ Nessa pintura, uma mulher foi representada de costas para o observador. Ela usa roupas de cores fortes. Quais cores são essas?

4 ▸ Compare a roupa da mulher de costas para o observador com a roupa das outras mulheres representadas. Quais diferenças você observa entre elas?

Analise a obra

5 ▸ Quais construções foram representadas na imagem acima? Alguma delas se destaca?

6 ▸ Na obra, há dois homens que vestem casaca marrom e, provavelmente, usam peruca. Eles são ajudantes do comerciante. O que cada um está fazendo?

Compare as pinturas

7 ▸ Quais diferenças podemos notar entre a pintura que representa Luís XIV e a que mostra uma parcela da população francesa daquele período?

8 ▸ As pessoas da pintura se portam de maneira diferente daquela apresentada por Luís XIV em seu retrato. Como você descreveria o comportamento dos personagens dessa pintura?

Poema

Diversidade cultural dos povos ameríndios

Execução

Agora que você já estudou e pesquisou os povos e algumas das civilizações indígenas da América, chegou a hora da elaboração do poema. Para isso, siga as instruções.

1▸ Após a fase de pesquisa e coleta de informações sobre a civilização escolhida, reúna-se em grupo e inicie a fase da produção criativa do poema. Nesse momento é importante escrever e elaborar os versos e as estrofes rimados, ainda que sejam apenas rascunhos do que será o poema final. Lembre-se de que a escrita criativa é um processo que pode acontecer de diferentes maneiras para cada pessoa.

2▸ Organize-se para que as tarefas sejam distribuídas igualmente entre os integrantes do grupo e para que todos possam ajudar. Caso sinta dificuldade na etapa de elaboração do poema, peça auxílio ao professor.

3▸ Se houver alguma aldeia indígena nas proximidades da escola, organize, com os colegas e com a orientação do professor, uma visita ao local. O objetivo dessa visita é explicar o projeto aos indígenas e convidá-los a participar da atividade. Mesmo que seu projeto aborde populações indígenas que não sejam do Brasil, essa atividade pode contribuir para que vocês compreendam melhor como as tradições e os costumes ainda fazem parte da vida dessas pessoas. Essa colaboração pode começar com a ida do líder da aldeia à escola para conversar sobre o cotidiano dos indígenas, suas histórias e sua visão de mundo. Podem-se abordar, ainda, a situação atual dos indígenas no país, seus direitos garantidos pela Constituição e suas atuais reivindicações. Contudo, caso não seja possível a visita a uma aldeia ou a visita de algum líder da aldeia à escola, tome como base as pesquisas realizadas.

4▸ Após a fase de pesquisa, de discussão em grupo, do contato com indígenas (no caso de haver aldeia próximo à escola) e do rascunho do poema, é o momento de elaborar as estrofes finais. Cada poema deve ter entre 10 e 15 linhas, e todos eles devem ser rimados.

5▸ Os poemas precisam ser escritos no prazo estabelecido pelo cronograma fornecido pelo professor, e devem ser corrigidos e comentados pelos professores de História e de Língua Portuguesa, que irão devolvê-los aos grupos, para que seja elaborada sua forma final.

6▸ Se possível, utilize folhas de papel cartolina para escrever os poemas já corrigidos. Feito isso, pendure as cartolinas em um varal e exponha-o em um lugar da escola onde todos possam observar os trabalhos.

7▸ Caso exista a possibilidade, os poemas podem ser publicados no *blog* da escola, e o endereço, compartilhado com os alunos das outras turmas.

A literatura indígena

O termo **literatura** está ligado à palavra e ao texto escrito. Mas, para os indígenas, a oralidade sempre teve papel de destaque na transmissão de sua história e de suas tradições. Após o contato com os europeus, os povos indígenas conheceram a escrita e, durante muito tempo, ela foi utilizada como instrumento auxiliar na colonização. Na América lusitana, o ensino da língua portuguesa servia para catequizar e "civilizar" esses povos. Para o colonizador europeu, essa era a forma de integrá-los à sociedade. Durante muito tempo, o que foi contado sobre os indígenas e seus costumes foi escrito e produzido pelos colonizadores.

Apenas recentemente, no século XX, é que houve a preocupação para que os saberes e práticas dos indígenas fossem transmitidos em suas próprias línguas. Com isso, muitos desses povos se apropriaram da escrita para registrar seus costumes e sua história e preservar sua memória. Assim, podemos ter contato com uma multiplicidade de narrativas indígenas, feita por aqueles que estão inseridos nessas comunidades, e não mais mediada pelo olhar dos europeus.

Leia a seguir um trecho do poema *Vida de índio*, feito por Itohã Pataxó:

Vida de índio

O índio lutador,
Tem sempre uma história pra contar.
Coisas da sua vida,
Que ele não há de negar.
A vida é de sofrimento,
E eu preciso recuperar.

Eu luto por minha terra,
Porque ela me pertence.
Ela é minha mãe,
E faz feliz muita gente.
Ela tudo nos dá,
Se plantarmos a semente.

A minha luta é grande,
Não sei quando vai terminar.
Eu não desisto dos meus sonhos,
E sei quando vou encontrar.
A felicidade de um povo,
Que vive a sonhar.

[...]
Orgulho-me de ser índio,
E tenho cultura pra exibir.
Luto por meus ideais,
E nunca vou desistir.
Sou Pataxó Hãhãhãe,
E tenho muito que expandir.

SOUZA, Edmar Batista de (Itohã Pataxó). Vida de índio. Disponível em: <www.indiosonline.net/vida_de_indio>. Acesso em: 13 set. 2018.

Autoavaliação

1▸ O que você aprendeu com a realização deste projeto?

2▸ A composição do poema sobre a vida dos indígenas foi uma atividade prazerosa e esclarecedora para você? Explique sua resposta.

3▸ O projeto contribuiu para despertar seu interesse pela causa dos indígenas? Por quê?

Na escola, as crianças Kayapó aprendem a ler e a escrever em sua própria língua. Aldeia Moikarako, em São Félix do Xingu, Pará, em 2016.

Renato Soares/Pulsar Imagens

Detalhe de mural do artista mexicano Diego Rivera, *Sonho de uma tarde de domingo na Alameda Central*, produzido entre 1946 e 1947.

Bridgeman Images/Easypix do Brasil/© Banco de México Diego Rivera & Frida Kahlo Museums Trust, México, D.F./AUTVIS, Brasil, 2018.

Europa e a colonização da América

O processo europeu de conquista e de integração da América ao seu domínio ocorreu no período das monarquias modernas. Esses poderosos Estados firmaram-se à frente do expansionismo comercial colonial, transformando violentamente a vida das populações pré-colombianas.

Observe a imagem e responda:

1 Quais personagens mais chamaram sua atenção neste mural?

2 Podemos dizer que a representação do artista mexicano contempla parte da diversidade social do México? Por quê?

7

O mercantilismo e a colonização da América

Reprodução/Palácio Pedro Ernesto, Rio de Janeiro

Detalhe de *Fundação da Cidade do Rio de Janeiro*, óleo sobre tela de 1881, por Antonio Firmino Monteiro (1855-1888).

Para começar

Observe a imagem e responda às questões.

1. Que cena está representada nesta pintura?

2. Quais são os grupos que participam do acontecimento e como estão sendo mostrados pelo artista?

3. Quais outros elementos chamaram sua atenção na imagem?

Como vimos no capítulo 6, uma das principais características do absolutismo foi a forte intervenção do Estado nos assuntos econômicos. O monarca, auxiliado por seus conselheiros, decidia sobre o comércio, estabelecia a moeda e concedia os monopólios. Acreditava-se que só um Estado centralizado e regulador das práticas econômicas seria capaz de garantir o enriquecimento do reino.

Os reis podiam ceder às companhias comerciais, em geral pertencentes a burgueses, o monopólio sobre rotas ou sobre a fabricação ou comércio de produtos. Em troca, recebiam parte dos lucros. Da mesma maneira, os Estados europeus disputavam entre si a exclusividade no comércio de alguns produtos.

Para certos grupos, as vantagens do sistema eram muitas. A Coroa ganhava ao vender os títulos de monopólio às companhias, e estas lucravam com o direito de explorar sozinhas alguns artigos, o que lhes permitia impor o preço que quisessem. Já os consumidores saíam perdendo: muitos produtos essenciais tornavam-se caros, e isso dificultava a vida dos mais pobres.

▶ **Monopólio:** direito de exclusividade para atuar em certos territórios ou rotas comerciais; exclusividade, por parte de uma pessoa ou de um grupo, para controlar determinada atividade econômica.

1 O mercantilismo

Atuações mercantilistas

Para acumular o máximo de riquezas (geralmente na forma de metais preciosos), os Estados modernos europeus adotavam uma diversidade de estratégias. Conheça algumas delas.

- **Balança comercial favorável**: no comércio internacional, buscava-se vender mais do que comprar para obter saldo favorável (*superavit*). Para entender melhor o que significa essa expressão, preste atenção na ilustração abaixo.

Mercantilismo

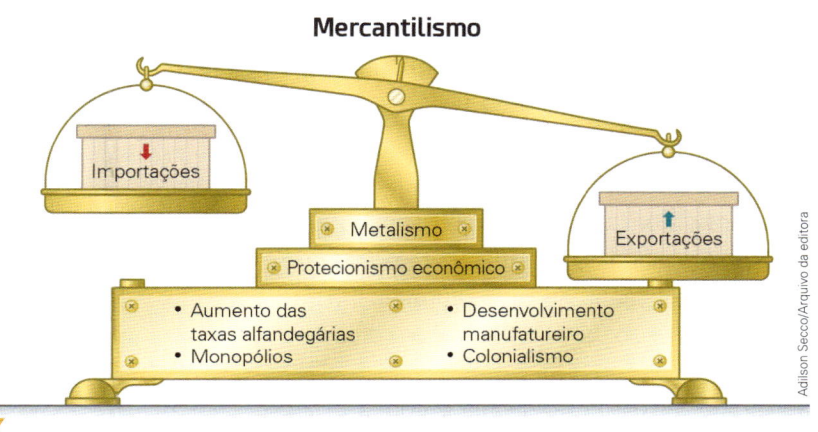

O prato da esquerda da balança representa tudo o que o reino importou (comprou) durante determinado período, e o da direita, tudo o que exportou (vendeu) no mesmo período. Nesse caso, os lucros com a exportação são maiores que os gastos com as importações: o reino teve um *superavit* (enriqueceu acumulando moedas e metais). Se as importações fossem maiores do que as exportações, a balança comercial seria desfavorável: o reino teria um *deficit* (suas reservas em moedas e metais diminuíram).

- **Metalismo**: no Antigo Regime, o principal indicador de riqueza de um Estado era a quantidade acumulada de metais preciosos, que funcionava como uma reserva econômica. Em geral, todas as atividades econômicas praticadas pelos reinos da Europa nesse período visavam obter riquezas na forma de ouro e prata.

- **Protecionismo**: os Estados cobravam taxas e tarifas na entrada de produtos importados tornando-os mais caros que os artigos nacionais similares. Essa medida visava dificultar a importação e, assim, manter a balança comercial favorável.

O intervencionismo do Estado, baseado em tais concepções, e as medidas econômicas adotadas pelos governantes europeus para obter riquezas ficariam conhecidos, mais tarde, como **mercantilismo**, como vimos no capítulo anterior.

As medidas mercantilistas variaram ao longo do tempo e de local para local, de acordo com suas condições particulares. Na Espanha, predominou o metalismo, estimulado pela exploração de metais preciosos nas colônias da América.

Portal de Mapas/Arquivo da editora

LINHA DO TEMPO

1519-1521
Hernán Cortez conquista o México

1531
Martim Afonso de Sousa: colonização da América Portuguesa

Francisco Pizarro inicia a conquista da região do atual Peru

1532
Fundação da vila de São Vicente

1535
Fundação do vice-reinado da Espanha

1543
Criação do vice-reinado do Peru

1776
Vice-reinado do Prata

Linha do tempo esquemática. O espaço entre as datas não é proporcional ao intervalo de tempo.

 Minha biblioteca

Mercantilismo e transição, de Francisco Falcon, Brasiliense, 1981. Analisa estruturas políticas, práticas econômicas e ideologias que revolucionaram o mundo medieval e prepararam o terreno para o capitalismo.

Na França, a ênfase foi para o fortalecimento da manufatura interna e o aumento da oferta de produtos, tanto para o consumo da população como para o comércio externo. Essa política ficou conhecida como **colbertismo**, por ter sido executada por Jean-Baptiste Colbert, ministro da Corte do rei Luís XIV.

Já a Inglaterra incentivou o comércio de seus produtos por meio do desenvolvimento da marinha mercante e do protecionismo. A Coroa britânica estabeleceu impostos altos sobre as mercadorias estrangeiras e chegou a proibir o desembarque de artigos similares aos fabricados em solo inglês. Apenas quando algo produzido fora da ilha fosse extremamente necessário, mas de difícil obtenção no reino, as taxas eram reduzidas para tornar o produto mais acessível.

A colonização da América e o mercantilismo

A partir da expansão marítima iniciada no século XV, os Estados europeus procuraram ampliar suas atividades mercantis por meio da exploração dos domínios ultramarinos. No continente americano, estabeleceram **colônias** que desempenharam um importante papel na política mercantilista.

As colônias forneciam matéria-prima para a fabricação dos produtos manufaturados na Europa e metais preciosos para cunhar moedas, principal fonte de riqueza no mercantilismo. Também consumiam os produtos manufaturados europeus, já que não podiam fabricar produtos semelhantes (o comércio de manufaturados na colônia era monopólio de algumas companhias europeias).

A exploração econômica das colônias por parte dos monarcas europeus ficou conhecida como **política colonialista**. Ela subordinou a América e a África ao sistema econômico das metrópoles. Essa relação ficou conhecida como **pacto colonial**.

A colonização do continente americano acelerou o desenvolvimento comercial europeu. Por causa dela, incontáveis riquezas foram transferidas da América para a Europa e se concentraram nas mãos dos grupos mercantilistas. Esse processo fortaleceu o desenvolvimento e o enriquecimento dos burgueses.

Observe no mapa abaixo as rotas comerciais entre os três continentes.

▶ **Metrópole:** país que administra e domina militar e culturalmente outro território, chamado de colônia.

Principais rotas marítimas do comércio atlântico (século XVI)

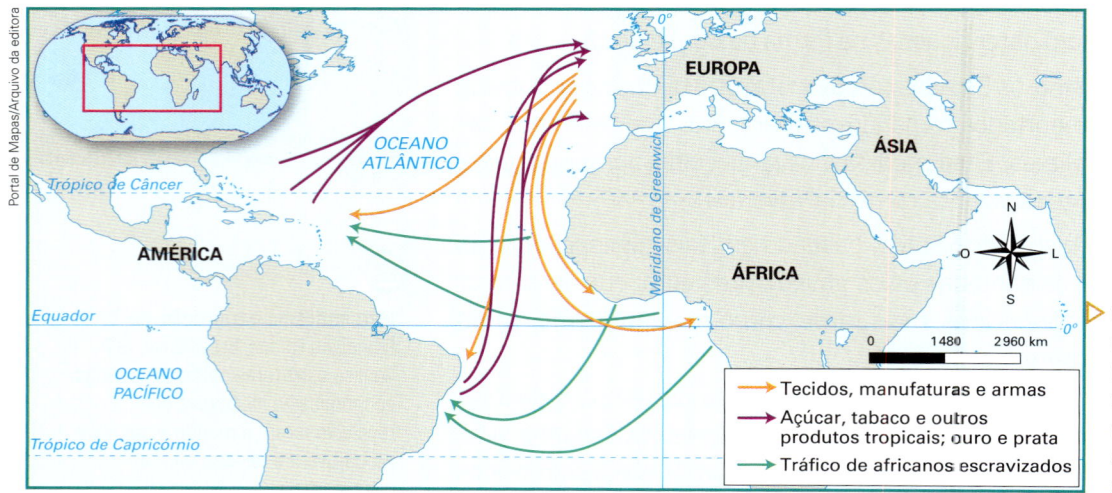

▷ Observe as relações entre colônia e metrópole neste mapa: a colônia exercia uma função complementar à economia da metrópole.

Fonte: elaborado com base em KINDER, Hermann et al. *The Anchor Atlas of World History*. New York: Doubleday, 1974. p. 220-224.

2 A conquista da América espanhola

Quando Cristóvão Colombo chegou à América, em 1492, encontrou uma população que, segundo pesquisas, pode ter variado de 50 milhões a 100 milhões de habitantes. Dois séculos depois, essa população foi reduzida, em algumas regiões, a um décimo do que existia antes.

A drástica diminuição da população do continente está relacionada à violência dos conquistadores e às doenças trazidas por eles, contra as quais os nativos não tinham imunidade.

As armas de fogo, os equipamentos de ataque e defesa, a utilização do cavalo (animal desconhecido em terras americanas) e as alianças com povos nativos inimigos entre si deram aos espanhóis as condições para subjugar esses povos, embora tenham oferecido resistência física e cultural. Impondo sua dominação sobre vastas áreas do Novo Mundo, o Estado espanhol tratou de integrá-las às suas atividades mercantis. No início, explorou os metais preciosos ali encontrados e, mais tarde, a agricultura.

Construindo conceitos

Pacto colonial

A palavra "pacto" significa acordo, combinação, contrato; é algo feito, portanto, com a aceitação das partes envolvidas. Porém, pacto colonial é o nome dado ao "contrato" imposto pelas metrópoles europeias às colônias americanas.

Em geral, as Coroas mantinham a exclusividade de todo o comércio importante realizado em suas colônias. Também impunham às populações coloniais o modo como a terra seria dividida e cultivada e a maneira como os bens seriam produzidos, a fim de obter sempre o maior lucro possível para a metrópole. Além disso, exerciam um intenso controle sobre toda a produção. Os colonos deveriam tornar essas atividades viáveis e fornecer aos oficiais da Coroa ou aos comerciantes europeus metais preciosos ou produtos que pudessem ser vendidos na Europa. Quase sempre o desenvolvimento das manufaturas ficava proibido para evitar a concorrência com os produtos importados do reino.

A conquista do México

A conquista do México, iniciada em 1519, foi conduzida por Hernán Cortez. Logo nas primeiras lutas, ele fez alianças com povos inimigos dos astecas, que o informaram das riquezas em ouro de Tenochtitlán, centro do Império Asteca, para onde Cortez e seus soldados se dirigiram.

Cortez foi recebido amistosamente pelo imperador Montezuma II. Aproveitando-se da recepção, o conquistador instalou-se na capital, aprisionou Montezuma (que morreu pouco depois), destruiu os elementos religiosos da cidade e saqueou seus templos. Os nativos iniciaram uma resistência feroz aos invasores espanhóis, que perderam vários homens e foram obrigados a abandonar a capital asteca.

Minha biblioteca

A conquista do México, de Hernán Cortez, L&PM, 1996. A obra é o relato de Cortez ao imperador Carlos V sobre suas atividades no Novo Mundo.

Pouco depois, Cortez reorganizou suas forças e voltou a atacar Tenochtitlán, que estava sob o comando de Cuauthemoc. Em 1521, depois de dois meses de confrontos e de uma devastadora epidemia de varíola entre os astecas, os europeus obtiveram a vitória final.

Sobre as ruínas de Tenochtitlán, os conquistadores ergueram a chamada Cidade do México. De 1519 a 1650, estima-se que a população nativa da região mexicana declinou de cerca de 10 milhões para menos de 2 milhões.

A conquista do Peru

A partir de 1531, outro colonizador espanhol, Francisco Pizarro, liderou os ataques aos incas, que ocupavam territórios desde o Norte do atual Equador até regiões da atual Bolívia e do Peru, atraído pelas notícias da existência de prata e ouro na região.

Desde a morte do imperador inca Huayana Cápac, em 1527, os irmãos herdeiros Atahualpa e Huáscar disputavam o trono imperial. Atahualpa venceu a luta de sucessão, mas, enfraquecido pela guerra, foi facilmente capturado pelas forças de Pizarro, em 1532. O imperador, feito prisioneiro, foi executado em 1533, mesmo após o pagamento de uma enorme quantia de ouro pelos nativos.

Cuzco foi, então, conquistada e incorporada ao Império Espanhol. Os espanhóis fundaram também a cidade de Lima, no litoral, já que Cuzco situa-se em local montanhoso e de difícil acesso. Vários redutos incas ainda resistiram aos invasores por algumas décadas.

Reprodução/Museu Arqueológico de Lima, Peru.

Desenho que consta da obra de Guamán Poma de Ayala, do século XVI. Na imagem, personagens da conquista são representados por animais: o corregedor ou juiz (dragão), o *encomendero* (leão), o cacique principal (rato), os espanhóis donos de vendas (tigre), o padre (raposa) e o notário (gato). O único personagem humano é o nativo americano, no centro.

▶ **Corregedor:** antigo magistrado com funções semelhantes às de um juiz.

▶ *Encomendero:* colonizador espanhol que obtinha a autorização da Coroa para utilizar os indígenas como mão de obra em troca de instruí-los e cristianizá-los.

▶ **Notário:** escrevente, responsável pela escrita dos documentos.

Pizarro captura o inca do Peru, tela de Millais, de 1846. A obra representa a captura do imperador inca pelo espanhol Francisco Pizarro

Dois documentos e uma imagem são apresentados a seguir. O primeiro é um trecho do discurso de Cortez a seus soldados, antes de atacar e conquistar a capital asteca de Tenochtitlán. O segundo foi escrito por Francisco López de Gómara, cronista espanhol que viveu no século XVI. Ele conheceu a América como capelão da expedição de Cortez e registrou o que viu em sua obra *História Geral das Índias*. Leia-os, observe a imagem e responda às questões.

Texto 1

Discurso de Cortez a seus soldados

[...] O que acontece, camaradas? O que temeis? Não vos anima saber que Deus está convosco e que já vos concedeu tantos sucessos? Pensais que seus inimigos são melhores e mais valorosos? Não vedes que está em vossas mãos a expansão da fé de Cristo? Ganhareis para vosso soberano e vós mesmos reino e poder, contanto que sejais constantes! É pouco que falta e eu não temo, mas se por acaso morrermos, quereis maior felicidade? Nenhum homem poderá ter morte mais gloriosa!

ANGLERIA, Pedro Mártir de. Décadas del nuevo mundo, 1530. *Coletânea de documentos de história da América para o 2º grau.* São Paulo: SE/CENP-SP, 1983. p. 22.

Texto 2

Texto escrito pelo capelão Francisco López de Gómara

Não se encontrou no México todo o ouro que, no princípio, os nossos receberam, nem vestígios do famoso tesouro de Montezuma. Os espanhóis lamentaram muito o fato, pois tão logo conquistaram o México, julgaram que iriam encontrar um imenso tesouro [...].

GÓMARA, Francisco López de. Historia general de las Índias. *Coletânea de documentos de história da América para o 2º grau.* São Paulo: SE/CENP-SP, 1983. p. 25.

1▸ Quais argumentos Cortez utilizou para convencer seus soldados a lutar contra os astecas?

2▸ Discuta com os colegas se os motivos relacionados por Cortez justificam a morte de seus soldados.

3▸ Considerando o que você estudou até aqui, os argumentos de Cortez foram a única motivação para o ataque aos astecas? Quais eram as intenções dos espanhóis no México?

4▸ Na sua opinião, qual seria o tesouro de Montezuma, citado no texto 2?

5▸ Qual é a relação entre a conquista da América e a política mercantilista praticada pela Espanha?

6▸ Quem são as duas figuras representadas na imagem do século XIX?

7▸ Observe a imagem e descreva como o encontro foi representado.

fototeca gilardi/Marka/SuperStock/Glow Images/Biblioteca de Artes Decorativas, Paris, França.

Representação do encontro entre Hernán Cortez e Montezuma II, em litografia de Gallo Gallina, de 1820. Esse evento fez parte dos contatos iniciais entre os conquistadores e os povos nativos na América que trariam profundas consequências para ambos os lados.

Confrontos e resistências na América

As conquistas espanholas das duas regiões onde estavam instaladas duas grandes civilizações, a asteca e a inca, não ocorreram sem a resistência das populações locais.

A resistência aqui deve ser vista para além das ações militares. Existiu o confronto direto entre conquistadores e nativos – é verdade que os espanhóis tinham armas mais eficazes e os cavalos assustavam os indígenas. Mas, recentemente, os historiadores mostraram que só isso não permite explicar o sucesso dos europeus, pois muitos outros elementos devem ser levados em conta ao falarmos da conquista.

Os astecas

O ponto central para a conquista dos astecas foi o sistema de alianças que Cortez fez com os povos que eram seus rivais. O apoio que os europeus receberam em Tlaxcala foi importante para estabelecer seu domínio no território dos astecas. Em meio às dificuldades e depois de perder muitos homens em batalha, Cortez deixou a cidade, retornando posteriormente com reforços dos tlaxcaltecas e outros aliados. Após vinte tentativas fracassadas de retomar Tenochtitlán, os astecas se renderam em 1521.

Album/Fotoarena/Biblioteca Nacional da Espanha, Madri

Representação do massacre dos astecas pelos espanhóis no Templo Maior, por Diego Durán (1537-1588).

A invasão foi representada pelos indígenas em *Códices*, espécie de livros em que registravam sua história e suas crenças utilizando um sistema pictográfico. Muitos dos códices feitos pelos astecas se perderam e outros foram recriados/copiados por religiosos europeus na América. Em alguns, como no Códice de Duran, também conhecido como Códice Aubin, é demonstrada a violência espanhola. Esses códices também podem ser entendidos como uma forma de resistência, de fazer permanecer na história a visão ameríndia sobre a conquista.

Passada a fase inicial da dominação, em meados do século XVI, os missionários europeus tentaram converter os astecas ao catolicismo. Muitos mencionaram em cartas e outros documentos que estes escondiam as imagens sagradas de seus deuses atrás de móveis, embaixo das roupas e em outros locais, determinados a não abandonar suas crenças. A religião católica acabou imposta pelo conquistador, mas não apagou seus deuses e suas influências da memória cultural dos astecas e de seus descendentes.

Victor Chavez/WireImage/Getty Images

Desfile de comemoração do Dia dos Mortos na Cidade do México, México, 2016. Essa celebração demonstra a permanência da memória cultural dos astecas em sincretismo com a religião católica.

Os incas

Manco Inca foi declarado pelos espanhóis sucessor dos incas após a morte de Atahualpa. Mantido em cativeiro em seu palácio e sentindo-se humilhado pelos conquistadores, ele iniciou uma rebelião que pretendia retomar o governo de Cuzco em 1537. A cidade foi sitiada e seus aliados, entre 40 mil e 50 mil indivíduos, cavaram fossas ao longo do caminho para impedir a passagem dos cavalos do exército de Pizarro. Depois de sucessivas batalhas, nas quais muitos espanhóis morreram, Pizarro retomou Cuzco.

Derrotado, Manco Inca fugiu com seus homens para Vilcabamba, região de difícil acesso na cordilheira dos Andes. Lá, ele estabeleceu a capital do novo governo inca que, apesar de não obter grandes conquistas territoriais, foi um importante reduto de resistência que durou até 1571.

Além disso, podemos interpretar como formas de rebeldia alguns elementos narrados nas documentações espanholas, como a "preguiça" – ou seja, a recusa de realizar o trabalho – e o silêncio desses povos. Nesse contexto, calar-se era uma forma de evitar um contato mais próximo com os conquistadores. Essas foram apenas algumas das maneiras que os indígenas encontraram de recusar a dominação europeia.

Os incas também não deixaram de lado sua ligação com antigas tradições, que persistem até hoje na sociedade peruana. Mais do que a resistência militar, eles travaram uma resistência silenciosa que se opunha à integração nos novos moldes de organização pós-conquista.

The Granger Collection, New York/Fotoarena

△
Ilustração contida na obra *Primeira nova crônica e bom governo*, de Felipe Guaman Pomo de Ayala (1583-1615). Na imagem, a representação de um rei Inca em seu trono.

Performance representando cerimônia indígena que marca o solstício de inverno e a celebração de Inti, o deus-Sol, denominada Inti Raymi, em quéchua (Festa do Sol, em português). Fortaleza de Sacsayhuamán, Peru, 2017.
▽

Cris Bouroncle/Agência France-Presse

3 A administração colonial espanhola

A descoberta de ricas jazidas de metais na América espanhola levou à criação de leis e de órgãos administrativos, visando ao **controle sobre a colônia**. Eram eles:

- **Casa de Contratação**: localizada na cidade portuária de Sevilha, na Espanha, era responsável pela organização e fiscalização do comércio entre a metrópole e suas colônias e por toda a imigração e navegação ao Novo Mundo.

- **Conselho Supremo das Índias**: responsável pela administração das colônias, elaboração de leis e fiscalização dos funcionários coloniais.

- **Sistema de portos únicos**: sistema segundo o qual somente alguns portos da Espanha e da América espanhola podiam efetuar transações com os produtos coloniais: na Espanha, o porto de Sevilha, onde funcionava a Casa de Contratação (veja a imagem abaixo), e o de Cádiz; na América, Veracruz (atual México), Porto Belo (atual Panamá) e Cartagena (atual Colômbia).

Com essas medidas, a metrópole espanhola garantia exclusividade e maior controle do comércio de suas colônias e acumulava lucros consideráveis, que lhe permitiram transformar-se em uma das maiores potências do século XVI.

Alamy/Fotoarena

O edifício onde funcionava a Casa de Contratação, em Sevilha, na Espanha, hoje abriga o Arquivo Geral das Índias. Criado em 1785, o arquivo abriga toda a documentação referente às colônias espanholas. Foto de 2017.

Os vice-reinados

O desenvolvimento das atividades exploradoras na América transformou as possessões espanholas em um vasto império. Para organizar, controlar e administrar as colônias, o Estado espanhol subdividiu-as em vice-reinados, cada um governado por um "vice-rei" que representava o monarca espanhol na região e era fiscalizado pelo poder central.

Localmente, foram criados os *cabildos* (espécie de câmara municipal), dos quais participavam *chapetones* (funcionários e colonos nascidos na Espanha) e *criollos* (colonos hispânicos nascidos na América). Os *chapetones* constituíam a camada mais privilegiada da sociedade colonial e ocupavam os altos cargos da administração.

Os vice-reinados e os principais portos da América espanhola e da Espanha (século XVII)

Os vice-reinados eram grandes áreas coloniais governadas por vice-reis. De início, foram fundados dois vice-reinados: o da Nova Espanha (ao norte do atual Panamá) e o do Peru (do Panamá para o sul). No século XVIII, o vice-reinado do Peru foi subdividido em Peru, Nova Granada e Prata. Completando a administração espanhola, foram criadas também as capitanias gerais.

Fonte: elaborado com base em ATLAS da história do mundo. São Paulo: Folha de S.Paulo, 1995. p. 161.

Mineração

A exploração de ouro e prata foi, nos primeiros anos da conquista, a principal atividade econômica das colônias espanholas.

Os metais eram extraídos pelas populações indígenas locais, submetidas a um regime de trabalho semelhante à servidão. Havia duas principais formas de trabalho compulsório: *mita* e *encomienda*.

A *mita* consistia no trabalho forçado dos indígenas nas minas de prata e ouro, com pagamento mínimo e insuficiente para a sua sobrevivência.

Na *encomienda*, a Coroa autorizava o colonizador a utilizar os nativos para trabalhar nas minas ou na agricultura, desde que fossem cristianizados. Os indígenas eram agrupados em grandes aldeamentos, sob o controle dos colonizadores.

Essas duas práticas contribuíram tanto para dizimar quanto para modificar práticas sociais e culturais dos grupos nativos.

Nas áreas menos povoadas, como era o caso do vice-reinado de Nova Granada, não havia mão de obra indígena em quantidade suficiente para realizar os trabalhos. Assim, esses locais receberam um número considerável de pessoas escravizadas vindas, principalmente, da África.

O cansativo trabalho nas minas custou a vida de milhões de nativos. A imagem, feita em 1596 por Theodore de Bry, ilustra a exploração nas minas de ouro e prata de Potosí, atual Bolívia. Galerias eram escavadas debaixo da terra para se chegar ao veio, onde se encontrava o metal.

Agricultura

Logo após o período das conquistas, as colônias espanholas passaram a praticar também a agricultura em grandes propriedades (chamadas *haciendas*), especialmente nas regiões da América Central e Antilhas. A pecuária também foi introduzida no México e na região do vice-reinado do Prata.

Os indígenas desligados de suas comunidades e os mestiços (nascidos, sobretudo, dos casamentos entre brancos e indígenas) passaram a trabalhar nas fazendas. Alguns deles eram arrendatários ou parceiros dos proprietários maiores. Outros, em troca do trabalho, recebiam um pequeno lote de terra para sua subsistência.

> **Arrendatário:** pessoa que arrenda (aluga) as terras de outrem.

Em geral esses trabalhadores não recebiam salário. Contraíam dívidas que jamais conseguiriam pagar nos armazéns pertencentes aos empregadores e acabavam vinculados às *haciendas* por período indeterminado.

4 Colonização portuguesa

Entre 1500 e 1530, a principal atividade econômica dos portugueses na América foi a exploração do pau-brasil, realizada nas áreas litorâneas. Em troca de ferramentas de metal e outros utensílios e adereços, os indígenas abasteciam os navios portugueses com a madeira, que era comercializada na Europa.

No início, os portugueses estavam mais interessados no comércio de especiarias orientais, que davam lucros extraordinários. Com o tempo, as ameaças de ocupação estrangeira do litoral e a diminuição do comércio oriental com as Índias alteraram a relação dos portugueses com a colônia.

Em 1531, desembarcou aqui **Martim Afonso de Sousa** para explorar, defender e colonizar as terras da América, que logo se tornariam parte importante do império colonial português.

No ano seguinte, Martim Afonso fundou a vila de São Vicente, a primeira povoação portuguesa na América. Ali, os portugueses introduziram a cultura da cana para produzir açúcar, um produto de alto valor comercial na Europa. Essa atividade econômica foi facilitada pela experiência que eles já tinham com esse cultivo nas ilhas atlânticas de Madeira e Açores.

Reprodução/Museu Paulista da Universidade de São Paulo, São Paulo, SP.

Fundação de São Vicente. Óleo sobre tela de Benedito Calixto de Jesus, feita em 1900. São Vicente foi erguida pelos portugueses e passou a produzir cana-de-açúcar. Anos mais tarde, a produção de açúcar da região declinou por causa do estabelecimento de novas áreas produtoras na colônia portuguesa.

 Saiba mais

O escambo

Já nos primeiros contatos com os habitantes do continente americano, os portugueses iniciaram o **escambo**, troca de produtos e serviços dos indígenas por mercadorias. Um navegador francês chamado Binot de Gonneville, que esteve na colônia entre 1503 e 1504, afirmou em seus relatos de viagem que os indígenas trocavam diversos artigos que interessavam aos europeus, como peles de animais, plumagens, madeira, etc., por "pentes, facas, machados, espelhos, miçangas e outras bugigangas, quinquilharias e coisas de baixo preço".

Aos olhos do europeu, parecia um absurdo que os povos nativos aceitassem objetos de pouco valor em troca de objetos valiosos na Europa, como o pau-brasil. Mas essa troca, aos olhos dos indígenas, tinha outra lógica. Se para os europeus espelhos ou machados de metal não representavam quase nada, para os indígenas eram objetos úteis, valiosos, que eles não sabiam fabricar.

Por sua vez, não pareceria mais incompreensível que os europeus fizessem uma longa e arriscada viagem para obter uma simples madeira, usada para tingir tecidos de vermelho? Não ocorria aos próprios portugueses questionar se, para os nativos, o seu comportamento também não poderia ser visto como tolo e sem sentido?

5 Colonização inglesa

A primeira tentativa inglesa de ocupação da América do Norte ocorreu entre 1584 e 1585 sob o reinado da rainha Elizabeth I, quando o explorador Walter Raleigh fundou a colônia de Virgínia. A iniciativa, porém, não teve sucesso, por causa dos inúmeros ataques dos nativos aos invasores. Ainda assim, a chegada de europeus à região e o contato com populações locais provocou, como no restante da América, enormes baixas na população nativa, devido a guerras ou epidemias de varíola, gripe, etc.

A partir do século XVII, a colonização inglesa ganhou novo impulso, com a fundação das companhias de comércio britânicas, como a Companhia de Londres e a Companhia de Plymouth, que favoreceram a fundação de novas colônias na América.

Óleo sobre cobre do artista alemão Jan Griffier, intitulado *Uma visão de Londres*. Obra produzida no século XVII.

Nessa época, muitos puritanos ingleses foram para a América, fugindo de perseguições religiosas. Juntou-se a eles um grande número de pessoas empobrecidas pelas profundas transformações econômicas decorrentes do declínio do sistema feudal. Entre essas transformações, destacava-se o **cercamento** das terras comunais, que eram cultivadas pelos camponeses na Idade Média. Essas terras se tornaram particulares e destinadas, sobretudo, à criação de ovelhas para a produção de lã.

A população rural perdeu seu meio de subsistência e migrou para as áreas urbanas, mas muitos não encontraram empregos nem abrigos, o que os motivou a emigrar para a América do Norte.

As primeiras colônias

Os migrantes que deixaram a Inglaterra em busca de uma vida mais segura e próspera no continente americano dirigiram-se especialmente para a parte setentrional (área que ficou conhecida como Nova Inglaterra) e para o centro da costa atlântica. Nesses locais eles fundaram as 13 primeiras colônias anglo-saxônicas.

Nas colônias inglesas do norte e do centro, a atividade agropastoril era feita em pequenas propriedades, com mão de obra livre assalariada, visando à subsistência ou à produção para o mercado interno. Essa região teve um desenvolvimento comercial e manufatureiro considerável.

Nas colônias inglesas ao sul, estabeleceu-se principalmente um sistema de plantação em vastas áreas denominado *plantation*, no qual uma aristocracia branca explorava o trabalho dos africanos escravizados. Tabaco, algodão e anil eram cultivados e exportados para a Europa.

Essas 13 colônias da América do Norte, localizadas na costa atlântica do continente, deram início aos atuais Estados Unidos da América.

Reprodução/Galeria Sabauda, Turin, Itália.

> **De olho na tela**
>
> **O Novo Mundo**. Direção: Terrence Malick. EUA, 2005. Narra a história dos contatos iniciais entre colonos ingleses e nativos da América do Norte.

> ▶ *Plantation* (ou plantagem): sistema de grandes propriedades trabalhadas por mão de obra africana escravizada e centradas na produção voltada para exportação.

As 13 colônias inglesas (século XVIII)

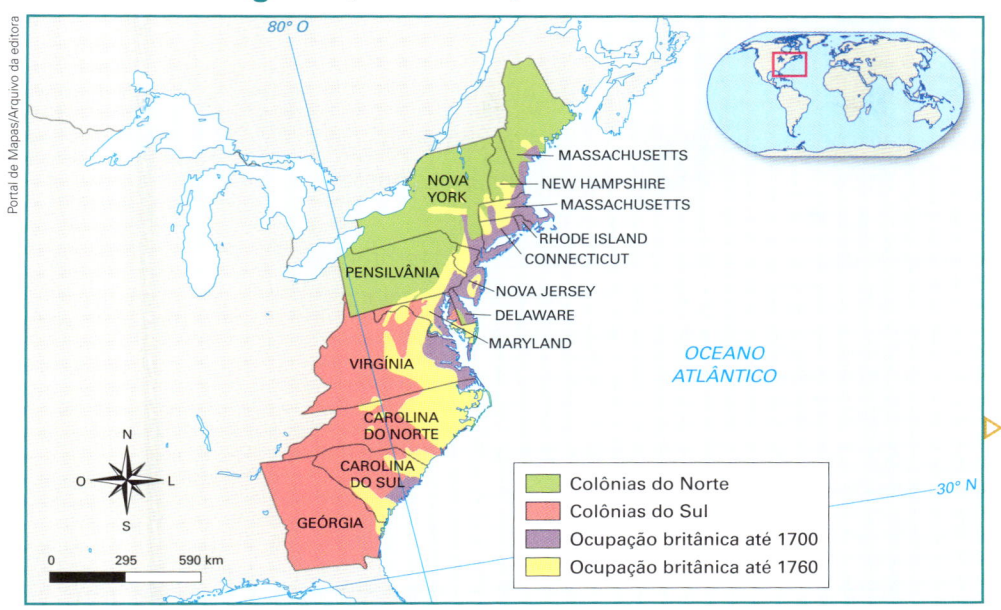

Portal de Mapas/Arquivo da editora

Fonte: elaborado com base em IBGE. *Atlas geográfico escolar*. Rio de Janeiro, 2009. p. 71; DUBY, Georges. *Grand Atlas Historique* Paris: Larousse, 2004. p. 301.

> No mapa é possível observar as áreas de ocupação britânica na América ao longo do século XVIII. Além disso, ele mostra as áreas das colônias do Norte e do Sul e seus respectivos nomes.

Construindo conceitos

Colônias de exploração e colônias de povoamento

Durante muito tempo, houve uma discussão entre pesquisadores sobre os tipos de colonização da América. Duas expressões, então, eram bastante utilizadas: colônias de exploração e colônias de povoamento.

De acordo com essa visão, os ingleses teriam estabelecido "colônias de povoamento" na América do Norte, em oposição aos espanhóis e portugueses, que teriam fundado "colônias de exploração" no restante do continente. Contudo, essa explicação não leva em conta inúmeras particularidades presentes no desenvolvimento colonial do continente.

A chegada dos pais peregrinos em Plymouth, Massachusetts, em dezembro de 1620. Litografia colorida publicada por Currier & Ives, 1876.

Tanto na América ibérica como na América inglesa existiram núcleos de povoamento (pequenos vilarejos construídos em torno de fortes militares, regiões portuárias e zonas de plantio). Assim como sob domínio inglês e sob domínio ibérico, foram comuns as atividades agrárias destinadas ao mercado externo, com mão de obra escravizada, e produção econômica voltada para o consumo da população colonial.

A diferença entre o domínio colonial ibérico e o inglês na América foi, de certa forma, a interferência dos governos metropolitanos no processo de colonização. As Coroas espanhola e portuguesa logo implantaram nas colônias estruturas administrativas e militares.

Na América inglesa ocorreu uma situação diferente. No século XVII, as agitações políticas na Inglaterra afastaram a Coroa britânica de uma fiscalização colonial intensa, o que possibilitou aos colonos viverem sob uma liberdade política e econômica que não ocorria nas colônias ibéricas. A exploração dos recursos naturais e a produção de manufaturas puderam ser desenvolvidas sem o controle da administração metropolitana.

6 Colonizações francesa e holandesa

Franceses e holandeses criaram, no século XVII, companhias de comércio cujo objetivo era estimular a ocupação de terras americanas. Dessa maneira, eles buscavam usufruir do vantajoso comércio colonial.

Os franceses ocuparam a região que hoje corresponde ao nordeste do território canadense, fundando, em 1608, a cidade de Quebec. A principal atividade dos colonos era a caça de animais para obtenção de pele e a agricultura de subsistência. Posteriormente, eles ocuparam a foz do rio Mississípi, fundando ali a colônia da Louisiana, que mais tarde faria parte do território estadunidense.

A Holanda, por intermédio da **Companhia de Comércio das Índias Orientais** e da **Companhia de Comércio das Índias Ocidentais**, controlou grande parte do comércio de produtos coloniais, transformando-se, no século XVII, em grande potência marítimo-comercial da Europa.

Interessados no domínio colonial americano, os holandeses fundaram, em 1623, um povoado chamado **Nova Amsterdã**, que, tempos depois, passou ao domínio inglês e se transformou na cidade de Nova York.

Tanto os franceses quanto os holandeses fundaram colônias também nas Antilhas e na região das Guianas, na América do Sul. Ocuparam, ainda, temporariamente partes do território da América portuguesa, como o Rio de Janeiro, Pernambuco e Maranhão.

O continente americano foi colonizado pelas metrópoles europeias, atraídas pelas riquezas que poderiam conseguir na exploração do Novo Mundo. Observe a distribuição de seus domínios na América.

Domínio colonial da América (século XVIII)

Baía de Hudson

60° O

Disputado por Rússia e Espanha

QUEBEC

LOUISIANA

TREZE COLÔNIAS

Trópico de Câncer

NOVA ESPANHA

OCEANO PACÍFICO

OCEANO ATLÂNTICO

Equador

0°

Domínio português

Trópico de Capricórnio

- Território britânico em 1763
- Território francês
- Território espanhol
- Território holandês
- Território inexplorado
- Território francês até 1763
- Território francês até 1783

0   915   1 830 km

N O L S

Portal de Mapas/Arquivo da editora

Fonte: elaborado com base em KINDER, Hermann et al. *The Anchor Atlas of World History*. New York: Doubleday, 1974. p. 276.

- A exploração do pau-brasil foi a principal atividade dos portugueses na América entre 1500 e 1530. A extração e o transporte da madeira eram feitos pelos indígenas, no sistema de escambo.

- A conquista da América pelos europeus dizimou grande parte da população nativa, por meio da disseminação de doenças, da subordinação violenta e da exploração do trabalho compulsório. A porção do continente colonizada pelos espanhóis forneceu ouro e prata à metrópole, tornando-a uma das maiores potências do século XVI. O controle da exclusividade comercial se dava pela fiscalização de órgãos, como a Casa de Contratação, o Conselho Supremo das Índias e o sistema de portos únicos.

- Na Idade Moderna, a atuação dos Estados europeus caracterizou-se por forte intervencionismo na economia, uma das práticas do que seria, mais tarde, chamado de política mercantilista. O mercantilismo contava ainda com a balança comercial favorável, o metalismo e o protecionismo para o acúmulo de riquezas. Somou-se também a colonização da América que serviu ao desenvolvimento mercantil e ao enriquecimento dos reinos europeus. Com a política colonialista, vastas áreas do continente foram subordinadas ao sistema econômico das metrópoles.

ATENÇÃO A ESTES ITENS

- A colonização inglesa no continente americano teve início no século XVII, com a fundação das companhias de comércio britânicas. Os colonizadores eram principalmente puritanos (que fugiam das perseguições religiosas) e pessoas expulsas do campo pelo processo de apropriação privada e cercamento das antigas terras comunais.

- Os espanhóis, os franceses e os holandeses, além dos ingleses, fundaram colônias na América do Norte. Os franceses e os holandeses também se estabeleceram nas Antilhas, na região das Guianas e em partes da América portuguesa.

POR QUÊ?

- A formação dos países do continente americano está relacionada à expansão mercantil e ao colonialismo europeu.

- Vários elementos da nossa sociedade atual, como as práticas culturais, a formação étnica da população americana, a situação dos povos indígenas e dos afrodescendentes, entre outros, têm origem no passado colonial.

- Além da dizimação de boa parte da população nativa da América, a colonização enfrentou resistências e firmou uma herança de exclusão e marginalização de grande parte dos descendentes indígenas das nações americanas.

ATIVIDADES

Retome

1▸ Compare as principais diferenças entre a colonização espanhola e a portuguesa.

2▸ Identifique as limitações do uso das expressões "colônias de povoamento" e "colônias de exploração".

3▸ Explique, com suas palavras, o que você entendeu sobre o conceito de pacto colonial.

4▸ Quando e como se iniciou a colonização inglesa da América do Norte? Identifique quem eram as pessoas que se dirigiam para lá.

5▸ Identifique os países que colonizaram a América do Norte, além da Inglaterra, e quais regiões cada um deles ocupou. Depois, preencha o quadro abaixo.

País	Região(ões) ocupada(s)	Principais características da ocupação

Compare dois pontos de vista

6▸ Cada um dos textos a seguir foi escrito por um historiador diferente. Eles tratam do significado da colonização da América portuguesa e das colônias espanholas. Leia os textos e depois responda às questões.

Se vamos à essência de nossa formação, veremos que na realidade nos constituímos para fornecer açúcar, tabaco e alguns outros gêneros; mais tarde, ouro e diamantes; depois, algodão e, em seguida, café, para o comércio europeu. Nada mais que isso. É com tal objetivo, objetivo exterior, voltado para fora do país e sem atenção a considerações que não fossem o interesse daquele comércio, que se organizarão a sociedade e a economia brasileiras. [...] Virá o branco europeu para especular, realizar um negócio; inverterá seus cabedais e recrutará a mão de obra de que precisa; indígenas ou negros importados. Com tais elementos, articulados numa organização puramente produtora, industrial, se constituirá a colônia brasileira.

PRADO JÚNIOR, Caio. *Formação do Brasil contemporâneo.* São Paulo: Brasiliense, 1942. p. 31-32.

Os portugueses e os espanhóis transportaram, pelo Atlântico, não apenas mercadorias, mas preocuparam-se também em levar para as colônias objetos, formas, erguendo cidades num esforço para produzir, em quantidade, símbolos de dominação cultural. Era necessário delegar ao emigrado e seus descendentes a identidade que desfrutava como antigo protagonista da cena europeia. O que estava em questão não era apenas a sobrevivência do colonizador, mas também a manutenção de sua plenitude cultural frente ao desafio imposto por outras civilizações. Se tomarmos, por exemplo, as igrejas e todo o trabalho artesanal necessário para construí-las, teremos a medida da força expressiva contida em cada um de seus detalhes e o significado de sua presença na vida colonial.

SILVA, Janice Theodoro da. *Descobrimentos e colonização.* São Paulo: Ática, 1991. p. 10.

▸ **Cabedal:** riqueza, bens, posses, habilidades e conhecimentos.
▸ **Delegar:** transmitir ou conceder poderes a outra pessoa.
▸ **Protagonista:** ator principal.
▸ **Plenitude:** aquilo que esta completo, a totalidade.

a) Segundo Caio Prado Júnior, autor do primeiro texto, quais eram os interesses dos portugueses na colonização da América? De que maneira eles interferiam na formação da América portuguesa?

b) Para a autora do segundo texto, Janice Theodoro da Silva, quais eram as preocupações dos portugueses e espanhóis no processo de colonização? Que exemplo ela cita?

c) Quais são as diferenças de ideias entre os dois textos?

d) Em sua opinião, por que essas diferenças existem? Qual posição parece mais adequada?

Interprete um texto

7▸ Leia a seguir um trecho do livro *As veias abertas da América Latina,* do escritor uruguaio Eduardo Galeano.

Aquela sociedade potosina, enferma de ostentação e desperdício, só deixou na Bolívia a vaga memória de seus esplendores, as ruínas de seus templos e

▸ **Potosino:** relativo a Potosí, antiga cidade inca e atual cidade da Bolívia.

palácios e oito milhões de cadáveres de índios. Qualquer diamante incrustado no escudo de um cavaleiro rico valia mais do que um índio podia ganhar em toda a sua vida de *mitayo*, mas o cavaleiro fugiu com os diamantes. **A Bolívia, hoje um dos países mais pobres do mundo, poderia vangloriar-se — se isso não fosse pateticamente inútil — de ter alimentado a riqueza dos países mais ricos**. Em nossos dias, Potosí é uma pobre cidade da pobre Bolívia [...]. Esta cidade condenada à nostalgia, atormentada pela miséria e pelo frio, é ainda uma ferida aberta do sistema colonial na América: uma acusação ainda viva.

▶ *Mitayo*: nativo que pagava o tributo *mita*, serviço a ser prestado aos colonizadores nas minas e propriedades.

GALEANO, Eduardo. *As veias abertas da América Latina*. Rio de Janeiro: Paz e Terra, 1979. p. 44.

a) Qual era a civilização pré-colombiana que habitava a região da Bolívia na época da conquista espanhola e é citada por Eduardo Galeano?

b) De acordo com Galeano, como era essa sociedade na época da conquista espanhola e como é nos dias de hoje?

c) Explique a frase destacada em negrito no texto.

d) Qual é, segundo o autor, a "acusação ainda viva" encontrada na Bolívia que explica o sistema colonial espanhol?

Autoavaliação

1. Quais atividades você considerou mais fáceis e mais difíceis? Por quê?

2. Em quais atividades você utilizou o texto do capítulo como base para sua resposta?

3. Algum ponto do capítulo não ficou muito claro para você? Qual?

4. Você compreendeu o esquema *Mapeando saberes*? Explique-o.

5. Você saberia apontar exemplos da atualidade considerando o que aprendeu no item *Por quê?* do *Mapeando saberes*?

6. Como você avalia sua compreensão dos assuntos tratados neste capítulo?

» **Excelente**: não tive nenhuma dificuldade.

» **Boa**: tive algumas dificuldades, mas consegui resolvê-las.

» **Regular**: foi difícil compreender certos conceitos e resolver as atividades.

» **Ruim**: tive muitas dificuldades, tanto no conteúdo quanto na realização das atividades.

Vista da cidade velha de Potosí, na Bolívia. Ao fundo, a montanha Cerro Rico. Foto de 2017.

iStockphoto/Getty Images

Roda de conversa

O racismo no Brasil atual

Neste semestre, a proposta de projeto é a realização de uma roda de conversa. A roda de conversa é uma dinâmica importante que visa promover a interação e o diálogo entre toda a sala e o professor. Neste tipo de atividade, trata-se de um assunto que geralmente é pesquisado e analisado previamente pelos participantes.

O tema da roda de conversa proposta é o racismo no Brasil atual. Para desenvolvê-lo, é preciso reconhecer as origens do racismo na história do Brasil, que serão estudadas neste livro durante o semestre. Além disso, você e seus colegas pesquisarão sobre racismo e seus impactos na realidade brasileira atual.

A seguir, você vai conhecer um pouco mais sobre o tema e sobre a forma de organizar a roda de conversa, que será a primeira parte do projeto a ser desenvolvido durante todo o segundo semestre. A segunda parte encontra-se ao final do capítulo 12 deste livro (p. 234 e 235).

Conhecendo o tema

No decorrer deste semestre, você vai estudar, entre outros assuntos, alguns legados na constituição e na formação da sociedade brasileira atual provenientes de uma sociedade escravista. Essa prática de trabalho compulsório que vigorou até cerca de um século e meio atrás deixou marcas e diversas consequências ainda percebidas nos dias atuais. Uma delas é a desigualdade racial, presente nas instituições ou nas relações de cidadania do Brasil. De a derivam o preconceito e o racismo, que, declarado ou <u>velado</u>, acomete grande parte da população negra brasileira.

▶ **Velado:** disfarçado, dissimulado.

Com base nessas informações, reflita: De quais maneiras o racismo se manifesta no Brasil? É possível percebê-lo na realidade em que você vive? Como se pode combatê-lo? O governo brasileiro adota medidas que visam solucionar esse problema?

O objetivo deste projeto é responder a essas perguntas, pesquisando e discutindo o assunto com a comunidade do local onde você vive. Ao envolver as pessoas de sua comunidade no projeto, é possível torná-las mais sensíveis ao tema, que ainda é um sério problema no país. A partir das perguntas, você e seus colegas devem organizar a roda de conversa, que ocorrerá no fim do semestre.

Um jantar brasileiro, aquarela de Jean-Baptiste Debret, de 1827. A obra representa uma cena de jantar da sociedade patriarcal e escravista: uma mesa farta à disposição do casal senhorial (brancos), rodeado por escravos serviçais. Enquanto o senhor está concentrado na comida, a senhora repassa pedaços de alimentos aos filhos dos escravizados, que estão ao chão e nus.

Reprodução/Museus Castro Maya, Rio de Janeiro

Planejamento

A fase de planejamento é muito importante para que a roda de conversa seja proveitosa e atinja seus objetivos. Para planejá-la, siga estas etapas:

1▸ Sob a orientação do professor, organize-se com seus colegas em grupos de cinco ou seis pessoas. Com base nas perguntas indicadas em *Conhecendo o tema*, cada grupo deve pesquisar o tema em livros, revistas e na internet. No boxe desta página, indicamos alguns *sites* que podem ajudar na pesquisa.

2▸ Uma parte da pesquisa deve focar na escravidão no Brasil colonial e imperial. Pesquisem a escravidão africana e como eram tratados os escravizados desde sua captura naquele continente, passando pela travessia do Atlântico nos navios negreiros, até as condições de vida e trabalho no Brasil. Durante o semestre, vocês também estudarão o tema no livro. A outra parte da pesquisa deve ser direcionada de modo a responder às perguntas indicadas.

3▸ Com o auxílio do professor, elabore, em conjunto com a classe, um roteiro de entrevista sobre preconceito e discriminação racial. O roteiro deve abordar as experiências pessoais dos entrevistados sobre o assunto: se eles já sofreram discriminação por causa da cor de sua pele e, em caso afirmativo, em que ocasião isso ocorreu, como eles lidaram com a situação, etc. Considerando que a entrevista se refere à vivência do racismo no dia a dia, é importante que os entrevistados se identifiquem como negros, ou seja, as pessoas que sofrem com esse tipo de preconceito. Com base no roteiro, entreviste seus familiares (caso existam pessoas negras em sua família) ou outros adultos que você conhece em seu bairro, em lugares que você frequenta, etc.

4▸ Além da pesquisa e da entrevista, você adotará outro método investigativo para compreender a questão do racismo no Brasil atual, que é o trabalho de campo. Você deve ir a algum lugar de grande movimento comercial em sua cidade: pode ser um *shopping* ou uma rua conhecida pelo intenso comércio. É importante que você esteja sempre acompanhado por um adulto responsável. No lugar escolhido, você deve observar alguns aspectos da estrutura social do local: como ela é dividida? Os cargos são ocupados por brancos e negros na mesma proporção? Quem são os frequentadores do lugar? Essas são algumas perguntas destinadas a orientar sua análise. Caso não seja possível ir aos lugares propostos, você pode fazer essa pesquisa observando a presença de pessoas negras na mídia, ou seja, em telejornais, novelas e afins. Registre suas observações por escrito.

5▸ Durante o semestre, reúna-se regularmente com seu grupo e discutam os dados coletados nas pesquisas, nas entrevistas e no trabalho de campo. Após as discussões, cada grupo deve escrever um texto resumindo e comparando essas informações.

O encerramento deste projeto, que envolve a realização da roda de conversa propriamente dita, será tratado mais detalhadamente no capítulo 12. Lembre-se de que é muito importante que você e seu grupo realizem as atividades aqui propostas no decorrer do semestre, para evitarem o acúmulo de tarefas e uma sobrecarga na reta final do projeto.

⊙ Dicas de pesquisa

Para facilitar sua pesquisa, indicamos alguns *sites* que abordam o tema do racismo no Brasil, bem como suas raízes históricas:

ATRIZ Taís Araújo é alvo de comentários racistas em rede social. *G1*, 1º nov. 2015. Disponível em: <www.g1.globo.com/rio-de-janeiro/noticia/2015/11/atriz-tais-araujo-e-alvo-de-comentarios-racistas-em-rede-social.html>.

DIAS, Tatiana. Cinco relatos que dão a dimensão do racismo no Brasil hoje. *Nexo*, 31 dez. 2015. Disponível em: <www.nexojornal.com.br/expresso/2015/12/31/Cinco-relatos-que-d%C3%A3o-a-dimens%C3%A3o-do-racismo-no-Brasil-hoje>.

"MACHUCA de verdade", diz Ludmilla sobre comentários racistas na *web*. *G1*, 23 maio 2016. Disponível em: <www.g1.globo.com/rio-de-janeiro/noticia/2016/05/machuca-de-verdade-diz-ludmilla-sobre-comentarios-racistas-na-web.html>.

NEGROS são os mais afetados por desigualdades e violência no Brasil, alerta agência ONU. Organização das Nações Unidas (ONU), 22 mar. 2017. Disponível em: <https://nacoesunidas.org/negros-sao-mais-afetados-por-desigualdades-e-violencia-no-brasil-alerta-agencia-da-onu/>.

OLIVEIRA, Tory. Seis estatísticas que mostram o abismo racial no Brasil. *Carta Capital*, 20 nov. 2017. Disponível em: <www.cartacapital.com.br/sociedade/seis-estatisticas-que-mostram-o-abismo-racial-no-brasil>.

"O RACISMO mata e não podemos ser indiferentes", diz ONU Brasil em lançamento da campanha #VidasNegras. Organização das Nações Unidas (ONU), 8 nov. 2017. Disponível em: <https://nacoesunidas.org/o-racismo-mata-e-nao-podemos-ser-indiferentes-diz-onu-brasil-em-lancamento-da-campanha-vidasnegras/>.

RONCOLATO, Murilo. A caminhada do movimento negro no Brasil. *Nexo*, 24 nov. 2015. Disponível em: <www.nexojornal.com.br/especial/2015/11/24/A-caminhada-do-movimento-negro-no-Brasil>.

SANZ, Beatriz. Racismo não dá descanso e impacta a saúde e o trabalho dos negros no Brasil. *El País*, 20 nov. 2017. Disponível em: <www.brasil.elpais.com/brasil/2017/11/17/politica/1510954056_774052.html>.

Acesso em: 28 ago. 2018.

8

A administração na América portuguesa

Sergio Ranalli/Pulsar Imagens

Vista de colheita mecanizada de cana-de-açúcar em Jaboticabal, São Paulo. Foto de 2018.

Brasil colonial ou América portuguesa? Na verdade, tanto uma como outra expressão denominam a mesma região.

Na América espanhola, a área colonizada pela Espanha se encontrava dividida em diversas unidades administrativas chamadas vice-reinados. Não existiam ainda os países que hoje formam a América Latina. Esses países só surgiriam muito depois, no século XIX, quando os povos dessas regiões conquistaram sua independência política.

O mesmo ocorreu com o Brasil. Embora os portugueses já se referissem a seus territórios na América como "Brasil" ou "terras brasileiras", alguns historiadores preferem chamá-los de "América portuguesa". Assim, evitam confusões entre o antigo domínio colonial português e o Brasil atual, que só surgiu como país independente no século XIX. Além disso, os limites do Brasil atual são bem diferentes daqueles que existiam no período colonial.

Delimitadas pelo Tratado de Tordesilhas, de 1494, as fronteiras iniciais da colônia portuguesa se estenderam pouco a pouco em direção ao oeste até atingir os contornos mais próximos aos atuais.

Para começar 🗨

Observe a imagem e responda às questões.

1. A imagem mostra uma paisagem natural ou cultural (modificada)? Explique.

2. A observação da imagem e a leitura da legenda indicam que uma única espécie vegetal é cultivada na área fotografada. Que destino você imagina que tenha a produção feita na propriedade?

1 A ocupação da América portuguesa

Como vimos no capítulo 7, a ocupação sistemática da América portuguesa teve início em 1531, com Martim Afonso de Sousa. Nessa época, os empreendimentos mercantis portugueses na Índia e na China tornavam-se cada vez menos lucrativos e a Coroa estava interessada em buscar novas fontes de riqueza.

Era preciso, também, garantir o domínio dos territórios na América, diante das ameaças e dos ataques de holandeses e franceses. Assim, buscou-se promover sua ocupação, atraindo colonos com a promessa de riquezas, títulos e honrarias.

LINHA DO TEMPO

América colonial ibérica segundo o Tratado de Tordesilhas (século XVI)

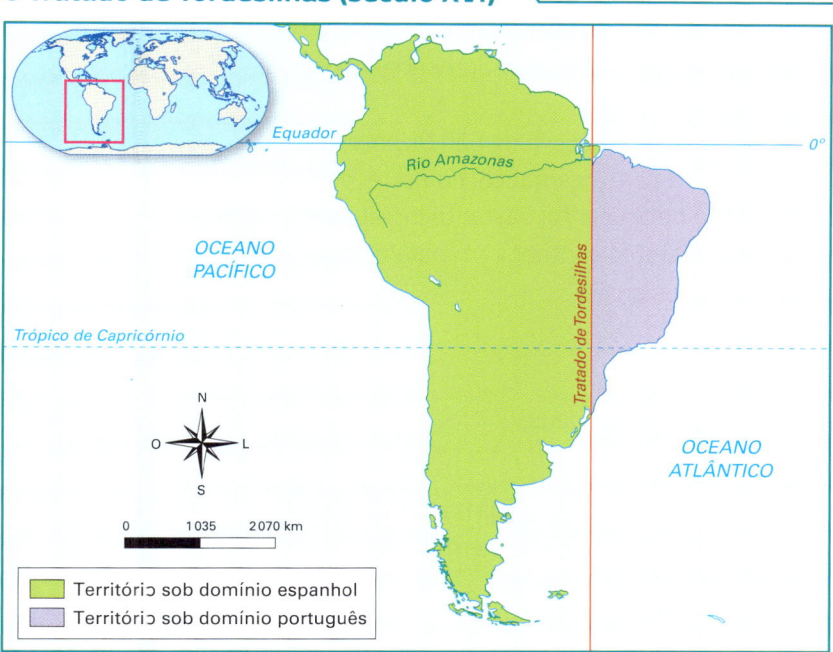

Fonte: elaborado com base em ATLAS histórico escolar. Rio de Janeiro: MEC/Fename, 1996.

As capitanias hereditárias

De início, a extração do pau-brasil, principal atividade dos portugueses na América, não levara à fixação de colonos. Esse tipo de exploração não demandava a formação de núcleos populacionais.

Na década de 1530, a Coroa portuguesa na América começou a produzir **açúcar**, artigo muito valorizado na Europa. Seu comércio gerava grandes lucros, como mostrou a experiência dos portugueses na ilha da Madeira e nos Açores. Para implantar esse cultivo, o rei dom João III decidiu usar um sistema que tivera sucesso naquelas ilhas: a divisão do território em grandes lotes, doados a fidalgos portugueses, chamados **donatários**.

1500-1530
Expedições exploradoras e guarda costeira (pau-brasil)

1534-1536
Capitanias hereditárias (donatários)

1534-1540
Fundação da Companhia de Jesus e seu reconhecimento papal

1549
Governo-Geral de Tomé de Sousa (capital: Salvador)

1551
Criação do primeiro bispado (Bahia)

1580-1640
União Ibérica

1640
Restauração da dinastia de Bragança

1642
Conselho Ultramarino

Linha do tempo esquemática. O espaço entre as datas não é proporcional ao intervalo de tempo.

▶ **Fidalgo:** membro da sociedade portuguesa que possuía título de nobreza.

Os donatários poderiam explorar economicamente as terras do novo continente, com seus próprios recursos, desde que pagassem à Coroa parte dos lucros obtidos.

Assim, em 1534, Portugal dividiu sua colônia americana em 15 faixas de terra denominadas **capitanias hereditárias**, que foram doadas a 12 donatários.

As relações entre o rei, os donatários e os colonos eram estabelecidas pela **carta de doação**. Nela, o donatário era definido como ocupante da terra, mas esta continuava sob o domínio do rei de Portugal. De acordo com a carta de doação, o donatário deveria:

- colonizar a capitania, fundando vilas;
- policiar suas terras, protegendo os colonos contra ataques de indígenas e estrangeiros;
- fazer cumprir o monopólio real do pau-brasil e do comércio colonial e, no caso de serem encontrados metais preciosos, pagar um quinto de seu valor à Coroa.

Outro documento, chamado de **foral**, estabelecia direitos e deveres entre a Coroa e os donatários. As terras recebidas não podiam ser vendidas, pois pertenciam ao rei. Em compensação, o donatário podia transferir a capitania a seus herdeiros (daí se chamar capitania **hereditária**) e tinha o direito de doar **sesmarias** (vastas propriedades) a colonos católicos, utilizar indígenas para o trabalho agrícola, montar engenhos, cobrar impostos e ainda exercer a justiça em seus domínios.

De todas as capitanias, apenas duas tornaram-se viáveis: a de São Vicente, no sul, cujo donatário era Martim Afonso de Sousa, e a de Pernambuco, no norte, pertencente a Duarte Coelho. Nesses locais, o cultivo de açúcar foi bastante lucrativo e permitiu a continuidade da colonização. Diversos fatores contribuíram para o insucesso da maioria das capitanias hereditárias, entre os quais:

- a distância em relação à metrópole;
- a grande extensão territorial;
- a resistência dos indígenas aos conquistadores europeus;
- os ataques dos corsários franceses;
- o desinteresse dos donatários, pois muitos não conseguiam arcar com as despesas para a colonização de suas capitanias e, por isso, nem chegaram a tomar posse delas.

Minha biblioteca

Capitães do Brasil: a saga dos primeiros colonizadores, de Eduardo Bueno. Objetiva, 1999. O livro destaca a aventura dos capitães donatários e trata das capitanias hereditárias e do projeto de colonização da Coroa portuguesa.

Construindo conceitos

Patrimonialismo

Chamamos patrimonialismo ao costume de empregar recursos públicos (o "patrimônio") em benefício privado (ou seja, com interesses individuais). Essa prática data do período colonial e era bastante comum em Portugal.

Para conquistar o apoio do clero, da nobreza e da alta burguesia, a Coroa concedia-lhes terras, cargos, títulos e rendimentos, sempre com recursos do Estado. Essa prática foi reproduzida na América portuguesa por senhores de terras. Funcionários da Coroa se valiam de sua posição e das riquezas arrecadadas na administração colonial para beneficiar amigos e pessoas próximas. Com isso, mantinham sob controle uma clientela fiel que lhes devia inúmeros favores.

Os funcionários e os administradores, assim como o monarca, agiam como se não houvesse distinção entre o que era de sua propriedade privada e aquilo que era de domínio público.

No Brasil, essas práticas permanecem ainda hoje, pois alguns governantes e autoridades usam e abusam do patrimônio público, conquistando vantagens particulares para si e para seus aliados.

A representação das capitanias

Abaixo temos mapas representando duas visões da divisão da colônia em capitanias hereditárias (1534-1536).

Visão mais antiga da divisão em capitanias hereditárias

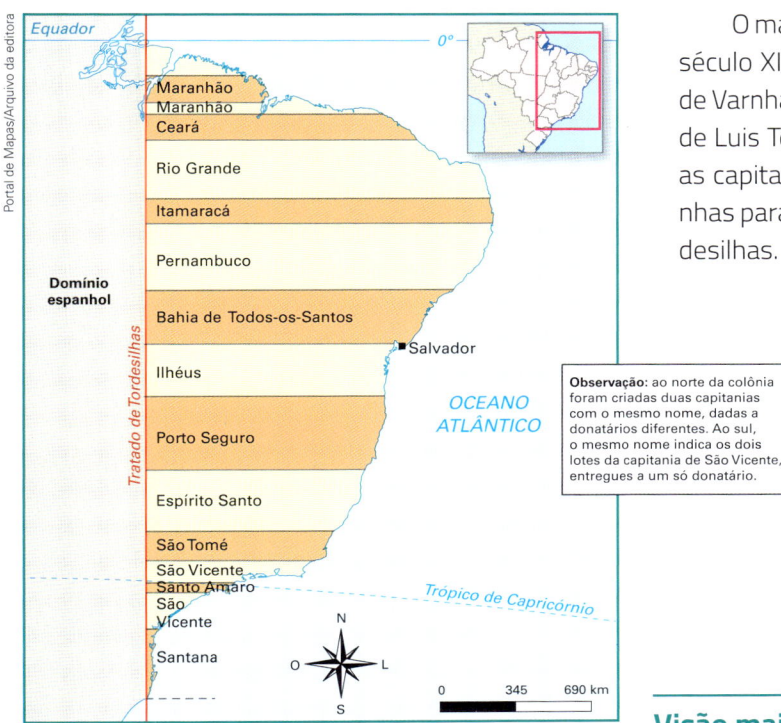

O mapa ao lado apresenta a visão mais antiga, do século XIX. Seu autor, o historiador Francisco Adolfo de Varnhagen (1816-1878), baseou-se na cartografia de Luis Teixeira, de 1586. De acordo com essa visão, as capitanias eram representadas nos mapas em linhas paralelas que iam do litoral ao meridiano de Tordesilhas.

Observação: ao norte da colônia foram criadas duas capitanias com o mesmo nome, dadas a donatários diferentes. Ao sul, o mesmo nome indica os dois lotes da capitania de São Vicente, entregues a um só donatário.

Fonte: elaborado com base em ALBUQUERQUE, M. et. al. *Atlas histórico escolar*. Rio de Janeiro: MEC/Fename, 1991. p. 16.

O mapa ao lado apresenta uma visão recente, de 2013, elaborada pelo engenheiro e professor da Escola Politécnica da USP, Jorge Pimentel Cintra, membro do Instituto Histórico e Geográfico de São Paulo. Cintra recorreu a várias fontes documentais e cálculos mais precisos. Sua versão aponta algumas alterações, principalmente no norte/nordeste, com capitanias indo do norte para o sul.

Visão mais recente da divisão em capitanias hereditárias

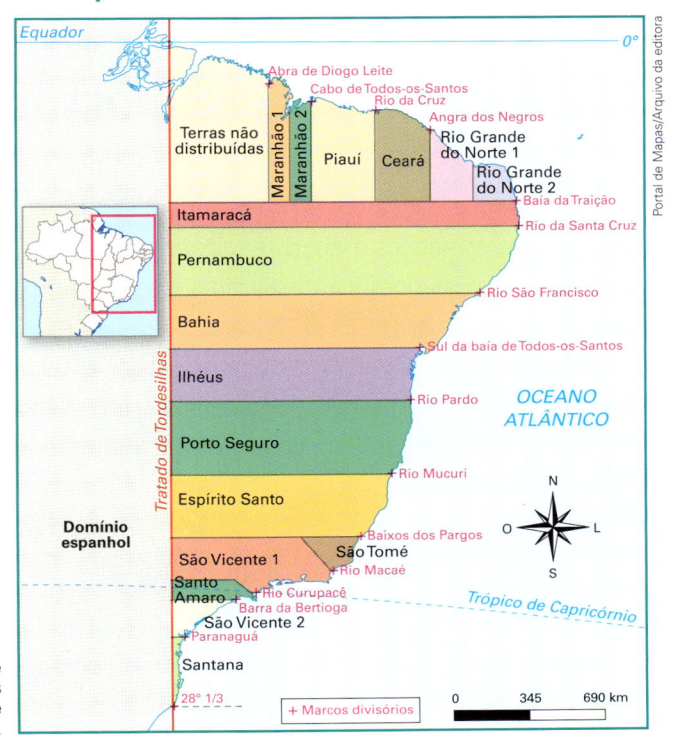

Fonte: elaborado com base em CINTRA, Jorge Pimentel. Reconstruindo o mapa das capitanias hereditárias. *Anais do Museu Paulista*: História e cultura medieval. v. 21, n. 2, 2013. p. 35.

2 Os governos-gerais

Considerando os problemas das capitanias hereditárias, dom João III decidiu centralizar a administração colonial, criando o cargo de **governador-geral**. Essa medida contribuiu para a ocupação e a exploração mais efetiva do território americano.

O sistema de governo-geral complementou o das capitanias hereditárias. O governador-geral, nomeado pelo rei, deveria cuidar da colonização e da justiça, organizar as rendas, nomear funcionários para as capitanias, incentivar a lavoura de cana, procurar metais preciosos, defender os colonos e explorar o pau-brasil.

Seus auxiliares diretos eram o ouvidor-mor (justiça), o provedor-mor (finanças) e o capitão-mor (defesa e vigilância do litoral). A primeira sede do governo-geral foi a capitania da Bahia de Todos-os-Santos, transformada em **capitania real**.

O primeiro governador-geral foi Tomé de Sousa, que em 1549 se instalou na Bahia de Todos-os-Santos, onde organizou um núcleo urbano que seria a primeira cidade do Brasil e capital da colônia, Salvador. Centenas de colonos vieram com ele para formar fazendas nas sesmarias doadas, com o objetivo de cultivar cana.

Duarte da Costa foi o próximo governador-geral. Em 1553, trouxe colonos e jesuítas, incluindo José de Anchieta. Durante seu governo, os franceses tentaram estabelecer uma colônia na região do atual Rio de Janeiro, iniciando uma guerra que durou mais de dez anos.

O combate aos franceses ocupou também o governo seguinte, de Mem de Sá, que chegou à América portuguesa em 1557 e fortaleceu a colonização. Ele organizou, em várias regiões da colônia, as **missões** ou **reduções**, expulsou os invasores franceses, controlou os indígenas que se rebelavam contra a colonização e fortaleceu as atividades econômicas da América portuguesa.

De olho na tela

Hans Staden. Direção: Luiz Alberto Pereira. Brasil, 1999. Narra a história do soldado e marinheiro alemão Hans Staden, que, no início do século XVI, foi capturado pelos Tupinambá, inimigos dos colonizadores portugueses.

Jesuítas na América portuguesa

As missões ou reduções eram agrupamentos indígenas dirigidos por missionários jesuítas, que chegaram à América para converter os indígenas ao catolicismo. Nas missões, os nativos eram catequizados e aprendiam os hábitos e costumes dos colonizadores. Essa prática desagradava aos colonos, que eram impedidos pelos missionários de escravizar os nativos.

A Coroa procurava administrar a rivalidade entre colonos e jesuítas. Se, por um lado, era importante que os colonos utilizassem os nativos na produção, por outro, as missões jesuíticas eram necessárias para garantir a ocupação do território e pacificar comunidades indígenas.

Somente a partir de 1570, quando Portugal passou a incentivar a importação de africanos escravizados, as disputas entre colonos e jesuítas diminuíram.

Os indígenas cristianizados perdiam os elos com sua cultura original, mas também não eram aceitos como indivíduos livres e iguais na sociedade colonial. Apesar disso, foram os jesuítas que preservaram muitas tradições culturais indígenas, como a língua tupi.

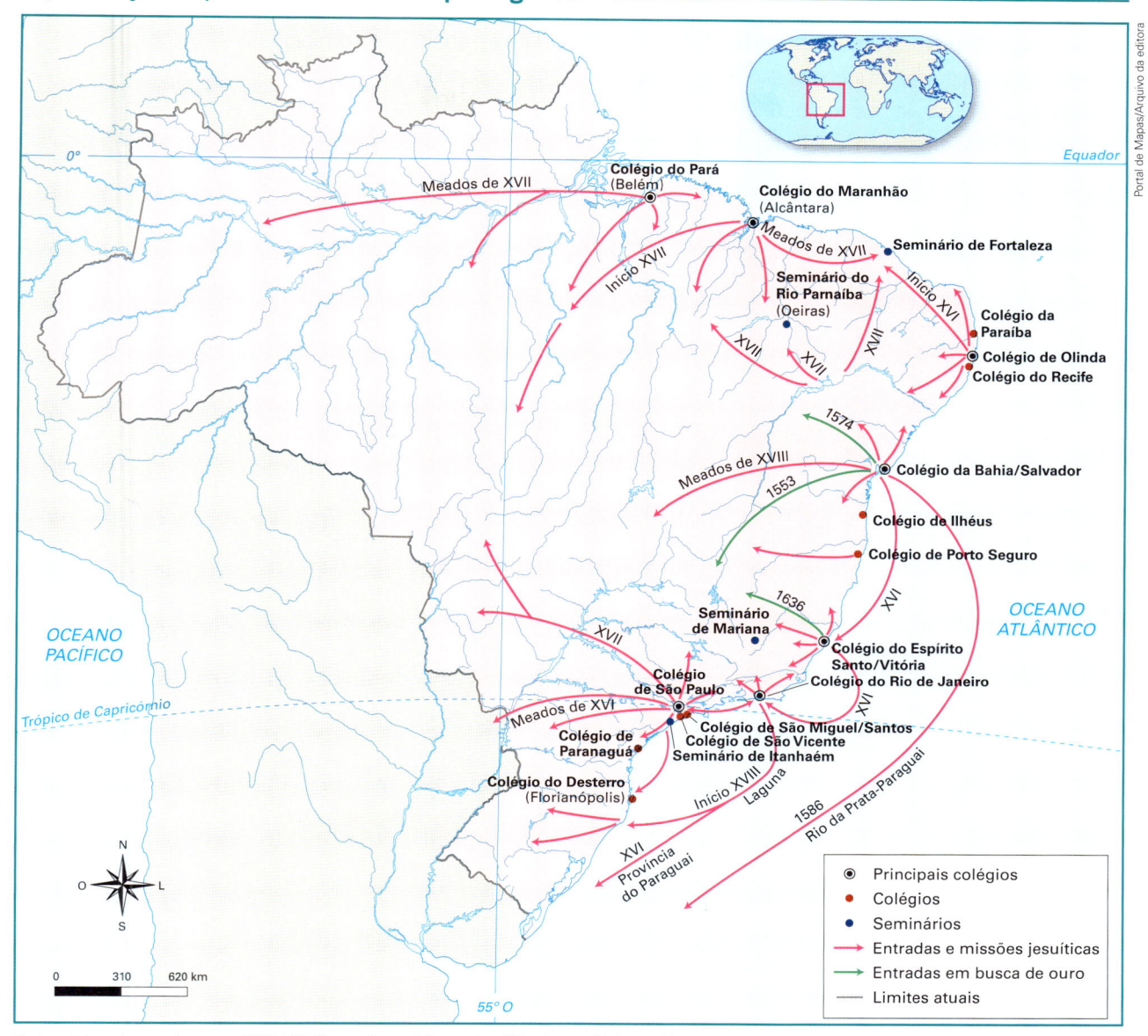

Fonte: elaborado com base em RINALDI, Renan Amauri Guaranha. *Missões, colégios e aldeamentos jesuíticos no Brasil colônia*: ocupação territorial das capitanias do sul (1549-1759). Campinas: Editora da PUCC, 2003. p. 62.

A Confederação dos Tamoio

O grupo de franceses, que em 1555 ocupou a costa da região da atual cidade do Rio de Janeiro, tinha a intenção de formar uma colônia, chamada de **França Antártica**. Tentando ganhar o apoio dos nativos, os franceses fizeram uma aliança com os Tamoio que habitavam a área e eram inimigos dos portugueses, pois estes os escravizavam. Assim, formou-se a **Confederação dos Tamoio**, que dificultou a expulsão dos franceses.

Em março de 1560, com o apoio de uma armada vinda da metrópole, os portugueses tomaram a principal fortificação francesa, mas não conseguiram expulsá-los. Nesse confronto, José de Anchieta e Manuel da Nóbrega tiveram atuação fundamental, levando os Tamoio a desfazerem seu acordo com os franceses e a não lutarem contra as forças reais.

Em 1565, aproveitando-se das derrotas francesas, Estácio de Sá, sobrinho do governador Mem de Sá, lançou as bases para a fundação da vila que viria a tornar-se a cidade de **São Sebastião do Rio de Janeiro**. Seus objetivos eram estabelecer o domínio luso na região, expulsar os colonos da França Antártica, pacificar os indígenas, explorar os bens da costa brasileira e combater as embarcações francesas que ainda traficavam na América portuguesa. Em 1567, os portugueses conseguiram expulsar os franceses.

 De olho na tela

Vermelho Brasil. Direção: Sylvain Archambault. Brasil/França/Canadá/Portugal, 2014. Baseado no livro do escritor francês Jean-Christophe Rufin, o filme conta a história da expedição de Nicolas Durand de Villegaignon ao Brasil por volta dos anos 1550 e sua luta para criar uma colônia, a chamada França Antártica.

 ## Saiba mais

Não é raro pensarmos que o progressivo **povoamento** das Américas foi realizado com as levas sucessivas de colonizadores e escravizados que vieram para cá. Ou seja, a população crescia conforme a América portuguesa se desenvolvia. Contudo, se tomarmos as populações indígenas como referência, essa lógica se inverte.

A partir de 1500, a história indígena no território que hoje é o Brasil é de **despovoamento**. Os nativos, que eram milhões de pessoas naquela época são, atualmente, poucas centenas de milhares. Se considerarmos, então, o conjunto de toda a América, essa inversão na proporção é ainda mais gigantesca.

 ## Saiba mais

Alianças indígenas na América portuguesa

Os indígenas reagiram de formas diversas à presença dos colonizadores e à chegada de invasores, como holandeses e franceses. Eles desenvolveram formas de alianças que priorizavam, acima de tudo, seus interesses, decidindo a quem se aliar.

Alguns apoiavam os portugueses, se considerassem isso uma oportunidade para lutar contra seus inimigos tradicionais. Outros grupos preferiam apoiar franceses e holandeses, mas tinham o mesmo objetivo: derrotar seus rivais nativos.

Podemos citar como exemplo:

- os guerreiros Temiminó liderados por Arariboia, que se aliaram aos portugueses para derrotar os franceses na baía de Guanabara, em 1560, no Rio de Janeiro. Os franceses, por sua vez, recebiam apoio dos Tamoio.
- o chefe Tupiniquim Tibiriçá, importante para o avanço português na região de São Vicente e no planalto de Piratininga. Ele combatia rivais Tupiniquim e os "Tapuia" Guaianá, além de escravizar os Carijó para os portugueses.
- o chefe Potiguar Zorobabé, na Paraíba e Rio Grande do Norte, aliado de franceses, em fins do século XVI, e de portugueses, recrutado para combater os Aymoré na Bahia e para reprimir grupos fugidos de escravizados africanos.

Fonte: IBGE. *Brasil 500 anos*. Disponível em: <https://brasil500anos.ibge.gov.br/territorio-brasileiro-e-povoamento/historia-indigena/relacoes-entre-nativos-e-colonizadores>. Acesso em: 3 maio 2018.

O texto a seguir é o trecho de uma carta escrita pelo padre Anchieta (1534-1597).

Anchieta foi o missionário que fundou o colégio jesuíta em torno do qual se organizou a vila de São Paulo de Piratininga. Ele escreveu cartas, sermões, poesias, peças de teatro e a primeira gramática da língua tupi. A carta reproduzida abaixo, datada de 1º de junho de 1560, foi endereçada a seu superior, padre Diogo Laínes, em Roma.

Dos índios do sertão muitas vezes estamos com receio da guerra, padecendo sempre suas ameaças. Mataram há poucos dias alguns portugueses, que vinham do Paraguai, aonde haviam ido. [...] Também os inimigos [os Tamoio], com assaltos contínuos, acometem as aldeias, destroem os mantimentos e levam muitos cativos. No ano passado, deram em uma casa, aqui junto da vila, e cativaram muitas mulheres [...]. Antes destes, haviam vindo outros, com os quais vieram quatro franceses, que com pretexto de ajudar aos inimigos na guerra, se queriam passar a nós, o que puderam fazer sem muito perigo. Estes, como depois se soube, apartaram-se dos seus, que estão entre os inimigos, numa povoação, que nós chamamos Rio de Janeiro, daqui a cinquenta léguas, e têm trato com eles. Aí fizeram casas e edificaram uma torre mui provida de artilharia e forte por todas as partes, onde se diziam serem mandados pelo rei da França a assenhorear-se daquela terra. Todos estes eram hereges, aos quais mandou João Calvino dois, a que eles chamam ministros, para lhes ensinarem o que se havia de ter e crer.

▶ **Apartar:** afastar, distanciar.

[...] um deles, instruído nas artes liberais, grego e hebraico, e mui versado nas Sagradas Escrituras, [...] veio-se para cá, com outros três companheiros idiotas [iletrados] que, como hóspedes e peregrinos foram recebidos e tratados mui benignamente.

[...] Não se passaram muitos dias, quando ele começou a vomitar de seu estômago seus fétidos erros, dizendo muitas coisas das imagens dos santos [...], do Santíssimo Corpo de Cristo, do Romano Pontífice, das indulgências e outras muitas coisas, que temperava com certo sal de graça, de maneira que ao paladar do povo ignorante, não somente não pareciam amargas, mas até muito doces. [...]

Depois disso, o mandaram à Bahia, para que de lá se conhecesse de sua causa mais largamente. [...]

Deste soube o governador a determinação dos franceses. E com naus armadas veio combater a fortaleza. Daqui lhe foi socorro em navios e canoas.

ANCHIETA, José de. *Minhas cartas*. São Paulo: Loyola, 1984. p. 82-83.

1▶ Procure no dicionário o significado das palavras que você não conhece e anote em seu caderno.

2▶ José de Anchieta relata, em sua carta, alguns dos perigos que ameaçavam os habitantes das vilas fundadas pelos colonizadores no Brasil. A quais perigos o padre faz referência?

3▶ Quem eram os inimigos dos portugueses citados por José de Anchieta? Como eles aparecem representados na imagem do século XX abaixo?

4▶ Qual era a estratégia usada pelos invasores para combater os portugueses?

5▶ Anchieta conta que alguns inimigos haviam pedido para permanecer entre os portugueses, mas a decisão de acolhê-los acabou gerando problemas para os colonizadores. Quais problemas foram esses?

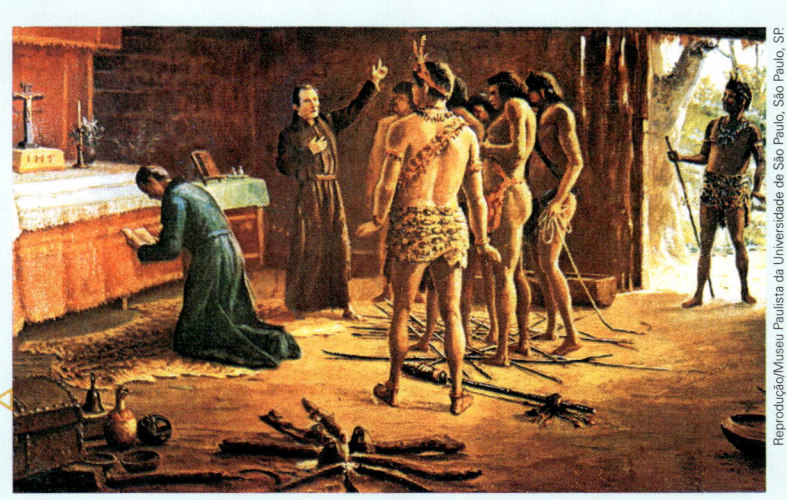

José de Anchieta e Manuel da Nóbrega com representantes dos Tamoio, em Ubatuba, São Paulo, em pintura de Benedito Calixto: *Na cabana do Pindobuçu*, de 1920.

Reprodução/Museu Paulista da Universidade de São Paulo, São Paulo, SP.

Mata Atlântica: cinco séculos de devastação

A Mata Atlântica foi cenário dos primeiros encontros entre os nativos da terra e os portugueses que aqui chegaram a partir de 1500. Abrangia uma área equivalente a 1 315 460 km² e estendia-se, originalmente, ao longo do território atualmente compreendido por 17 estados brasileiros (Rio Grande do Sul, Santa Catarina, Paraná, São Paulo, Goiás, Mato Grosso do Sul, Rio de Janeiro, Minas Gerais, Espírito Santo, Bahia, Alagoas, Sergipe, Paraíba, Pernambuco, Rio Grande do Norte, Ceará e Piauí).

O bioma da Mata Atlântica caracteriza-se pela rica biodiversidade, com diferentes formas de vegetação e muitas espécies de animais. A heterogeneidade da Mata Atlântica é formada pela grande variação de tipos de solo, relevo e clima. Em razão disso, alguns estudiosos referem-se a "matas atlânticas".

Observe alguns exemplos da diversidade que pode ser encontrada na Mata Atlântica.

> **Bioma**: conjunto formado por clima, solo, relevo, hidrografia, vegetação, animais e outros seres vivos de determinada região.
>
> **Heterogeneidade**: variedade.

Recobrindo porções da serra do Mar, encontramos as características que melhor definem a Mata Atlântica: floresta densa, fechada (ou seja, com muitas árvores próximas), com grande umidade ao longo do ano. Na foto, porção da serra do Mar recoberta por floresta densa em Morretes, no Paraná. Foto de 2017.

Dentro da Mata Atlântica existem áreas com estação seca mais pronunciada. Nessas áreas, a vegetação tende a ser menos densa, mais espalhada e com queda de folhas das árvores no período de seca. Na foto, árvores com poucas folhas em Januária, Minas Gerais. Foto de 2014.

Sete das doze bacias hidrográficas do Brasil e os cursos de importantes rios como Paraná, São Francisco, Tietê, Ribeira de Iguape e Paraíba do Sul fazem parte do bioma da Mata Atlântica. A variedade de formas de relevo e a rica drenagem do bioma estão relacionadas aos climas, em geral, marcados por chuvas. Os remanescentes de Mata Atlântica são importantes na formação de rios e cachoeiras, cujas águas são responsáveis pelo abastecimento de milhões de pessoas que vivem no domínio atlântico (áreas de maior concentração populacional do território brasileiro). Na foto, vista aérea do rio Ribeira de Iguape no município de Eldorado, São Paulo. Foto de 2016.

Podem ser encontradas na Mata Atlântica, aproximadamente, 20 mil espécies de plantas. Desse total, cerca de 8 mil espéc es vivem apenas nesse bioma (são endêmicas).

Na Mata Atlântica há 270 espécies conhecidas de mamíferos, 992 espécies de pássaros, 197 espécies de répteis, 372 espécies de anfíbios e em torno de 350 espécies de peixes. Veja, a seguir, alguns animais encontrados na Mata Atlântica.

Mico-leão na Reserva Biológica Poço das Antas, no estado do Rio de Janeiro. Foto de 2016.

Araçari-banana no Parque Nacional de Itatiaia, no estado do Rio de Janeiro. Foto de 2018.

Onça-pintada no Parque Nacional do Iguaçu, em Foz do Iguaçu, Paraná. Foto de 2011.

Maria-leque na Mata Atlântica paranaense. Foto de 2015.

Além das espécies vegetais e animais, a Mata Atlântica abriga diversas comunidades de caiçaras, quilombolas, roceiros, caboclos, ribeirinhos, bem como povos indígenas e outros grupos, cujas tradições culturais estão ligadas à existência da mata.

A Mata Atlântica hoje

Pouco resta da Mata Atlântica em relação à área total que ela ocupava antes da colonização, do povoamento e da exploração econômica realizados ao longo de mais de 500 anos de história. Hoje, apenas 8,5% dos remanescentes florestais têm mais de 100 hectares.

Existem poucas áreas contínuas de mata. Normalmente, elas estão restritas a maiores altitudes do relevo, como a serra do Mar, que se estende do norte do estado de Santa Catarina até o estado do Rio de Janeiro, e o vale do Ribeira--Lagamar, entre o sul do estado de São Paulo e o norte do estado do Paraná, por exemplo. Em geral, a mata se encontra de forma esparsa, em pequenas áreas espalhadas pelo território de alguns estados.

Observe, no mapa a seguir, os remanescentes florestais da Mata Atlântica.

Bioma Mata Atlântica (2015-2016)

Legenda:
- Área de cobertura original
- Remanescente florestal
- Área urbana

Fonte: elaborado com base em FUNDAÇÃO SOS Mata Atlântica; Instituto Nacional de Pesquisas Espaciais. *Atlas dos remanescentes florestais da Mata Atlântica (período 2015-2016)*. Disponível em: <http://mapas.sosma.org.br/site_media/download/atlas_2015-2016_relatorio_tecnico_2017.pdf>. Acesso em: 3 maio 2018.

1▸ Examine o mapa "Bioma Mata Atlântica (2015-2016)".

a) O que as áreas nas cores verde-escura e verde-clara representam?

b) Compare as duas áreas citadas acima e responda: Qual conclusão podemos tirar sobre o território ocupado pela Mata Atlântica antes da colonização europeia e atualmente?

c) Com base na análise do mapa, quais estados brasileiros apresentam maior concentração de remanescentes florestais?

O texto a seguir explica como foi o processo de devastação da Mata Atlântica.

Durante 500 anos a Mata Atlântica propiciou lucro fácil. Ainda no século XVI houve a extração predatória do pau--brasil, utilizado para tintura de tecidos e construção. A segunda grande investida foi a produção da cana-de-açúcar. Grandes áreas de Mata Atlântica foram destruídas, não apenas para abrir espaço para os canaviais, mas também para alimentar as construções dos engenhos e as fornalhas da indústria do açúcar. O descaso ambiental era tão grande que, até o final do século XIX, em vez de alimentar as caldeiras dos engenhos com o próprio bagaço da cana, prática rotineira no Caribe, optava-se por queimar árvores para servir de lenha.

No século XVIII, foram as jazidas de ouro que atraíram para o interior um grande número de colonos. A imigração levou a novos desmatamentos, que se estenderam até os limites com o Cerrado, para a implantação de agricultura e pecuária. No século seguinte foi a vez do café, que exerceu um grande impacto sobre a Mata Atlântica. [...]

E, então, já na metade do século XX, chegou a vez da extração da madeira. [...]

Fonte: <www.wwf.org.br/natureza_brasileira/questoes_ambientais/biomas/bioma_mata_atl/bioma_mata_atl_ameacas/>. Acesso em: 3 maio 2018.

2▸ Identifique quais atividades contribuíram para a devastação da Mata Atlântica segundo o texto.

3▸ No texto é citado outro bioma existente no Brasil. Que bioma é esse e quais são suas características?

4▸ Observe o gráfico a seguir. O que ocorreu com a Mata Atlântica entre os períodos 2014-2015 e 2015-2016?

Bioma da Mata Atlântica: desmatamento por período, em km²

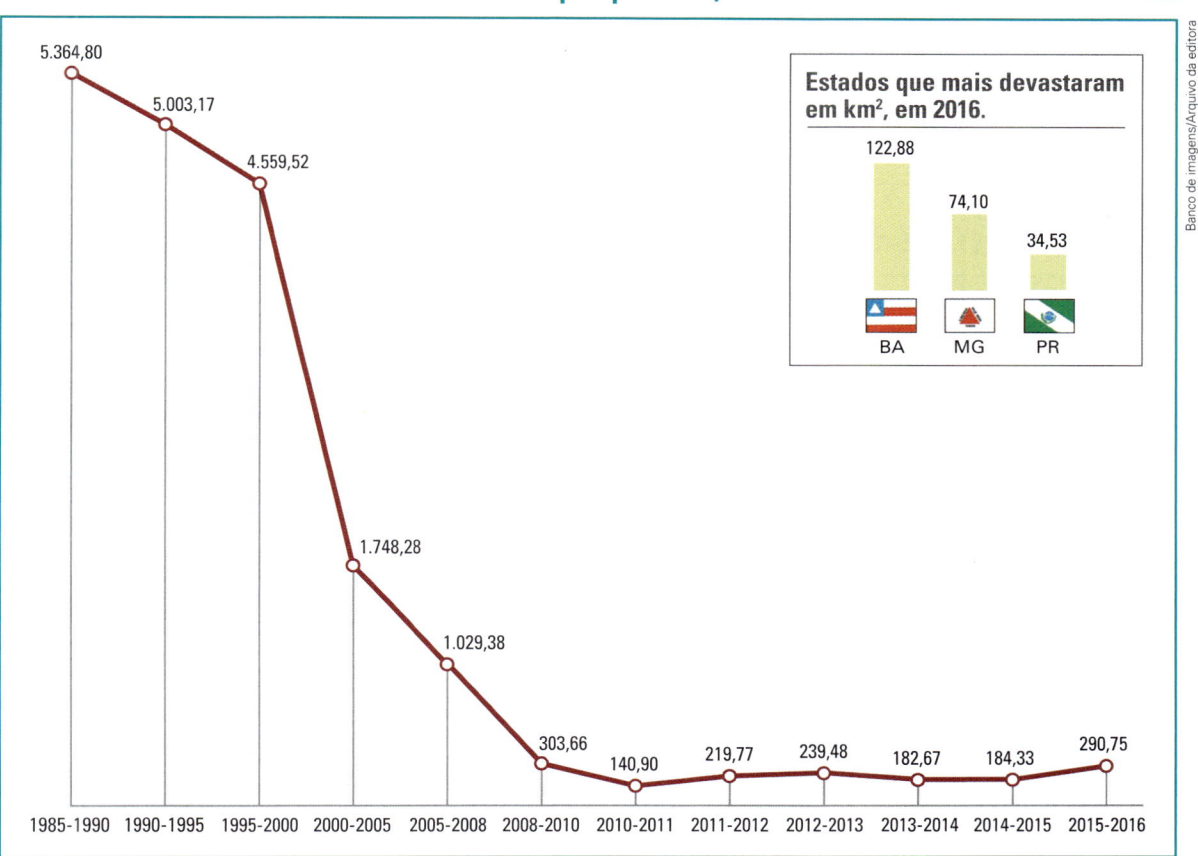

Fonte: elaborado com base em FUNDAÇÃO SOS Mata Atlântica. Desmatamento da Mata Atlântica cresce quase 60% em um ano. Disponível em: <www.sosma.org.br/106279/desmatamento-da-mata-atlantica-cresce-quase-60-em-um-ano/>. Acesso em: 3 maio 2018.

5▸ Em grupos, pesquisem medidas já adotadas e outras que possam ser tomadas para preservar o que resta da Mata Atlântica ou de outros biomas brasileiros.

a) Façam uma lista com essas medidas e identifiquem o que vocês, seus familiares, vizinhos, etc. já fazem para garantir a preservação desse ou de outros biomas.

b) De acordo com esse levantamento, analisem o que ainda pode ser feito por vocês e pela sua comunidade para ajudar na preservação ambiental.

c) Criem um pequeno texto jornalístico para distribuir na escola, a fim de alertar todos os alunos sobre esse problema ambiental. Usem algumas imagens para ilustrar o texto.

3 Uma colônia, dois Estados

O sistema do governo-geral durou mais de dois séculos na América portuguesa, mas passou por modificações ao longo do tempo.

Entre 1572 e 1578, a Coroa subdividiu o governo-geral para tentar tornar mais eficaz a administração de sua extensa colônia. Foi criado um Governo do Norte, com sede em Salvador, e um Governo do Sul, com sede no Rio de Janeiro. A medida não alcançou os resultados esperados e o governo foi reunificado, com sede em Salvador.

Em 1621, a Coroa criou duas unidades político-administrativas, pois o Tratado de Tordesilhas não era mais válido. A região que vai da Amazônia ao Ceará atuais foi denominada Estado do Maranhão, com capital em São Luís – mais tarde, foi denominada Estado do Grão-Pará e Maranhão, com sede em Belém. A região entre os atuais estados do Rio Grande do Norte e Rio Grande do Sul correspondia ao Estado do Brasil. Essa divisão durou até 1774.

A divisão em dois governos-gerais (1572-1578)

Fonte: elaborado com base em ALBUQUERQUE, M. et.al. *Atlas histórico escolar*. Rio de Janeiro: MEC/Fename, 1979. p. 16.

América portuguesa: limites e divisões administrativas (1621-1774)

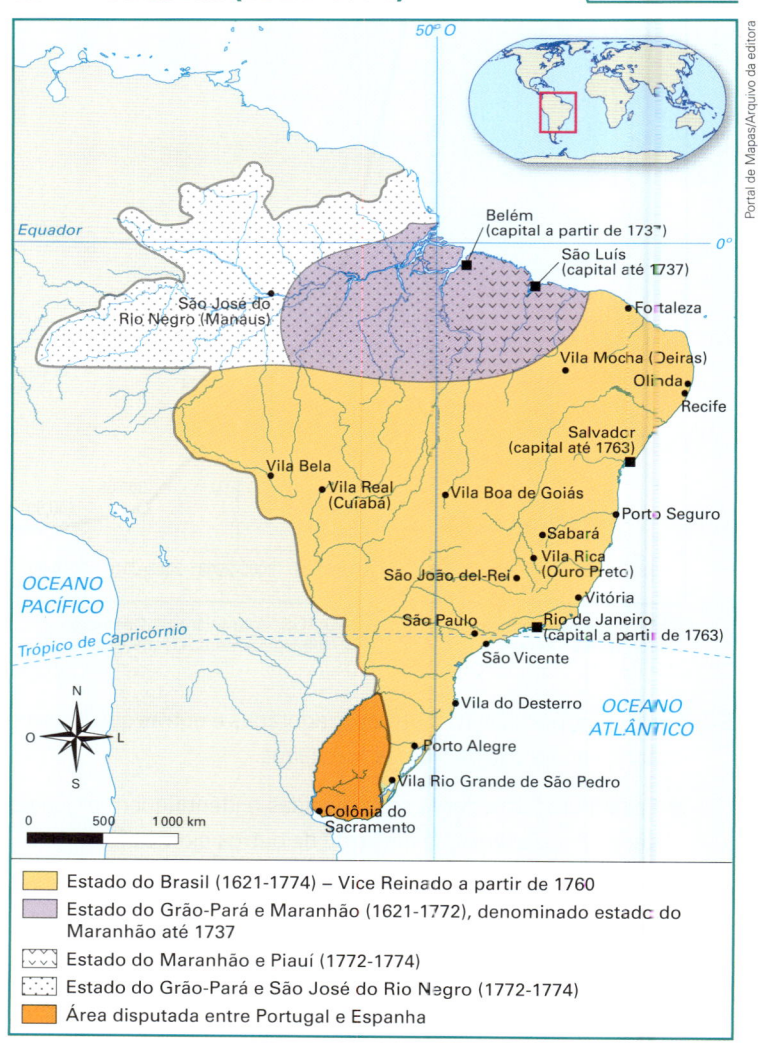

Fonte: elaborado com base em CAMPOS, Flávio de; DOLHNIKOFF, Miriam. *Atlas história do Brasil*. São Paulo: Scipione, 2008. p. 16; IBGE. *Atlas histórico escolar*. Rio de Janeiro, 1996.

4 A União das Coroas ibéricas

O domínio espanhol no Brasil

Em 1557, dom Sebastião I sucedeu dom João III no trono de Portugal. Reinou até 1578, quando morreu em meio a uma batalha contra os mouros em Alcácer-Quibir, no norte da África. Por não ter deixado descendentes, o trono foi ocupado por um tio, o cardeal dom Henrique de Avis, que morreu em 1580 sem deixar herdeiros.

O rei da Espanha, Filipe II, da dinastia Habsburgo, descendente dos Avis, julgou-se com direito de assumir o trono português. Ele ordenou a invasão do reino lusitano, tomou a Coroa e uniu Portugal e Espanha em 1580, na chamada **União das Coroas Ibéricas**.

A morte de dom Sebastião e de mais 10 mil soldados, no mesmo combate, deixou marcas profundas na população portuguesa. Em meio às incertezas da dominação espanhola, difundiu-se rapidamente a crença na volta do rei. Com seu retorno, ele reorganizaria o reino e salvaria os portugueses das dificuldades que os assolavam. Essa crença na volta de um rei bom, capaz de trazer uma vida melhor ao povo sofrido, é chamada de **sebastianismo** e se espalhou entre os colonos.

Mais de três séculos depois, no sertão baiano, em um lugar chamado arraial dos Canudos, essa crença foi recuperada por um importante líder popular, Antônio Conselheiro. Exemplos do sebastianismo também são encontrados ainda hoje na literatura de cordel, muito comum no Nordeste do Brasil.

Sob a Coroa espanhola, Portugal passou a atrair a oposição dos demais países europeus, inimigos dos Habsburgo. Suas colônias sofreram vários ataques, organizados por Inglaterra, França e Holanda.

Para proteger a colônia americana das ofensivas inimigas, o <u>exclusivo colonial</u> foi reforçado, prejudicando os mercadores estrangeiros. Nessa época, a lavoura da cana expandiu-se e aumentou o fluxo de africanos escravizados para a América ibérica, tornando-a ainda mais interessante para os negociantes lusos.

▶ **Exclusivo colonial:** conjunto de normas e práticas que pretendiam garantir a exclusividade de todo o comércio externo de uma colônia em favor de sua metrópole.

Retrato do rei Sebastião, pintura de Cristóvão de Morais, de 1571. Óleo sobre tela, 100 cm × 85 cm.

akg-images/Album/Fotoarena/Museu Nacional de Arte Antiga, Lisboa, Portugal.

A Coroa espanhola não estava empenhada na exploração das terras colonizadas por Portugal, pois tinha a atenção voltada para a extração de metais preciosos de suas outras colônias na América. Lucrava, no entanto, com o recolhimento de impostos.

Para ampliar seus ganhos, o monarca espanhol aumentou os tributos cobrados dos comerciantes portugueses, perdendo o apoio da burguesia e da nobreza lusitanas.

Exploração mineradora na América espanhola em gravura de Theodore de Bry, de 1596.

A dinastia de Bragança e o Conselho Ultramarino

Sob o clima de insegurança e descontentamento gerado pela atuação da Coroa espanhola, foi organizado um movimento pela restauração da autonomia de Portugal que se sagrou vitorioso. Em 1640, o novo rei recebeu o título de dom João IV e deu início à dinastia de Bragança.

Em 1642, o soberano criou o **Conselho Ultramarino**, que se encarregaria da administração e da intensificação da exploração colonial. Na América portuguesa, a centralização administrativa foi acelerada pela fiscalização metropolitana mais rígida sobre a colônia e suas atividades econômicas. Os governadores-gerais ampliaram o domínio administrativo e subordinaram progressivamente colonos e donatários. As capitanias hereditárias foram compradas, tornando-se capitanias da Coroa.

A administração municipal

As câmaras municipais da América portuguesa cuidavam dos negócios públicos locais. Instaladas nas principais vilas (povoamentos em terras particulares) e cidades (povoamentos em terras da Coroa), essas assembleias eram compostas de vereadores e presididas por um juiz ordinário. Seus membros quase sempre eram grandes proprietários de terras, ricos senhores coloniais, chamados de "homens bons".

Depois do domínio espanhol, as câmaras municipais perderam parte de sua autonomia administrativa. No século XVII, os juízes ordinários, eleitos pelos homens bons, foram substituídos pelos juízes de fora, nomeados pelo Conselho Ultramarino, com sede em Portugal.

Iniciava-se, assim, um período em que as medidas da metrópole começavam a se chocar com os interesses locais em razão do controle concentrador da Coroa e da intensificação da exploração colonial.

- Para viabilizar a ocupação e exploração do território, a Coroa portuguesa instituiu o sistema de capitanias hereditárias, doando grandes extensões de terras a donatários. A partir de 1549, o governo português decidiu fortalecer a administração da colônia por meio do governo-geral.

- O governo português decidiu ocupar suas terras na América a partir de 1530 com o objetivo de obter novas fontes de riqueza, já que os lucros do comércio com o Oriente estavam em declínio, e de impedir a ocupação da costa por estrangeiros.

- No período da União Ibérica (1580-1640), a colônia atraiu os inimigos dos Habsburgo, com várias invasões por parte da Inglaterra, França e Holanda. Com a restauração de sua autonomia, a Coroa portuguesa intensificou o controle sobre a colônia americana, criando o Conselho Ultramarino, com sede em Portugal.

ATENÇÃO A ESTES ITENS

- Os jesuítas começaram a atuar na América portuguesa durante o primeiro governo-geral, dedicando-se à catequização dos indígenas. Contrários à escravização dos nativos, entraram em conflito com os colonos.

- Após a restauração, as câmaras municipais perderam parte de sua autonomia, pois os juízes ordinários, eleitos pelos "homens bons", foram substituídos por juízes de fora, nomeados pelo Conselho Ultramarino.

POR QUÊ?

- Práticas que ainda hoje se observam na vida política brasileira, como o uso de recursos públicos em benefício privado, têm origens em instituições e costumes trazidos pelos colonizadores portugueses.

- Edificações administrativas, residenciais e religiosas datadas do período colonial compõem uma parte importante do patrimônio histórico e cultural brasileiro.

- A estrutura agrária brasileira, caracterizada pela concentração de terras nas mãos de poucos proprietários, é uma herança do sistema de latifúndios no qual se baseou a produção colonial.

- Conhecer o processo da colonização e da escravização é indispensável para entender a situação dos indígenas brasileiros na atualidade.

ATIVIDADES

Retome

1▸ Indique os motivos que levaram os portugueses a ocupar o território americano.

2▸ Explique o que você entendeu sobre o conceito de patrimonialismo. Essa prática continua a existir atualmente? Justifique sua resposta.

3▸ Por que a Coroa portuguesa decidiu adotar o sistema de governos-gerais?

4▸ Como o governo português se posicionava em relação ao conflito entre jesuítas e colonos na América portuguesa?

5▸ Explique o que foi a Confederação dos Tamoio. Como os jesuítas interferiram nela?

6▸ Como as alianças indígenas na América portuguesa eram estabelecidas? Elas se caracterizavam como uma forma de resistência desses povos aos colonos e estrangeiros que invadiram o Brasil? Justifique.

7▸ Quais foram as consequências, para o Brasil, da União das Coroas Ibéricas?

8▸ Retome a imagem do início do capítulo e relacione-a com os mapas da divisão em capitanias hereditárias da página 155. De que modo os mapas ajudam a explicar a atual concentração de terras no Brasil?

Analise o mapa e uma obra de arte

9▸ Os mapas servem para informar, entre outras coisas, a localização de diferentes aspectos de um território. Desde o século XV, com a retomada das viagens marítimas de longa distância, os mapas europeus já davam informações sobre latitudes, correntes marítimas ideais para a navegação e áreas territoriais conhecidas.

Reprodução/Biblioteca Nacional, Paris, França.

Analise o mapa *Terra Brasilis*, confeccionado no século XVI sob a supervisão do cartógrafo oficial do Reino de Portugal, Lopo Homem, representando as terras encontradas pelos portugueses na América.

a) Que período do século XVI está ilustrado nesse mapa? Com quais elementos você justifica sua resposta?

b) Quais elementos revelam a intenção de Lopo Homem em afirmar o domínio de Portugal sobre o território representado?

c) Se você residisse em Portugal no século XVI e tivesse acesso a esse mapa, que juízo você faria das terras conquistadas?

▷ Mapa *Terra Brasilis*, elaborado pelos cartógrafos Lopo Homem, Pedro Reinel e Jorge Reinel, por volta de 1519.

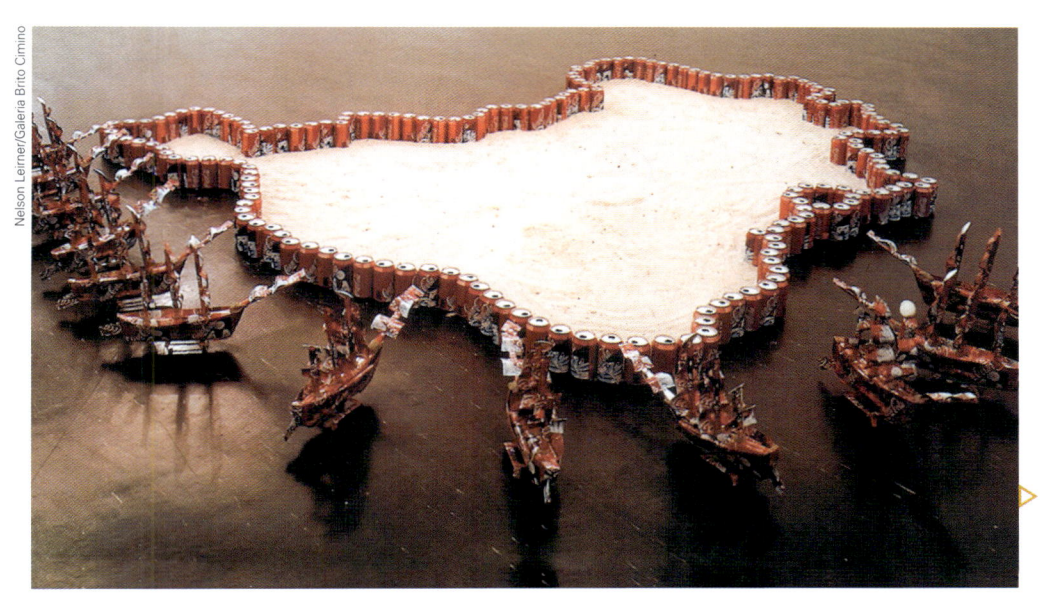

Nelson Leirner/Galeria Brito Cimino

> Instalação de Nelson Leirner no Instituto Tomie Othake, em São Paulo, 2004.

10▸ Observe a imagem acima. Ela mostra a instalação feita pelo artista plástico brasileiro Nelson Leirner.

a) Quais semelhanças há entre a instalação e o mapa da página anterior?

b) Quais são as diferenças entre as duas imagens?

c) O que você conclui sobre a intenção da obra de Nelson Leirner? Parece a mesma intenção de Lopo Homem?

> **Interprete um texto satírico**

11▸ A sátira é um estilo literário cheio de irreverência que ridiculariza instituições e costumes da sociedade. O trecho a seguir, extraído da obra de um autor contemporâneo, usa essa forma literária para criticar o sistema de doação de capitanias hereditárias no Brasil colonial. Leia-o e responda às questões.

[...] sendo você mui rico rei, bem vestido e mais bem comido, sentadinho em seu áureo trono, babujado por mil vassalos, tome essa terrinhazinha, que você nem sabe que tamanho tenha, divida em pedaços descomunais, e aí, como se a algum bolo chocolático e natalício, distribua em partes desiguais (de acordo com a vassalagem e a babujagem) entre os mais corteses cortesãos.

> **babujar:** adular com fins interesseiros.

Se só duas capitanias prosperaram, qual o mistério, ou o secreto mau-olhado? Quem seria o laborioso capitão, vindo desequilibrado de tão longes terras portucalenses em precário barquinho de papel, capaz de cavalgar tantos mares, lançar perenes fundações, pontilhar de pais e filhos, alimentar e empolgar rústicos e mal viventes, mal saídos de prisões, sarjetas [...]?

Pois então, senhor donatário e capitão, que sabia Vossa Senhoria de plantar milho, coletar coco, fisgar peixe, assar macaco, beber cauim até cair?

> **cauim:** bebida indígena fermentada, isto é, com teor alcoólico. Pode ser feita de mandioca cozida, milho, caju.

NUNES, Sebastião. *História do Brasil*: novos estudos sobre guerrilha cultural e estética de provocação. Sabará: Dubolso, 1992. p. 58-59.

a) De acordo com a sátira, quais foram os critérios utilizados pelo rei de Portugal para distribuir as capitanias hereditárias e escolher seus donatários?

b) Segundo o texto, por que somente duas capitanias prosperaram?

> **Autoavaliação**

1. Quais atividades você considerou mais fáceis e mais difíceis? Por quê?

2. Em quais atividades você utilizou o texto do capítulo como base para sua resposta?

3. Algum ponto do capítulo não ficou muito claro para você? Qual?

4. Você compreendeu o esquema *Mapeando saberes*? Explique-o.

5. Você saberia apontar exemplos da atualidade considerando o que aprendeu no item *Por quê?* do *Mapeando saberes*?

6. Como você avalia sua compreensão dos assuntos tratados neste capítulo?

» **Excelente:** não tive nenhuma dificuldade.

» **Boa:** tive algumas dificuldades, mas consegui resolvê-las.

» **Regular:** foi difícil compreender certos conceitos e resolver as atividades.

» **Ruim:** tive muitas dificuldades, tanto no conteúdo quanto na realização das atividades.

9

As fronteiras na América portuguesa

Hélio Nobre/Museu Paulista da USP, São Paulo

Detalhe da obra *Combate de Botocudos em Mogi das Cruzes*, óleo sobre tela de Oscar Pereira da Silva, 1920.

Até o final do século XVI, a ocupação portuguesa na América se limitava a uma estreita faixa litorânea. O "sertão", como era chamada a área entre a costa e o meridiano de Tordesilhas, permanecia praticamente desconhecido dos europeus. Toda essa imensa região era habitada por uma grande diversidade de povos nativos.

No período de 1580 até 1640, Espanha e Portugal estiveram sob a mesma Coroa. Nessa época, os territórios além e aquém do meridiano de Tordesilhas foram percorridos sem restrições por exploradores portugueses, em busca de terras e riquezas.

Expedições militares oficiais adentraram o interior, em especial no norte e nordeste da colônia, a fim de garantir o domínio português sobre a área. Criadores de gado levaram seus rebanhos para o interior, nas regiões que correspondem ao atual Nordeste e aos campos da atual região Sul. Missionários dedicados à catequese indígena fundaram aldeamentos. Por fim, paulistas, em suas expedições de caça aos indígenas ou à procura de riquezas minerais, conheceram novas terras e ajudaram Portugal a se apossar do sul e do centro-oeste da colônia.

Para começar

Observe a imagem e responda às questões.

1. Descreva os personagens que aparecem nela e procure identificá-los.

2. Qual parece ser a relação entre os personagens representados? O que está acontecendo na imagem?

1 A expansão das fronteiras

A conquista do sertão

Além da produção açucareira, outra importante atividade econômica desenvolvida ao longo do século XVII foi a criação de gado bovino. No início, ela se destinava ao fornecimento de carne, couro e animais de tração para os engenhos; mais tarde, como uma atividade autônoma, visava à produção de charque e de couro.

A pecuária não exigia emprego de mão de obra numerosa. Os vaqueiros eram, em geral, indígenas e negros libertos ou fugidos. Muitas vezes, trabalhavam no sistema de partilha: recebiam animais pelos serviços prestados ao proprietário do rebanho. Alguns vaqueiros formaram assim seus próprios rebanhos. Isso resultou na expansão da atividade pecuária e na ocupação de novas terras propícias à pastagem.

Como o gado era criado de forma extensiva, ou seja, solto nas terras, quase toda a atual região Nordeste foi "desbravada" e ocupada por fazendas. O rio São Francisco, apelidado de "rio dos currais", foi uma via de acesso essencial a esse movimento colonizador.

Outro fator que colaborou para a colonização da atual região Nordeste foram as inúmeras expedições militares que o governo português organizou para expulsar da costa brasileira os invasores franceses, ingleses e holandeses. Isso também ocorreu na região que corresponde ao atual Norte do país. Nessas duas regiões, vários fortes foram instalados.

> ▶ **Animal de tração:** nesse caso, animal utilizado para transportar cargas e também movimentar os moinhos dos engenhos.
>
> ▶ **Charque:** carne bovina salgada e seca ao sol para garantir sua conservação.

LINHA DO TEMPO

1580-1640
União Ibérica

1680
Fundação da Colônia do Sacramento

1707-1709
Guerra dos Emboabas

1750
Tratado de Madri

1753-1756
Guerra Guaranítica

1756-1763
Guerra dos Sete Anos

1777
Tratado de Santo Ildefonso

1801
Tratado de Badajós

Linha do tempo esquemática. O espaço entre as datas não é proporcional ao intervalo de tempo.

Reprodução/Museu do Louvre, Paris, França

O carro de bois, pintura de Frans Post, de 1638. Óleo sobre tela, 62 cm × 95 cm.

No caso da Amazônia, a ocupação foi impulsionada ainda pela coleta das **drogas do sertão**. Os jesuítas, que fundaram dezenas de missões na região, usavam a mão de obra indígena para coletar as especiarias.

Ocupação do nordeste e do norte da América portuguesa (século XVI a XVIII)

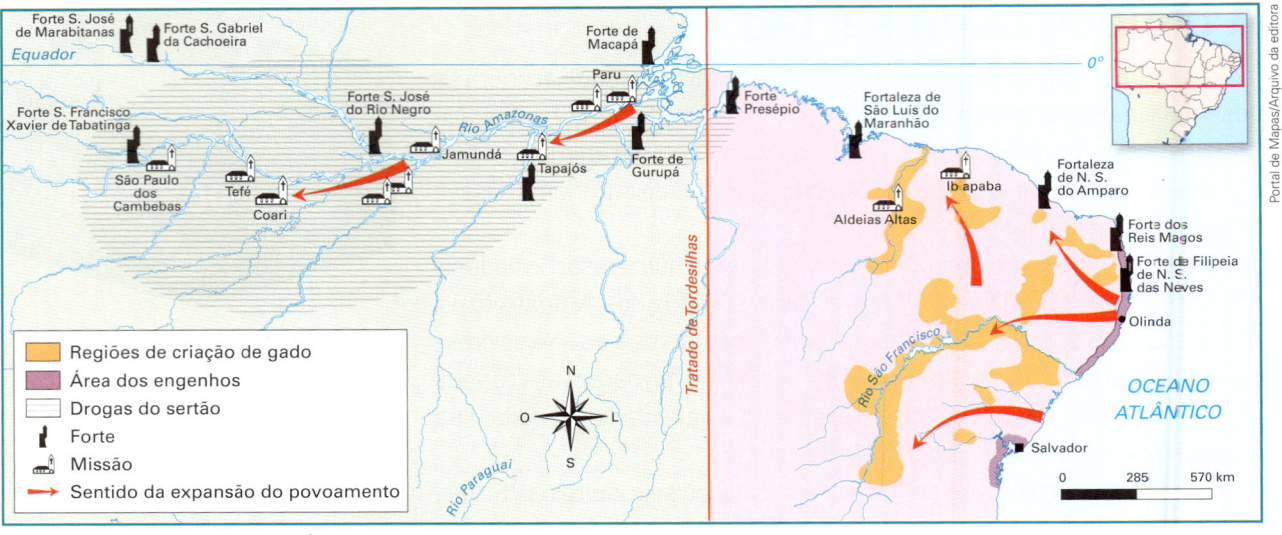

Fonte: elaborado com base em ISTOÉ Brasil – 500 anos: atlas histórico. São Paulo: Três, 1998. p. 78.

2 As expedições bandeirantes

A partir do século XVII, diversas expedições militares, conhecidas como **bandeiras**, saíram da capitania de São Vicente e rumaram para o interior da América portuguesa. O objetivo delas era capturar indígenas e buscar riquezas, principalmente ouro e pedras preciosas. O nome **bandeira** provavelmente está relacionado às bandeiras que as expedições utilizavam para identificá-las.

As bandeiras eram grandes grupos armados, compostos, em geral, de particulares, isto é, pessoas que realizavam essas expedições por conta própria. Para alcançar seus objetivos, elas ocuparam territórios além dos limites estabelecidos pelo meridiano de Tordesilhas.

Outras expedições, denominadas **entradas**, já haviam se aventurado pelo interior do continente no início da colonização. Eram formadas, geralmente, por oficiais a serviço do governo que buscavam reconhecer a nova terra, aprisionar indígenas e descobrir minas de ouro. Quase sempre respeitavam o limite do Tratado de Tordesilhas.

Representação de dois bandeirantes ▷ produzida por Belmonte (1896-1947), cronista e caricaturista paulistano.

Bandeiras de caça ao indígena

Durante o período da União Ibérica, os holandeses ocuparam Pernambuco e a região de Angola, na África atlântica, causando dificuldades na obtenção de mão de obra escravizada para os senhores de engenho da Bahia. Os indígenas passaram, então, a ser usados no trabalho das propriedades açucareiras, o que deu grande impulso ao movimento bandeirante.

A vila de São Paulo de Piratininga, que originou a atual cidade de São Paulo, era o principal ponto de onde partiam os bandeirantes em busca de indígenas.

Muitas bandeiras chegaram a atacar as missões jesuíticas, dos atuais estados de Mato Grosso ao Rio Grande do Sul, capturando mais de 100 mil indígenas. Como os aldeados aprendiam a trabalhar a terra, seu preço era mais elevado que o dos outros nativos capturados na colônia.

▶ **Aldeado:** Indígena catequizado nas Missões Jesuíticas.

O mapa abaixo mostra os principais ataques às missões jesuíticas no século XVII.

O bandeirismo e o ataque às missões jesuíticas (século XVII)

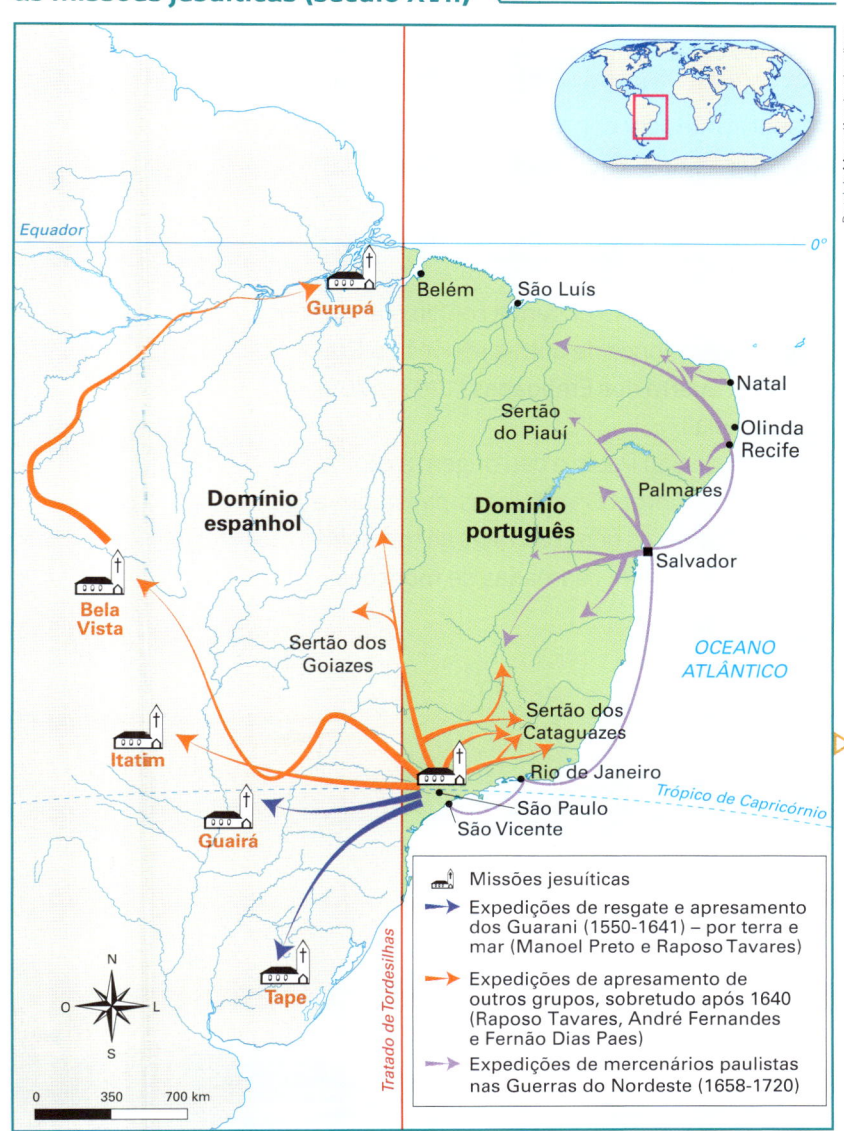

O mapa apresenta as rotas percorridas pelos bandeirantes Manoel Preto, Raposo Tavares, André Fernandes e Fernão Dias Paes. As missões jesuíticas eram atacadas ampliando a captura e a escravização de indígenas. Também mostra a divisão entre os domínios português e espanhol proposto pelo Tratado de Tordesilhas.

Fonte: elaborado com base em CAMPOS, Flávio de; DOLHNIKOFF, Miriam. *Atlas História do Brasil*. São Paulo: Scipione, 2002. p. 19.; MONTEIRO, John M. Esquema geral das missões de apresamento. In: _____. *Negros da terra*: índios e bandeirantes nas origens de São Paulo. São Paulo: Companhia das Letras, 1994. p.13.

Bandeiras em busca de ouro e diamantes

No final do século XVII, as expedições bandeirantes de caça aos indígenas diminuíram por causa da crise açucareira da América portuguesa. Holandeses que haviam sido expulsos do nordeste brasileiro passaram a produzir açúcar nas Antilhas, concorrendo com a produção da colônia portuguesa. Além disso, o fluxo do tráfico negreiro proveniente da África normalizou-se e a mão de obra africana passou a ser cada vez mais utilizada no sul da colônia. As marchas para o interior tiveram, então, outros objetivos, em especial a procura por metais preciosos e diamantes.

O governo português, que estava em meio a uma crise econômica no século XVII, decidiu financiar expedições para buscar essas riquezas. Com o estímulo real, as expedições adentraram ainda mais o interior, descobrindo importantes minas de ouro no atual estado de Minas Gerais e, mais tarde, em regiões dos atuais estados de Mato Grosso e Goiás.

Uma das principais expedições foi comandada por Fernão Dias Paes em 1674. Seguindo o curso dos rios, ele abriu caminho rumo a Minas Gerais. Muitos dos participantes dessa expedição fixaram-se em Minas Gerais e no vale do rio São Francisco, fundando os primeiros povoados da região.

Nos últimos anos do século XVII, os bandeirantes encontraram ouro em diferentes localidades, entre elas Cataguazes, Vila Rica (atual Ouro Preto) e Sabará. Com essas descobertas, as fronteiras da antiga capitania de São Vicente, que ocupava uma pequena faixa no litoral sul da América portuguesa, expandiu-se para o interior, e passou a se chamar capitania de São Paulo e Minas de Ouro.

O ouro atraiu muitos forasteiros para a região. Isso deu origem a conflitos armados entre os paulistas, descobridores do ouro, e os colonos de outras regiões do Brasil e portugueses, apelidados de "emboabas". Na **Guerra dos Emboabas** (1707-1709), os paulistas foram derrotados e expulsos das minas.

Em 1720, a região mineradora foi separada de São Paulo e deu origem à capitania de Minas Gerais, controlada rigidamente pela Coroa. Os paulistas passaram a buscar ouro e diamantes em outras regiões, utilizando os rios como vias de transporte, em especial o Tietê e o Paraná. Essas expedições eram chamadas de **monções**.

Vista de Vila Rica. Óleo sobre tela atribuído a Arnaud Julien Pallière. Produzido por volta de 1820.

As expedições que rumaram para o Brasil central encontraram ouro nas áreas correspondentes aos atuais estados de Mato Grosso, em 1718, e de Goiás, em 1725. As novas descobertas fixaram a presença portuguesa em terras a oeste do meridiano de Tordesilhas, nas quais foram estabelecidos povoados e vilas. Alguns colonos e a metrópole portuguesa enriqueceram muito com o ouro dessas terras.

Monções e o caminho para o Brasil central (1709)

Portal de Mapas/Arquivo da editora

Fonte: elaborado com base em ALBUQUERQUE M. et al. *Atlas histórico escolar*. Rio de Janeiro: MEC/Fename, 1991. p. 24.

⚠ Na América portuguesa, o nome **monções** foi dado às expedições que partiam do atual estado de São Paulo e viajavam principalmente pelos rios em direção ao oeste do território colonial. A palavra **monção** refere-se à época ou vento mais favorável à navegação.

Bandeiras de contrato

Durante o século XVII, alguns fazendeiros ou o próprio governo-geral, contratavam bandeirantes para combater indígenas ou recuperar escravizados fugidos, organizados em quilombos. Em troca, ofereciam pagamento em dinheiro, terras, escravizados ou gado.

Uma das mais famosas bandeiras de contrato foi a de Domingos Jorge Velho, que combateu a rebelião dos indígenas Cariri e Janduí em 1692. Ele foi um dos principais responsáveis pela destruição do quilombo dos Palmares, em Alagoas, em 1695.

 De olho na tela

A muralha. Direção: Denise Saraceni e Eduardo Figueira. Brasil, 2002. A minissérie, produzida para a televisão, mergulha na saga dos bandeirantes que viviam em São Paulo de Piratininga, na primeira metade do século XVII.

 Minha biblioteca

Bandeirantes e índios em São Paulo de Piratininga, de Alfredo Boulos Jr., FTD, 1999. Os temas deste livro são a trajetória dos Guarani antes e depois do contato com os paulistas e a saga bandeirante.

Os bandeirantes, de Mustafa Yazbek. São Paulo: Ática, 1995. Apresenta a trajetória de uma bandeira paulista na primeira metade do século XVII. Trata-se de uma ficção baseada em documentos históricos que destaca o cotidiano dos antigos habitantes da América portuguesa, narrando a partida da bandeira da Vila de São Paulo, seu percurso pelos sertões do Sul e seu ataque a uma aldeia de indígenas administrada por jesuítas espanhóis.

A partir do século XIX, alguns escritores passaram a exaltar os feitos dos bandeirantes e vários historiadores transformaram esses personagens em "heróis da pátria". Alguns chegaram a apontá-los como homens instruídos, acostumados ao luxo e responsáveis pela atual dimensão do Brasil.

Os estudiosos atuais, no entanto, têm procurado rever essas interpretações. Eles ressaltam que os bandeirantes agiam com violência, escravizavam os habitantes nativos e atacavam jesuítas e escravizados rebelados. Além disso, eles eram, em geral, pequenos lavradores ou comerciantes que buscavam fortuna rápida. Vinham, em sua maioria, da região paulista, extremamente pobre. Portanto, não eram ricos nem viviam no luxo.

É preciso lembrar, ainda, que o "mito" dos bandeirantes, como criadores de uma "raça de gigantes", foi inventado por historiadores do estado de São Paulo nas primeiras décadas do século XX. Identificando os paulistas como "desbravadores do Brasil", eles procuravam justificar o poderio desse estado sobre os demais estados do país, estabelecido a partir da segunda metade do século XIX com a cafeicultura.

Missões guaraníticas

Os jesuítas fundaram muitas missões, ou reduções, em regiões dos atuais estados do Paraná, Rio Grande do Sul, Santa Catarina e Mato Grosso do Sul, além de parte dos atuais territórios da Argentina, Uruguai e Paraguai. No início do século XVIII algumas possuíam mais de 10 mil indígenas; reunidas, somavam cerca de 300 mi pessoas.

As reduções ou missões guaraníticas produziam e vendiam erva-mate, tabaco, madeira e até mesmo armas, como canhões. Muitas vezes, formavam exércitos utilizados pela metrópole para impor a ordem e a vontade da Coroa.

Nelas, os jesuítas conservaram alguns aspectos das culturas indígenas, como a propriedade coletiva, a língua (guarani) e alguns costumes que não "ameaçavam" a fé cristã. Eliminavam a autoridade do cacique e do pajé e impunham uma disciplina que punia os "pecados", incluindo castigos corporais. Essa situação rompia as tradições dos indígenas e impedia a preservação de seu modo de vida.

Nas terras do atual Rio Grande do Sul, na margem esquerda do rio Uruguai, existia um grupo de instalações jesuíticas, denominado "Sete Povos das Missões", construídas por espanhóis para demarcar a posse de seu território.

No século XVIII, um tratado entre Portugal e Espanha dividiu a região. O sul do rio da Prata ficaria sob domínio espanhol e o norte, sob domínio português. Os indígenas se opuseram à medida e foram violentamente atacados pelas tropas lusas, que, para tomar posse dos territórios, mataram milhares de indígenas.

Minha biblioteca

Os jesuítas no Brasil colonial, de Paulo de Assunção, Atual, 2003. O livro trata da atuação dos jesuítas no Brasil no período colonial, abrangendo desde a fundação da Companhia de Jesus, em 1534, à expulsão destes de Portugal, em 1759.

Ruínas de São Miguel das Missões, Rio Grande do Sul, o que restou de uma das maiores igrejas jesuítas espanholas construídas com mão de obra dos indígenas da região nos séculos XVII e XVIII. Foto de 2017.

Gerson Gerloff/Pulsar Imagens

Você vai ler dois textos de historiadores que apresentam interpretações diferentes sobre os bandeirantes. Depois de lê-los, responda às questões.

Texto 1

[...]

Os primeiros bandeirantes, portanto, não há dúvidas de que deram provas de grande coragem. E deve notar-se que em regra as bandeiras se compunham de mamelucos e índios mansos. Raramente iam a tais aventuras portugueses reinóis. E, pois, aquela casta nova, formada de sangues tão diferentes, se mostrou capaz de grandes façanhas. Conserva-se em nossas tradições uma ideia do tipo do bandeirante: largo chapéu de palha desabado para trás, um ponche às costas e um saco de roupas, a tiracolo o chumbeiro e o polvarinho, ao ombro a espingarda, à cinta o facão; quase sempre barbas e cabelos crescidos: eis a figura daqueles novos cruzados.

POMBO, Rocha. *História de São Paulo*: resumo didático. São Paulo: Melhoramentos, 1918. p. 71, 74-76.

> ▶ **Reinol:** proveniente do reino, ou que defende os interesses reais.
>
> ▶ **Chumbeiro** e **polvarinho:** recipientes nos quais se colocavam, respectivamente, o chumbo e a pólvora usados nas armas de fogo.

Texto 2

[...] A historiografia do bandeirismo se apropriou desse elemento [o mestiço], apresentando-o com cores novas: não mais como o resultado de ligações ilegítimas, não mais como o fruto da deterioração dos costumes, como era apresentado na denúncia dos padres e bispos do período colonial, mas como um homem novo, nem europeu nem índio e sim a mistura de ambos (o mameluco). Este é pinçado da categoria da escória da sociedade, onde jazia até então, e alçado à condição de herói.

[...]

Ao resgatar o mameluco e transformá-lo num ser de características excepcionais, membro da "raça de gigantes", a historiografia do bandeirismo resgatava grande parte da população brasileira, composta de vários tipos de mestiços. Além disso, resolvia um impasse que havia atormentado a intelectualidade brasileira do século XIX, que era: como tornar desenvolvido um país povoado por mestiços e que havia sido colonizado por degredados? A miscigenação era transformada de entrave em vantagem.

VOLPATO, Luiza. *Entradas e bandeiras*. São Paulo: Global, 1985. v. 2. p. 17-19. (História popular).

> ▶ **Pinçado:** selecionado, pego.
>
> ▶ **Alçado:** erguido, levantado.
>
> ▶ **Degredado:** condenado europeu que vinha cumprir pena como colono na América.
>
> ▶ **Entrave:** obstáculo, dificuldade.

1▸ Quando e por quem os textos foram escritos?

2▸ Segundo o autor do texto 1, que grupos formavam as bandeiras? Quais qualidades são atribuídas aos bandeirantes nesse texto?

3▸ Na sua opinião, a expressão "casta nova, formada de sangues tão diferentes", faz referência a qual grupo? Para o autor, as qualidades dos bandeirantes estavam relacionadas às suas origens? Justifique sua afirmação.

4▸ De acordo com o texto 2, qual foi a mudança introduzida pelos historiadores do bandeirismo em relação à figura do mameluco, isto é, do mestiço?

5▸ A qual impasse a autora do texto 2 se refere?

3 A conquista do sul

A ocupação do sul da colônia pelos portugueses foi bastante conturbada, pois tiveram de enfrentar a resistência de indígenas e espanhóis. Em 1680, a Coroa portuguesa fundou a Colônia do Sacramento (atualmente, uma cidade no Uruguai), nas margens do rio da Prata, lado oposto à cidade colonial espanhola de Buenos Aires.

O movimento bandeirante e a expulsão dos jesuítas espanhóis das missões, por volta de 1767, impulsionaram a ocupação portuguesa naquela região.

Na região dos **pampas**, grande planície coberta por excelente vegetação de pastagem, foram estabelecidas as **estâncias**, extensas fazendas dedicadas à criação de bois, burros e cavalos. A formação das primeiras estâncias foi obra dos tropeiros. Eles capturavam os animais já criados pelos jesuítas e pelos indígenas nas missões para comercializá-los. Em muitos desses locais, acabaram estabelecendo fazendas de criação. As estâncias passaram a abastecer a região de Minas Gerais, envolvida pela mineração.

Com a pecuária gaúcha, desenvolveu-se também a produção de charque, mais fácil de transportar e conservar do que a carne fresca. A criação de gado tornou-se, com o tempo, a base da economia de parte do extremo sul dos territórios coloniais.

Além da criação de gado, várias fazendas da área que hoje forma o atual estado do Rio Grande do Sul dedicaram-se à agricultura, cultivando trigo, feijão, mandioca e milho. Muitas delas utilizavam africanos escravizados como mão de obra.

Assim, no final do século XVIII, boa parte da atual região Sul estava integrada ao território colonial português.

O laçador, estátua de bronze de Antônio Caringi, representação do peão de estância, o trabalhador rural da região dos pampas. O monumento foi inaugurado em 1958 em Porto Alegre, Rio Grande do Sul. Foto de 2015.

Os tratados de limites

A expansão territorial portuguesa desrespeitou, na prática, o Tratado de Tordesilhas, o que ocasionou vários conflitos entre espanhóis e portugueses. Na tentativa de regularizar a situação, as Coroas ibéricas firmaram sucessivos tratados. O primeiro deles foi o **Tratado de Madri**, assinado em 1750.

Esse tratado se baseava no princípio do *uti possidetis*, segundo o qual um território deve pertencer a quem o ocupou durante o processo de colonização. Assim, todos os territórios ocupados pelos colonos da Coroa portuguesa pertenceriam aos portugueses.

A única exceção foi a Colônia do Sacramento, território português que ficava em meio a possessões espanholas. O tratado estabeleceu que Portugal a entregaria à Espanha, em troca da região de Sete Povos das Missões.

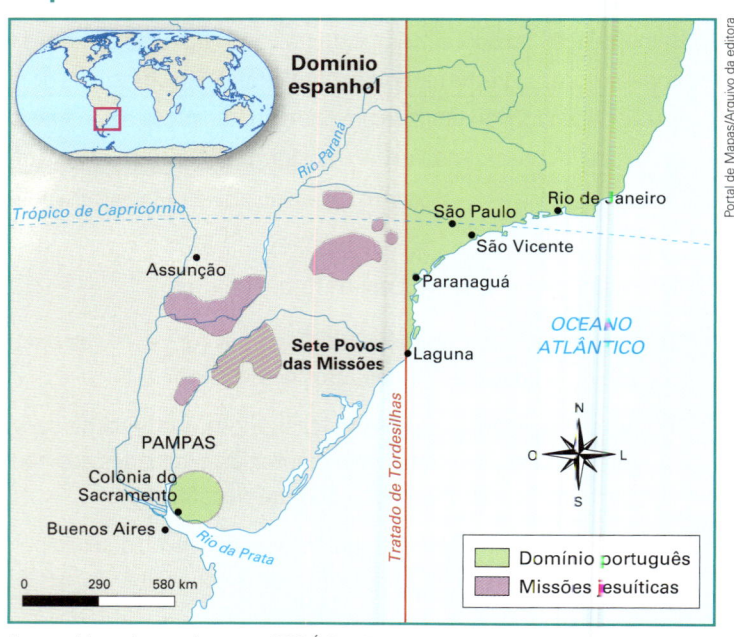

América portuguesa: núcleos de povoamento da fronteira sul

Fonte: elaborado com base em ISTOÉ Brasil – 500 anos: atlas histórico. São Paulo: Três, 1998. p. 27.

As guerras e os novos tratados

Os espanhóis aceitaram abandonar a região de Sete Povos das Missões, mas os indígenas Guarani e alguns jesuítas se opuseram à decisão do Tratado de Madri e às tropas luso-espanholas. Nesse conflito, chamado de **Guerra Guaranítica** (1754-1756), quase todos os 30 mil indígenas da região de Sete Povos morreram. Portugal decidiu, então, não entregar a Colônia do Sacramento à Espanha.

As disputas territoriais se intensificaram durante a **Guerra dos Sete Anos** (1756--1763) entre França e Inglaterra e seus vários aliados. Contando com apoio francês, em 1762 os espanhóis invadiram a Colônia do Sacramento, o sul do Rio Grande do Sul e a ilha de Santa Catarina.

Em 1777, Espanha e Portugal chegaram a um novo acordo, assinando o **Tratado de Santo Ildefonso**. A Colônia do Sacramento e a região de Sete Povos das Missões ficariam com a Espanha; e a região do Rio Grande do Sul e a ilha de Santa Catarina, com Portugal.

Mas as disputas só foram solucionadas de vez em 1801, no **Tratado de Badajós**. Ele recuperava as decisões do Tratado de Madri: Portugal ficaria com a região de Sete Povos das Missões, e a Espanha, com a Colônia do Sacramento.

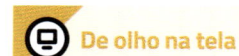

De olho na tela

A missão. Direção: Roland Joffé. Inglaterra, 1986. O filme destaca os conflitos que se seguiram à assinatura do Tratado de Madri (1750).

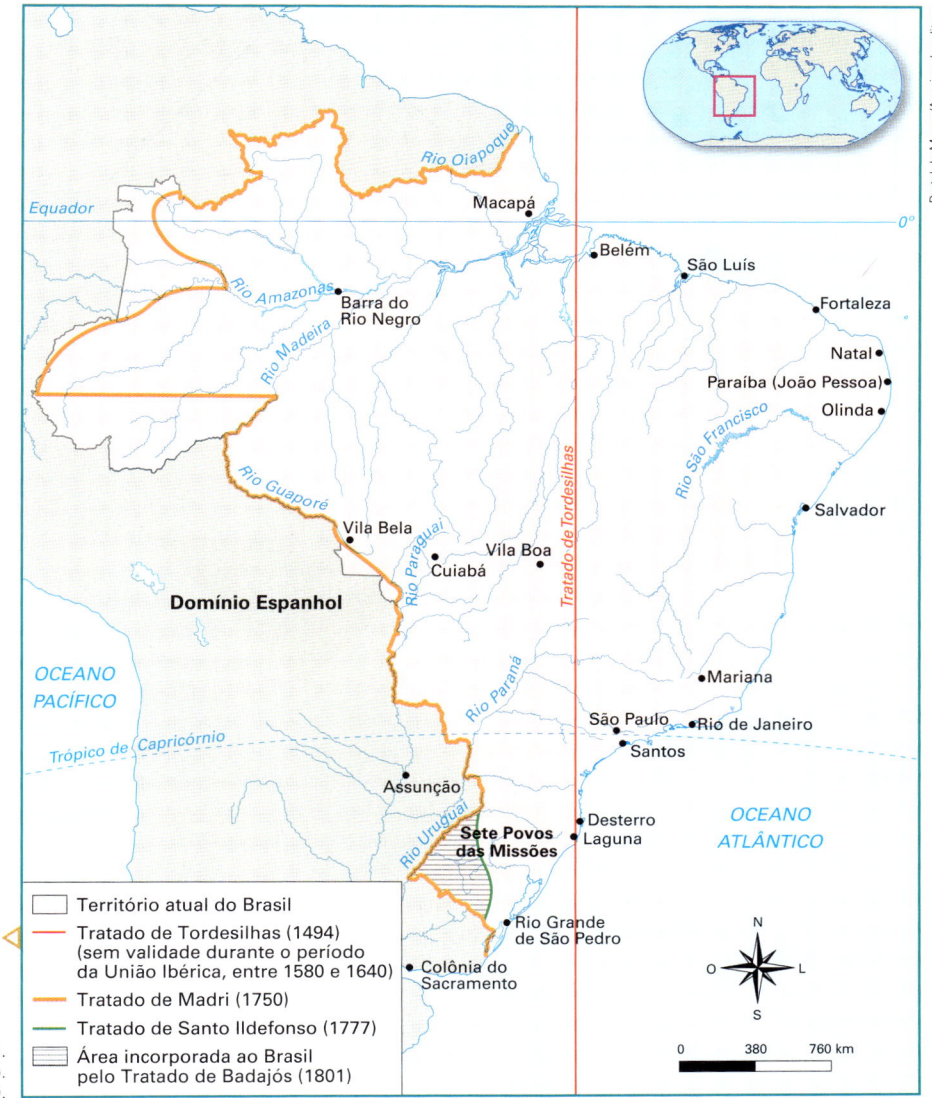

Definição das fronteiras da América portuguesa

Portal de Mapas/Arquivo da editora

Legenda:
- Território atual do Brasil
- Tratado de Tordesilhas (1494) (sem validade durante o período da União Ibérica, entre 1580 e 1640)
- Tratado de Madri (1750)
- Tratado de Santo Ildefonso (1777)
- Área incorporada ao Brasil pelo Tratado de Badajós (1801)

Fonte: elaborado com base em IBGE. *Brasil*: 500 anos de povoamento. Rio de Janeiro, 2000.

O Tratado de Badajós, de 1801, confirmou as decisões do Tratado de Madri sobre as fronteiras do sul.

ATENÇÃO A ESTES ITENS

- A construção do território do Brasil atual foi um longo processo, do qual participaram grupos distintos (como os exploradores bandeirantes e os missionários jesuítas), que tinham diferentes objetivos. Durante o período colonial, esse processo consistiu na ocupação do interior e na anulação dos limites impostos pelo Tratado de Tordesilhas.

- A ocupação do sertão nordestino foi promovida pela expansão da atividade pecuária e pelas expedições que visavam expulsar invasores estrangeiros. Já a conquista do Amazonas foi impulsionada pelo extrativismo ("drogas do sertão"), pela ação missionária dos jesuítas e pelas expedições militares organizadas pelos portugueses, com o objetivo de combater e impedir invasões estrangeiras.

- Os bandeirantes desempenharam importante papel na expansão territorial da colônia; porém, em seu avanço para o interior, atuaram com extrema violência, escravizando e dizimando povos indígenas. Os objetivos gerais das entradas e bandeiras eram o reconhecimento do território colonial, o aprisionamento de indígenas e a busca de riquezas minerais. As entradas eram, em geral, oficiais, a serviço do governo; as bandeiras, com frequência, eram empreendimentos particulares paulistas.

- A definição das fronteiras do sul da colônia envolveu muitas disputas entre portugueses e espanhóis. Essas disputas foram resolvidas pelo Tratado de Badajós (1801), que retomou decisões do Tratado de Madri e incorporou à América portuguesa a região de Sete Povos das Missões.

Imagens: Belmonte/Coleção particular

POR QUÊ?

- O processo de ocupação da América portuguesa alargou as fronteiras do território colonial, definindo as dimensões de boa parte do Brasil atual.

- A dizimação física e cultural de grupos indígenas provocada pela ação bandeirante, assim como a reorganização social e cultural dos indígenas aldeados, teve impactos profundos nos modos de vida das populações nativas.

- As diferentes configurações econômicas, sociais e culturais das regiões brasileiras podem ser explicadas com base no processo de ocupação, povoamento e exploração econômica do período colonial.

ATIVIDADES

2▸ Quais foram os elementos que motivaram a conquista do Amazonas?

3▸ Diferencie entradas e bandeiras e indique quais eram seus objetivos.

4▸ Releia o boxe *Saiba mais*, da página 176. Depois, responda: Por que existem tantas imagens que valorizam os bandeirantes como grandes personagens da nossa história?

Retome

1▸ Identifique as atividades que impulsionaram a conquista do sertão nordestino pelos colonizadores.

Analise e compare mapas

5▸ Observe os mapas a seguir e responda ao que se pede.

Definição da fronteira sul da América portuguesa

Organizado pelos autores.

a) Quais eram as principais áreas de disputa entre portugueses e espanhóis na definição das fronteiras do sul do país?

b) Como isso foi resolvido?

c) Que regiões do atual território brasileiro não faziam parte dos territórios coloniais portugueses?

6▸ Observe novamente o mapa *Ocupação do nordeste e do norte da América portuguesa*, da página 172, e depois responda às questões.

a) Qual era a importância das fortificações na colonização da América portuguesa?

b) Além dos fortes, quais outras construções marcaram presença na colonização da América portuguesa? Por quê?

c) Compare o mapa da página 172 com um mapa do Brasil atual e identifique os fortes que deram origem a pelo menos três capitais brasileiras.

Autoavaliação

1. Quais atividades você considerou mais fáceis e mais difíceis? Por quê?

2. Em quais atividades você utilizou o texto do capítulo como base para sua resposta?

3. Algum ponto do capítulo não ficou muito claro para você? Qual?

4. Você compreendeu o esquema *Mapeando saberes*? Explique-o.

5. Você saberia apontar exemplos da atualidade considerando o que aprendeu no item *Por quê?* do *Mapeando saberes*?

6. Como você avalia sua compreensão dos assuntos tratados neste capítulo?

   » **Excelente**: não tive nenhuma dificuldade.
   » **Boa**: tive algumas dificuldades, mas consegui resolvê-las.
   » **Regular**: foi difícil compreender certos conceitos e resolver as atividades.
   » **Ruim**: tive muitas dificuldades, tanto no conteúdo quanto na realização das atividades.

Os jesuítas trabalharam na catequização dos grupos indígenas como parte de um projeto português de colonização.

Nas missões, o controle e a administração eram realizados pelos religiosos. Além disso, os jesuítas pregavam o cristianismo e ensinavam os costumes portugueses aos indígenas.

O esquema abaixo mostra a estrutura e a organização do espaço de uma missão.

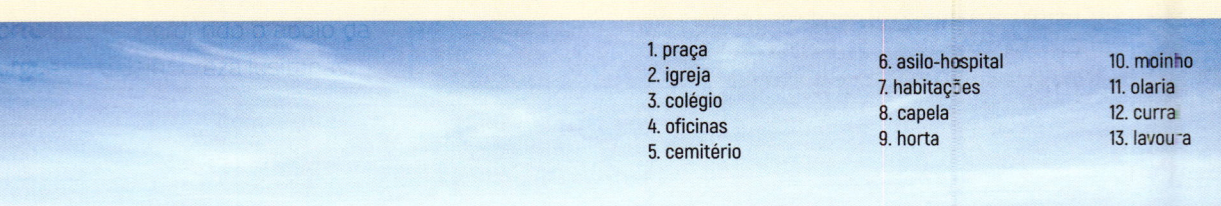

1. praça
2. igreja
3. colégio
4. oficinas
5. cemitério
6. asilo-hospital
7. habitações
8. capela
9. horta
10. moinho
11. olaria
12. curral
13. lavoura

Lígia Duque/Arquivo da editora

Fonte: elaborado com base em Repositório de Informática da Educação na Universidade Federal do Rio Grande do Sul. Disponível em: <http://penta2.ufrgs.br/rgs/historia/setePovosMissoes.html>. Acesso em: 20 set. 2018.

Os aldeamentos administrados por jesuítas apresentavam espaços típicos de cidades europeias. Entre eles, destacam-se praça, escola, cemitério e asilo-hospital.

No entanto, antes da chegada dos portugueses, inúmeros grupos indígenas ocupavam o território do atual Brasil. Parte desses grupos era sedentário e vivia da coleta, da caça e da agricultura. A organização das aldeias podia constituir-se de uma única habitação para todo o grupo, assim como podia haver habitações para subdivisões de um grupo.

A foto abaixo apresenta a aldeia Aiha, dos Kalapalo. Seu formato é circular, com as habitações voltadas para o interior do círculo, cujo espaço é descampado e de uso coletivo.

A aldeia e a casa dos Kalapalo são utilizadas para a realização de atividades econômicas e cerimoniais. Integrantes de outras etnias não exploram o território e as aldeias e casas mudam de tempos em tempos, ocorrendo um movimento ocasional de pessoas de um grupo para outro. A formação de grupos é feita com base mais em relações pessoais do que no pertencimento a um clã ou em direitos e obrigações com os ancestrais. Os Kalapalo ocupam oito aldeias no Parque Indígena do Xingu, no estado de Mato Grosso. Na fotografia, a aldeia Aiha (que significa algo "pronto"), em 2018.

Identifique características da aldeia indígena

1 ▸ Repare na imagem acima e na legenda. Que tipo de imagem é essa?

2 ▸ Quais são as principais características da organização espacial dessa aldeia indígena?

Reconheça diferenças e semelhanças da organização indígena e jesuítica

3 ▸ Quais são as principais diferenças entre a organização espacial indígena e a jesuítica?

4 ▸ Com base na resposta dada à pergunta anterior, você saberia dizer o que as reduções ou missões jesuíticas significaram para o modo de vida dos indígenas?

Crie hipóteses sobre as consequências da relação

5 ▸ Por que, durante muito tempo, os portugueses chamaram os indígenas de selvagens?

Na África ocidental, os griôs são músicos e contadores de histórias que transmitem as tradições de seu povo. Representação de um griô dançando. Ilustração publicada na revista *L'Illustration* em 1892.

UNIDADE 4

Escravidão, economia e dinamismo colonial

A África é partilhada por inúmeros povos com histórias e culturas muito distintas, cujo passado, em boa parte, é conhecido graças aos griôs. Alguns reinos se destacaram no comércio, na política e na riqueza cultural. Em várias regiões do continente africano, milhões de indivíduos foram capturados para trabalhar como escravizados na América. A contribuição das culturas africanas e os efeitos da escravidão estão presentes até hoje em nosso país.

1 De acordo com o que você já estudou, como você descreveria a história do continente africano?

2 Quais influências dos povos africanos você conhece no Brasil? Cite alguns exemplos.

10

Povos africanos e a conquista dos portugueses

Alamy/Fotoarena

Mercado em Ganta, na Libéria. Foto de 2017.

Assim como nos continentes americano e asiático, formaram-se na África diversos e populosos reinos. Pelo continente prevalecia uma grande diversidade cultural e linguística. Na religião, dada a variedade das crenças desenvolvidas na longa história africana, havia:

- muçulmanos da África do norte, desde a expansão islâmica do século VII;
- cristãos da época final e posterior ao Império Romano;
- povos de cultos tradicionais aos ancestrais, de oferendas às divindades, de culto aos animais, coisas e elementos da natureza, etc.

Antes da chegada dos europeus, na África existiam reinos independentes. Neles, em geral, as sociedades africanas eram divididas em várias categorias sociais, com atividades ou funções socioeconômicas específicas. Os clãs unidos por uma base linguística comum formavam as etnias. A figura do rei garantia a unidade dos grupos étnicos, sendo representado nas províncias por governadores ou monarquias locais.

▶ Para começar 🗨

Observe a imagem e responda às questões.

1. Qual é o lugar retratado e o que a mulher está fazendo?

2. Procure indicar hipóteses para explicar a importância dessa atividade na expansão dos reinos africanos.

1 Reinos africanos às vésperas da chegada dos europeus

Reinos e impérios africanos (séculos XI ao XIX)

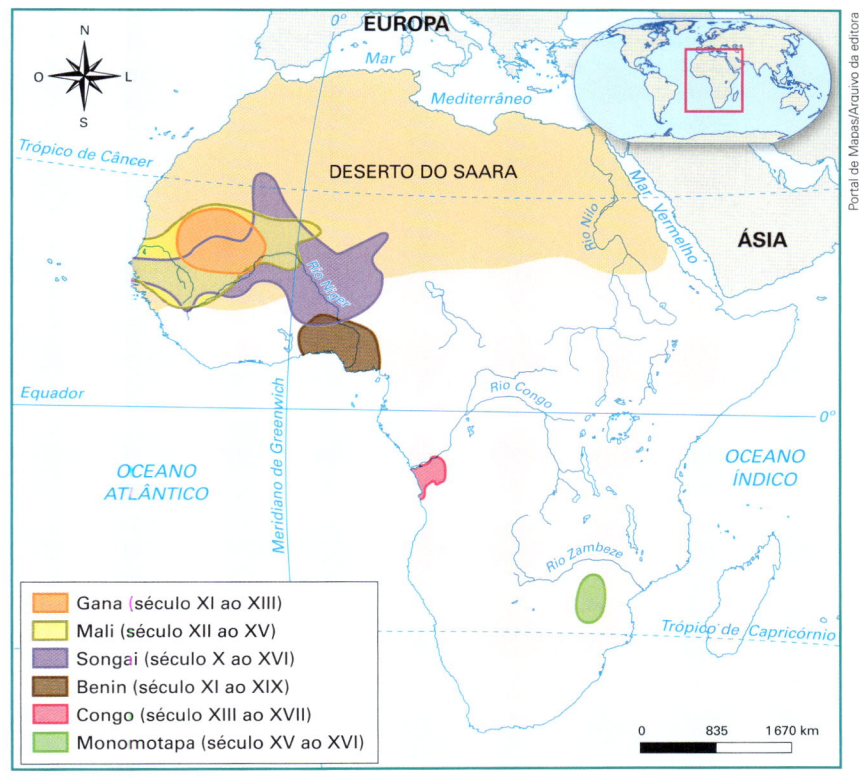

Gana (século XI ao XIII)
Mali (século XII ao XV)
Songai (século X ao XVI)
Benin (século XI ao XIX)
Congo (século XIII ao XVII)
Monomotapa (século XV ao XVI)

Fonte: elaborado com base em PAOLUCCI, Silvio; SIGNORINI, Giuseppina. *Il corso della storia 2*. Bologna: Zanichelli, 1997. p. 56; SOUZA, Marina de Mello. *África e Brasil africano*. São Paulo: Ática, 2006. p. 13; África em educação. Disponível em: <https://africaarteeducacao.ciar.ufg.br/modulo3/cntnt/parte1.html>. Acesso em: 8 maio 2018.

Reino de Mali

O **Reino de Mali** (ou Mandinga) foi estruturado ao sul da região onde havia se desenvolvido o Reino de Gana. As mais antigas notícias de governantes datam do século XII, mas foi só em 1235 que o soberano Sundjata Keita expandiu os domínios, conquistando terras ao sul (com minas de ouro) e ao norte (com grandes reservas de sal) e dominando o comércio transaariano. Sundjata converteu-se ao islamismo, recebendo o título de mansa.

Entre os séculos XII e XV, o Reino de Mali transformou-se em um poderoso império, dominando desde o interior do Saara até a costa Atlântica (atuais Mali e Mauritânia). Como Gana, também era grande produtor de ouro, além de algodão, arroz, sal, cobre, noz-de-cola, pecuária e tecidos. Os artesãos malineses desenvolviam diversificadas atividades,

LINHA DO TEMPO

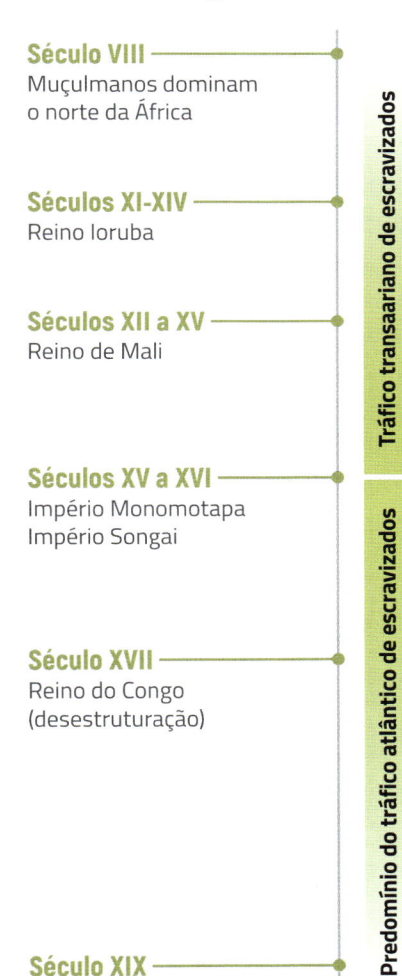

Século VIII
Muçulmanos dominam o norte da África

Séculos XI-XIV
Reino Ioruba

Séculos XII a XV
Reino de Mali

Séculos XV a XVI
Império Monomotapa
Império Songai

Século XVII
Reino do Congo (desestruturação)

Século XIX

Tráfico transaariano de escravizados

Predomínio do tráfico atlântico de escravizados

Linha do tempo esquemática. O espaço entre as datas não é proporcional ao intervalo de tempo.

▶ **Mansa:** título real dado aos imperadores do Reino de Mali.

reunindo ourives, tecelões, marceneiros, etc. O Mali controlou importantes rotas comerciais, com destaque para duas grandes e ricas cidades: Djenné e Tombuctu.

O poder no Mali concentrava-se na figura do monarca, auxiliado por um conselho, pelo chefe das forças armadas e pelo responsável por depósitos do tesouro (ouro, cobre, etc.). Além dos mandingas, o Mali reunia os povos chamados de soninquês, fulas, dogons, sossos e bozós.

Manuscrito em árabe da cidade de Tombuctu. Muitos dos manuscritos datam do final do século XII ao início do século XX.

Mansa Musa

No início do século XIV, entre os anos 1324 e 1325, o governante do Mali, o mansa Kankan Musa, fez uma peregrinação a Meca, com milhares de servos, muitos camelos e uma grande quantia em ouro. Ao longo do caminho, o rei teria doado parte de sua riqueza para a construção de mesquitas.

Musa reuniu sábios muçulmanos e os levou para a cidade de Tombuctu (no atual Mali). Tombuctu ficou famosa por sua riqueza. Era um ponto importante por onde passavam as caravanas que atravessavam o deserto com produtos asiáticos e africanos. Com a colaboração dos sábios e das ações do governante do Mali, a cidade destacou-se por suas universidades muçulmanas (chamadas *madrassas*), mesquitas e bibliotecas. Tornou-se assim, no século XV, um dos mais respeitados centros culturais islâmicos da África, atraindo poetas, artistas, astrônomos, matemáticos e arquitetos vindos de todo o mundo árabe e de lugares distantes.

Minha biblioteca

África, de Ilan Brenman. São Paulo: Moderna, 2008. Narra contos populares africanos de diversas regiões da África.

África e Brasil africano, de Marina de Mello e Souza. São Paulo, Ática, 2007. Amplo panorama do continente africano, com suas diversas sociedades, histórias e culturas, antes e depois da escravidão.

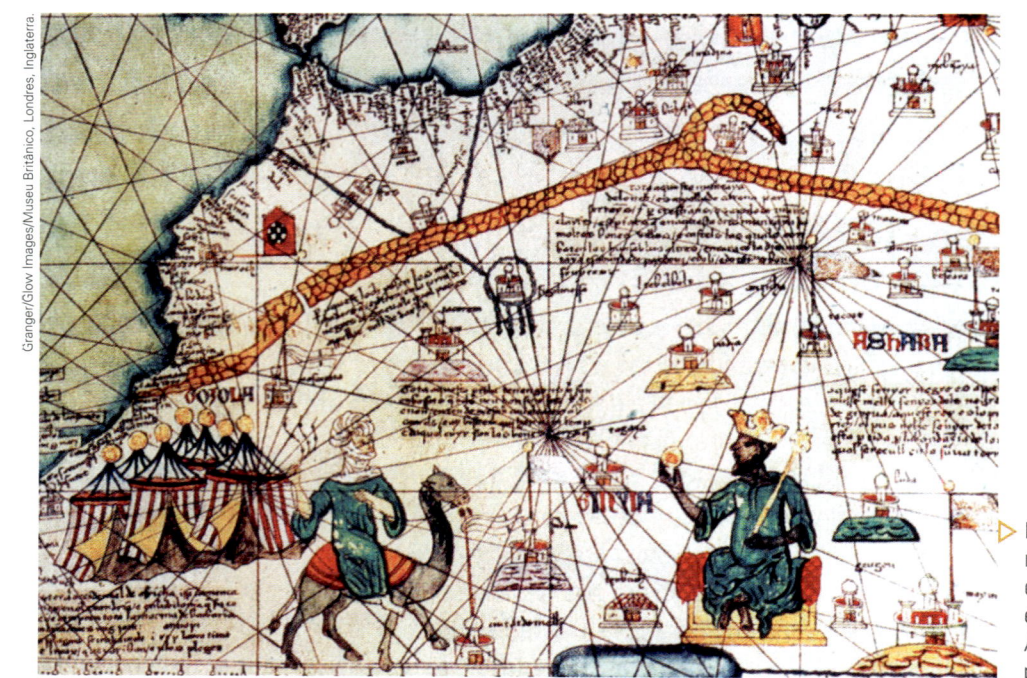

Mansa Kankan Musa representado segurando um cetro e uma peça de ouro em detalhe de um mapa do *Atlas catalão*, atlas medieval produzido no século XIV.

Mesmo adotando a crença muçulmana, os ritos tradicionais politeístas eram mantidos. Grande parte da história do Mali foi preservada por meio dos griôs, pessoas encarregadas de guardar e transmitir oralmente a história de seu povo.

Mesquita de Sankoré, construída no século XIV, em Tombuctu, no Mali. No local também funcionou uma universidade. Foto de 2016.

Império Songai

Ao longo dos anos, o Mali foi atacado e saqueado por povos vizinhos, perdendo parte de seu território para o Império muçulmano Songai, com capital em Gao, onde um pequeno Estado já existia desde o século XI. Com isso, o **Império Songai** tornou-se a mais importante unidade política da bacia do rio Níger.

Em 1471, o governante songuês Sonni Ali conquistou o Mali. Durante os séculos XV e XVI, Songai dominou o comércio através do Saara, atingindo o Mediterrâneo pela Argélia.

Songai foi o Estado mais forte do Sudão Ocidental até 1591. Nesse ano, exércitos originários do Marrocos invadiram o território songuês, resultando na destruição de mesquitas, escolas, bibliotecas e na desintegração de estruturas de poder. As atividades urbanas e comerciais foram substituídas pelas atividades agrícolas e pelo pastoreio e houve uma retomada das religiões tradicionais.

O Mali também despertou o interesse dos portugueses no século XV, que buscavam ouro e escravizados. Traficantes portugueses incentivavam conflitos entre chefes africanos e contra o imperador do Mali.

Dançarinos mascarados apresentando uma dança da cultura dogon nas falésias de Bandiagara, Mali. Foto de 2016.

Reino de Benin

Benin foi outro grande reino da África, fundado pelo povo edo no século XI, em territórios dos atuais Benin, Nigéria e Camarões. Muitos habitantes desse reino foram capturados e escravizados pelos nagôs e iorubas, seus vizinhos rivais. Alguns desses beninenses escravizados foram, posteriormente, vendidos aos europeus.

O governo de Benin cabia aos **obás**, reis que concentravam poderes político--religiosos. A cultura de Benin preservou a religião tradicional, cujas divindades eram chamadas **orixás**. Essa religião influenciou bastante a cultura brasileira, o que pode ser percebido principalmente no estado da Bahia.

A cidade de Benin, capital do reino, tinha ruas largas e extensas. O palácio real possuía diversos prédios com colunas de madeira e galerias com placas de cobre e bronze. Os chamados **Bronzes de Benin** formam um dos conjuntos artísticos famosos da história da África. Grande parte dos objetos, como placas comemorativas dos palácios reais produzidas entre os séculos XIII e XVIII, encontra-se no Museu Britânico de Londres. Alguns foram feitos com a técnica da cera perdida (molde de argila que serve de recipiente para o metal incandescente). Outros materiais eram utilizados, como madeira, marfim, ferro, cerâmica e couro. Essa produção artística parece ter sido influenciada pela cultura de Ilé-Ifé, região de nascimento da cultura ioruba.

Ifé, localizada na região da atual Lagos (Nigéria), tornou-se um importante centro de expressão religiosa ioruba. Suas práticas culturais e religiosas foram transmitidas pelos africanos escravizados saídos dessa região para as colônias portuguesas, espanholas, francesas e inglesas.

Placa de latão representando Obá em um cavalo, acompanhado de seus atendentes. Placa datada de 1550-1680, da cidade de Benin, Nigéria. Foto de 2017.

Placa de latão representando um guerreiro e seus atendentes. Placa datada do século XVI ao XVII, da cidade de Benin, Nigéria. Foto de 2017.

Império Monomotapa

Outra civilização africana que merece ser destacada é **Monomotapa**, localizada no sul da África, em áreas dos atuais Zimbábue e Moçambique. Seus governantes eram chamados de *Mwene Mutapa* (o senhor das minas), termo que seria adotado posteriormente pelos portugueses para designar o reino.

O auge desse império ocorreu entre os séculos XIV e XVI. Sua população trabalhava na exploração das minas de ouro e na realização de trocas comerciais em regiões banhadas pelo oceano Índico.

Grande Zimbábue era a capital do Império Monomotapa e reunia artesãos de joias de ouro e cobre, comerciantes, escultores e pastores. Algodão, ouro, cobre e madeira eram abundantes. A língua falada no império era o xona, uma variedade do banto. Em meados do século XV, a cidade de Grande Zimbábue foi incendiada e abandonada.

No século XVI, os portugueses estabeleceram relações comerciais com o Império Monomotapa, de onde escoavam ouro para Moçambique. Esse século foi marcado pela disputa comercial e política entre europeus, árabes e africanos pelo controle das rotas comerciais com o Oriente. No século XVII, um soberano do Império Rozvi, chamado Dombo, e seu exército expulsaram os portugueses do planalto de Zimbábue.

Contudo, nos séculos seguintes a região foi, como quase todo o continente africano, palco de conquista e domínio das potências europeias. Perante as ruínas da Grande Zimbábue, os europeus insistiram em negar que fossem sinais de uma grande civilização africana. Conquistadores, administradores e mesmo pesquisadores repetiram por décadas que a grandiosidade demonstrada pelas ruínas não poderia ter sido feita por nativos do continente, apesar das evidências apresentadas. Em 1890, por exemplo, o colonizador britânico Cecil Rhodes financiou a pesquisa do arqueólogo James Theodore Bent, para "provar" que a civilização do Grande Zimbábue não teria sido construída por africanos locais. No mesmo sentido, os rodesianos brancos (Rodésia era o nome da região – referência ao colonizador Cecil Rhodes – que

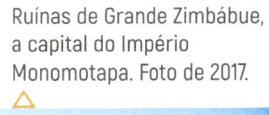

Ruínas de Grande Zimbábue, a capital do Império Monomotapa. Foto de 2017.

compreendia os atuais países de Zâmbia e Zimbábue) também não admitiam que os ancestrais dos africanos conheciam ou pudessem ter construído essas enormes muralhas de pedra. Todos acabaram vencidos com os estudos de vários arqueólogos no século XX, com destaque dos trabalhos de Peter Garlake (1934--2011) que mostrou que a Grande Zimbábue é inequivocamente africana, pondo fim a mais esse mito colonizador eurocêntrico.

Observe a imagem das ruínas ao lado.

Alamy/Fotoarena

A Grande Zimbábue

A Grande Zimbábue foi a capital do Império Monomotapa. Construída pelo povo xona, a área provavelmente foi escolhida por abrigar um solo rico, boa pastagem para o gado e muitas árvores ao redor, que serviam como lenha.

Monumento Nacional da Grande Zimbábue, em 2017. O monumento, considerado patrimônio mundial pela Unesco, preserva as muralhas da capital do Império Monomotapa.

ZIMBÁBUE
A palavra "zimbábue" vem da língua xona e significa "edifícios de pedra". Os xona encontraram uma maneira de construir paredes de mais de 10 metros de altura, de forma que as pedras ficassem firmes no lugar. O método de construção da "Grande Zimbábue" é único na arquitetura africana.

TORRE
Não se sabe ao certo para que era usada essa estrutura que parece uma torre em forma de cone.

RUÍNAS
Nas ruínas da Grande Zimbábue, arqueólogos desenterraram camas vindas da Índia e contas e porcelanas da China e da Pérsia. No palácio real, o rei e sua corte comiam em pratos finos importados da China, obtidos através de redes de comércio que atravessavam o oceano Índico até a Ásia.

Carlos Bourdiel/Arquivo da editora

Fonte: elaborado com base em KIDS Discover. The mystery of Great Zimbabwe. Disponível em: <www.kidsdiscover.com/wp-content/uploads/2013/05/African-Kingdoms_1617.jpg>. Acesso em: 13 set. 2018.

AVES SAGRADAS

Na Grande Zimbábue foram encontradas sete figuras de pedra, com 35 cm, que representam pássaros. São totens, hoje adotados como símbolo do país.

Rieger Bertrand/hemis.fr/Agência France-Presse

Pássaro esculpido em pedra-sabão, encontrado no sítio arqueológico do Monumento Nacional da Grande Zimbábue. Foto de 2015.

Alamy/Fotoarena

Parte do Monumento Nacional da Grande Zimbábue, em 2017. Na foto, muralhas construídas com grandes pedras de granito.

PEDRAS E GRANITO

Parte das construções da Grande Zimbábue foi originalmente coberta com grandes pedras de granito. Algumas pedras foram deixadas como parte dos edifícios que abrigavam o rei e a nobreza. Havia, ao redor dessas construções, grupos de casas feitas de barro e palha, onde morava o restante da população.

COMÉRCIO E DESENVOLVIMENTO

A construção da Grande Zimbábue começou no início dos anos 1000 e durou até 1400. Após ter sido finalizada, mais de 10 mil pessoas viviam dentro ou ao redor da Grande Zimbábue. No início do século XV, os governantes locais enriqueceram com a coleta de tributos e impostos sobre o comércio entre as minas de ouro e as cidades da costa leste africana.

DECLÍNIO

Não se sabe ao certo por que os xona abandonaram a cidade. Talvez o solo estivesse esgotado pela prática da agricultura e da criação de gado, não sendo possível continuar atendendo a população. Alguns especialistas acreditam que disputas entre governantes podem ter ajudado para o colapso da Grande Zimbábue.

PALÁCIO REAL

Muralhas mais altas circundavam o palácio do rei. Elas não serviam somente para proteção, mas também para demonstrar aos que passavam por ali o poder e o prestígio real.

A herança africana no Brasil

Muitas pessoas pensam que a África é um único país, um lugar inóspito, de natureza selvagem, onde se faz safári e existem hábitos e produtos exóticos. Também faz parte do imaginário a ideia de que o continente possui uma única população que sofre com a pobreza, economias dependentes e ditadores corruptos. Contudo, o continente africano é grande e diversificado. Essas visões limitadas e distorcidas reforçam os preconceitos e desqualificam a diversidade e a riqueza cultural africana.

Parte da rica cultura africana chegou ao Brasil com os escravizados. Sua influência no cotidiano, na religiosidade, nas artes, no modo de ser e de viver dos brasileiros é tão forte que muitas vezes a maioria das pessoas nem percebe. Essa influência se faz presente em ritmos musicais e danças, palavras do vocabulário e na culinária, por exemplo.

Leia o texto abaixo.

Sem utilizar registros escritos, os diversos povos africanos do passado mantinham a tradição de passar oralmente suas lendas. Com a escravização, as histórias de cada povo africano foram, gradualmente, se perdendo no tempo. Foi assim que os africanos do passado se tornaram tão agredidos quanto as suas terras. Dominadores europeus ignoraram a verdadeira história da África, muito mais rica e longa que os acontecimentos ocorridos durante o obscuro período da escravidão.

Vários povos africanos já dominavam técnicas de agricultura e metalurgia, usavam sistemas matemáticos no comércio de mercadorias, tinham conhecimentos de astronomia e de medicina que serviram de base para a ciência moderna. Embora a tradição oral seja forte nas culturas africanas, diferentes povos do continente já possuíam escrita e viviam em vilas altamente organizadas.

Os africanos estão hoje integrados no mundo moderno, mas ainda preservam hábitos, crenças, técnicas de produção e rituais muito antigos. A África é e sempre foi um continente pluricultural, poliglota e multiétnico.

Disponível em: <https://pt.scribd.com/document/316722012/A-Heranca-Africana-No-Brasil>. Acesso em: 17 out. 2018.

Márcio Pannunzio/Fotoarena

Festa da Congada de São Benedito em Ilhabela, São Paulo. Foto de 2018.

1▸ Leia a letra da canção a seguir e faça o que se pede.

África

Palavra Cantada

Quem não sabe onde é o Sudão
saberá
A Nigéria, o Gabão,
Ruanda
Quem não sabe onde fica o Senegal,
a Tanzânia e a Namíbia,
Guiné-Bissau?
Todo o povo do Japão
saberá
de onde veio o
Leão de Judá
Alemanha e Canadá
saberão
Toda a gente da Bahia
sabe já
de onde vem a melodia
do ijexá.
O Sol nasce todo dia
Vem de lá
Entre o Oriente e Ocidente
Onde fica?
Qual a origem da gente?
Onde fica?

África fica no meio do mapa do mundo do atlas da vida
Áfricas ficam na África que fica lá e aqui
África ficará
Basta atravessar o mar
pra chegar
Onde cresce o Baobá
pra saber
da floresta de Oxalá
e malê
do deserto de Alah
do ilê
Banto mulçumanamagô
Yoruba

TATIT, Paulo; PERES, Sandra. *Pé com pé*. São Paulo: MCD, 2005.

Rodval Matias/Arquivo da editora

a) Você já conhecia essa canção? Que elemento utilizado na letra da música marca a cadência, ou seja, o seu ritmo? Preste atenção na forma como as palavras estão distribuídas em cada frase.

b) Em grupos, sigam estas etapas:

- Escolham apenas um dos países africanos citados na letra da canção. Cada grupo deve escolher um país diferente.

- Pesquisem e reúnam informações sobre o país escolhido (localização, capital, línguas e religiões predominantes, cidades de destaque, principais atividades econômicas, aspectos físicos, demográficos, históricos e culturais, riquezas minerais, paisagens geográficas principais, etc.).

- Se julgarem interessante, organizem as informações em uma tabela, usem mapas, gráficos, fotografias e outras fontes sobre o país selecionado para ilustrar sua pesquisa.

- Com base no material pesquisado, elaborem um cartaz. Os cartazes de toda a turma vão compor um mural com o tema **Diversidade africana**.

2. Leia o poema a seguir e faça o que se pede.

Sabedoria de diferentes povos africanos
que correntes, castigos e preconceitos,
por mais de quinhentos anos, tentaram
distorcer, apagar, dispersar.
Mesmo assim, os negros e seus descendentes nunca
deixaram de fazer cultura e transformar
sua própria história,
tornando o passado um presente que não pode ser
esquecido ou negado.
Dentro de todos nós, de todos nós,
de todos nós,
de todos
nós

CASTANHA, Marilda. *Agbalá, um lugar continente*. São Paulo: Formato, 2001. p. 29.

a) Quais relações a autora estabelece em seu poema para falar sobre os saberes dos povos africanos?

b) O que a autora do poema pretende dizer quando ela considera que "os negros e seus descendentes nunca deixaram de fazer cultura e transformar sua própria história, tornando o passado um presente que não pode ser esquecido ou negado"?

c) Qual recurso foi utilizado no final do poema para reforçar a importância da cultura e da história africanas?

d) Você já se perguntou sobre a influência africana em seu cotidiano? Em grupos, elaborem uma lista com exemplos da conexão África-Brasil. Vocês podem listar manifestações religiosas e culturais, culinária, palavras e expressões, festas, ritmos, instrumentos musicais e muito mais.

3. Leia as informações apresentadas na linha do tempo abaixo. Ela apresenta exemplos de conhecimentos e técnicas desenvolvidas por povos africanos ao longo do tempo. Depois faça o que se pede.

a) Identifique a qual área do conhecimento ou técnica cada fato da linha do tempo se refere.

b) Você já tinha ouvido falar sobre algum desses conhecimentos desenvolvidos pelos africanos? Qual(is)? O que você sabia sobre ele(s)?

c) Em sua opinião, o conhecimento dessas práticas culturais possibilita questionar as visões preconceituosas a respeito da África? Escreva um texto sobre o assunto.

Cerca de 20 mil a.C.
O objeto matemático mais antigo é o bastão de Ishango, osso com registros de dois sistemas de numeração. Ele foi encontrado no Congo em 1950 e é 18 séculos mais antigo do que a Matemática grega.

3000 a.C.
O médico negro Imhotep é visto por alguns estudiosos como o verdadeiro pai da Medicina. Ele viveu 25 séculos antes de Hipócrates e já aplicava no Egito conhecimentos de Fisiologia, Anatomia e drogas curativas em seus pacientes.

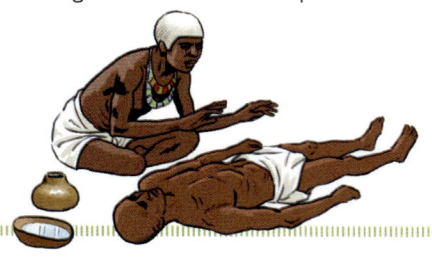

2000 a.C.
O povo Haya (da região da atual Tanzânia) produzia aço a 400 graus Celsius, temperatura superior à dos fornos europeus do século XIX.

Ilustrações: Rodval Matias/Arquivo da editora

4▸ Os selos a seguir homenageiam a cultura africana em nosso país. Inspirado nos textos, imagens e atividades anteriores, elabore um selo em uma folha de papel sulfite para evidenciar a conexão África-Brasil.

Carybé/Empresa Brasileira de Correios e Telégrafos

R$0,65

Brasil 2009

Roda de Capoeira e Ofício dos Mestres de Capoeira

Carybé

◁ Selo com reprodução da pintura *Roda de capoeira e ofício dos mestres de capoeira*, de Carybé.

 De olho na tela

Atlântico negro: na rota dos orixás. Direção: Renato Barbieri. Brasil, 1998. Apresenta a influência africana na religiosidade brasileira e a origem das raízes da cultura jêje-nagô em terreiros de Salvador (o candomblé) e do Maranhão, onde a mesma influência gerou o Tambor de Minas.

Luciomar S. de Jesus/Empresa Brasileira de Correios e Telégrafos

BRASIL 2012

1º Porte Carta Comercial

Luciomar S. de Jesus

Parque Memorial Quilombo dos Palmares - União dos Palmares/AL

◁ Selo em homenagem ao Parque Memorial Quilombo dos Palmares, em Alagoas, com arte de Luciomar S. de Jesus.

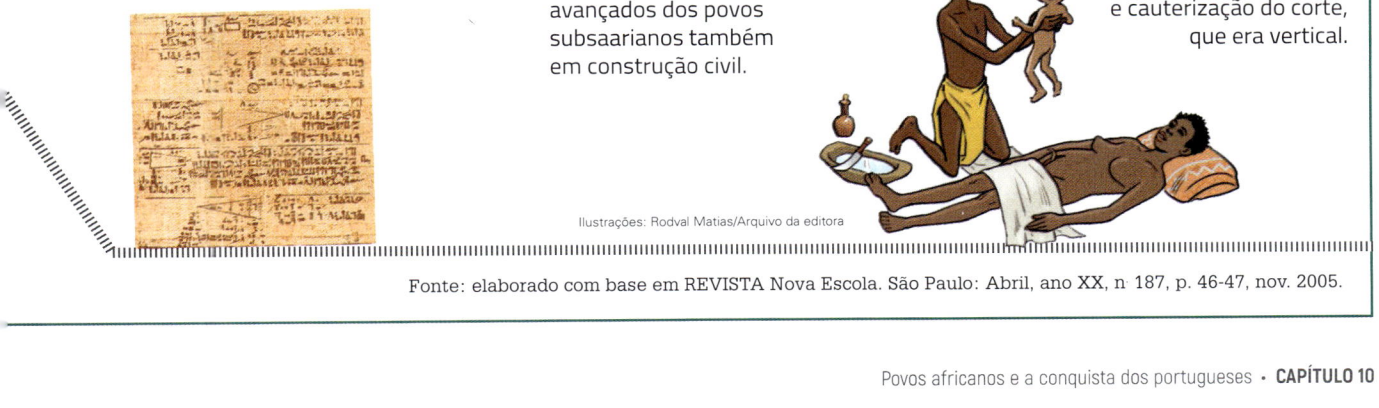

1650 a.C.

O papiro de Rhind indica que os egípcios calculavam o valor aproximado das propriedades do triângulo retângulo antes de Pitágoras (século VI a.C.).

Século XII

Muros de pedra de 10 metros de altura foram erguidos na região do Zimbábue. As ruínas revelam saberes avançados dos povos subsaarianos também em construção civil.

1879

O médico inglês R. W. Felkin aprendeu com os Banyoro técnicas de cesariana. O procedimento já envolvia assepsia, anestesia e cauterização do corte, que era vertical.

Ilustrações: Rodval Matias/Arquivo da editora

Fonte: elaborado com base em REVISTA Nova Escola. São Paulo: Abril, ano XX, n· 187, p. 46-47, nov. 2005.

Reino do Congo

O **Reino do Congo** surgiu em fins do século XIII, entre povos bantos, com capital em Mbanza Congo. Seu antigo território corresponde hoje ao noroeste de Angola, a Cabinda, à República do Congo, à parte ocidental da República Democrática do Congo e à parte centro-sul do Gabão.

O primeiro governante do Congo foi Nimi Lukeni, intitulado manicongo ("senhor do Congo"). Os manicongos tinham doze conselheiros, entre coletores de impostos, militares e juízes.

No século XV, Mbanza Congo era uma grande capital. O manicongo vivia em construções cercadas por muros, com aposentos ricamente decorados, na companhia de mulheres, filhos, parentes, conselheiros e grupos de escravizados. As cerimônias públicas eram realizadas em uma grande praça. Também moravam na cidade artesãos, comerciantes, soldados, agricultores e a população escravizada.

Limites do Congo (século XVII)

Fonte: elaborado com base em SOUZA, Marina de Mello e. *África e Brasil africano*. São Paulo: Ática, 2012. p. 39.

Além da metalurgia, tecelagem e cerâmica, o pastoreio e a agricultura faziam parte da economia do reino, com destaque para as funções exercidas pelas mulheres na semeadura, rega e colheita. Destacava-se, ainda, o trabalho dos ferreiros. Segundo os relatos tradicionais, o fundador do reino tinha sido um rei ferreiro. Por isso, essa atividade era realizada pelas linhagens dominantes (nobres) de cada aldeia.

Grande parte da história do Congo foi contada com base nos relatos de europeus – o primeiro contato com portugueses ocorreu em 1482.

Cristianização do Reino do Congo

Ao sul do Reino do Congo existia o reino Ndongo. Os chefes locais eram chamados de *ngola*, de onde surgiu o nome do território de Angola. A linhagem principal teria surgido com Ngola Kiluanje (1515-1556), vindo do norte com um grupo de seguidores e fundando a cidade de Cabaça.

Em 1482, o navegador português Diogo Cão desembarcou na foz do rio Zaire. Em 1491, o manicongo Nzinga Nkuwu recebeu o batismo cristão e passou a se chamar dom João I. Posteriormente, o cristianismo foi implantado no reino.

Após a morte de dom João I, seu filho Nzinga Mbemba também se converteu ao cristianismo e tornou-se o rei Affonso I (1505-1543). Em seu governo enviou jovens para estudar em Portugal e procurou combater o tráfico de mão de obra escravizada.

A desestruturação do reino ao longo do século XVII esteve relacionada ao despovoamento, aos conflitos locais e ao declínio econômico promovidos pelo comércio de escravizados.

Grande parte dos africanos escravizados trazidos para a América portuguesa, especialmente os que foram destinados à exploração do ouro em Minas Gerais ao longo do século XVIII, saíram do litoral de Angola e do Congo.

Gravura de dom João I produzida por Pierre Duflos em 1780.

O texto a seguir apresenta algumas diferenças entre as visões construídas pelos conquistadores europeus e as estruturas políticas locais no Congo. Leia-o e responda às questões propostas.

Nos documentos deixados pelos primeiros agentes da monarquia portuguesa, por comerciantes e missionários enviados ao Congo, toda região é qualificada de "reino", os governantes de "reis", as demais lideranças locais como "vassalos" e as áreas próximas a Mbanza Congo como "províncias". Ao fazer isso, os portugueses projetavam a realidade que eles conheciam na Europa para a África, mas na prática as diferenças entre os seus modelos de governo e o dos africanos eram significativas.

[...] Numa análise sobre os fundamentos da organização social propriamente congolesa, o que se verifica é que o principal pilar de sustentação dessa sociedade era a linhagem, que representava a perpetuação dos ancestrais, em cuja memória assentava toda a legitimidade do poder de mando. Como nos demais pequenos Estados, em outras chefaturas do Congo a sucessão ao trono não se fazia de modo hereditário, mas dependia da indicação, aprovação ou eleição pelos chefes locais de linhagens. [...]

Mesmo que pertencessem todos à prestigiosa linhagem Lukeni, os indivíduos que se tornassem manicongo dependiam de diversas instâncias de negociação para alcançar o poder. O sistema de sucessão se fazia através da linhagem materna, e não da linhagem paterna, de modo que as relações entre predecessores e sucessores não ocorriam de forma direta, e qualquer membro masculino de qualquer ramo de linhagem podia reivindicar o trono. A decisão final dependia de negociações entre os chefes de linhagens e clãs, ou da força militar colocada à disposição dos concorrentes, sendo frequentes as rivalidades e assassinatos nos períodos de sucessão. Se de um lado esse sistema aparentemente confuso parecia provocar a dispersão do poder, por outro preservava o equilíbrio da sociedade, que estava acima do poder do Estado.

▸ **Instância:** categoria, esfera.

▸ **Predecessor:** antecessor, precursor.

MACEDO, José Rivair. *História da África*. São Paulo: Contexto, 2013. p. 85-86.

1▸ Qual é o principal assunto do texto?

2▸ Por que os documentos dos agentes da monarquia portuguesa não revelam como era a estrutura sociopolítica do Congo?

3▸ Como se estruturavam as relações de poder no Congo antes da presença portuguesa?

Reprodução/Biblioteca da Universidade de Virgínia, EUA.

Missionário capuchinho celebra missa no Reino do Congo, em aquarela italiana de 1747.

▸ **Capuchinho:** ordem religiosa católica.

Pat Masioni/Sylvia Serbin/Edouard Joubeaud/Adriana Balducci/Unesco

Nzinga Mbandi, rainha do Ndongo e Matamba, em ilustração de 2014, feita por Pat Masioni para o projeto da Unesco chamado *Mulheres na história africana*.

[...]

A trajetória de Nzinga Mbandi é um exemplo de como os chefes centro-africanos enfrentaram o avanço português.

[...]

Nasceu em 1582, filha do oitavo *Ngola* (do qual derivaria o nome Angola), título do principal chefe do reino do Ndongo.

[...]

No reinado de seu irmão Ngola Mbandi, agravou-se a tensão entre os locais e os conquistadores. Em 1617, o governador de Angola, Luis Mendes de Vasconcelos, invadiu o reino do Ndongo para construir o presídio de Mbaka, a poucas milhas da Cabaça, a moradia do Ngola. O resultado foi uma guerra intensa, ao fim da qual Ngola, vencido, refugiou-se na ilha de Kindonga, no rio Kwanza. Em 1622, João Correia de Sousa assumiu o governo e decidiu procurar o Ngola para restabelecer a paz, uma vez que o cenário de guerra paralisara os mercados de escravos. Foi quando Nzinga entrou em cena.

Ngola Mbandi mandou sua irmã mais velha como embaixadora para negociar a paz com os portugueses. Na audiência com o governador, ela impressionou a todos por sua inteligência e habilidade diplomática. Defendeu a manutenção da independência do Ndongo e o não pagamento de qualquer tributo à Coroa portuguesa, mas se mostrou aberta ao comércio. Entendendo que a paz com os portugueses passava pelo batismo cristão, aceitou o sacramento: recebeu o nome de D. Anna de Sousa, tendo como padrinho o próprio governador. De sua parte, os portugueses se comprometeram a efetivar a retirada do presídio de Mbaka.

O acordo, porém, não foi cumprido nem por aquele governador nem pelos sucessores. A situação levou ao enfraquecimento político de Ngola Mbandi, que morreu na ilha de Kindonga, em 1624, em circunstâncias que continuam sendo uma incógnita para a historiografia de Angola. Nzinga se apoderou das insígnias reais e assumiu o trono do Ndongo.

Sacramento: rito sagrado cristão – no caso do texto, o batismo.

Incógnita: o que não se conhece; mistério.

Insígnia: símbolo, emblema.

A nova rainha foi associada à possibilidade de libertação do povo Mbundo, etnia predominante no reino Ndongo. As crescentes fugas de [...] escravizados que guarneciam os presídios [...] enfraqueciam as tropas lusas, enquanto fortaleciam o exército de Nzinga. Aproveitando-se desse contexto favorável, a rainha lançou uma campanha antilusitana, formando e liderando uma confederação de descontentes com a colonização. Conquistou o apoio de sobas que já haviam se avassalado, além de poderosos chefes que não pertenciam ao Ndongo, como o Ndembo Mbwila (Ambuíla).

Capturar Nzinga e reduzi-la à obediência passou a ser um dos objetivos principais do governo português. [...]

A rainha foi então buscar proteção junto aos temidos *jagas*, guerreiros nômades que se organizavam em *quilombos* – acampamentos que se deslocavam conforme as necessidades de guerra, com rígida hierarquia e severa disciplina militar. Nzinga recebeu o título feminino mais importante no *kilombo* – Tembanza –, assumindo funções rituais essenciais.

[...]

Por volta de 1630, Nzinga ocupou o reino de Matamba (Ndongo Oriental), terra evocativa de seus ancestrais e tradicionalmente governada por mulheres. Foi na condição de rainha de Matamba que ela soube da invasão holandesa em Angola, em 1641. Ali estava uma oportunidade de estabelecer nova aliança para minar a presença portuguesa na região. Nzinga aproximou-se dos invasores, e juntos criaram uma importante rota comercial que conectava Luanda (agora de posse holandesa) a Matamba, trocando escravos por mercadorias europeias, sobretudo armas de fogo.

Era fundamental para a oligarquia do Rio de Janeiro restabelecer o domínio do mercado de escravos em Angola. Isso foi conseguido em 1648 por iniciativa de Salvador de Sá, que organizou tropas formadas por índios e bandeirantes para expulsar os holandeses. A vitória lusa teve o efeito direto de enfraquecer a rainha Nzinga.

[...]

O papa Gregório XV, com o objetivo de diminuir o poder que as coroas ibéricas tinham acumulado com as colonizações, criara em 1622 a *Propaganda Fide* – a "propagação da fé" –, que permitiu a ida à África Central de missionários que não tinham relações com a Coroa portuguesa. Entre eles estavam os capuchinhos, que chegaram à região na década de 1640. Nzinga enxergou nesses religiosos outra possibilidade de fazer novos aliados europeus que não fossem ligados ao governo português. Por meio do capuchinho italiano Antonio de Gaeta, Nzinga retornou ao catolicismo em 1656, renegando os ritos gentílicos e aceitando a fé de Cristo. A conversão ao cristianismo foi uma saída estratégica, pois, já idosa, ela sabia que a cruz seria o caminho mais rápido para a paz.

[...]

A líder de Matamba morreu em dezembro de 1663, com mais de 80 anos, sepultada de acordo com os ritos cristãos. O povo Mbundo a venerou como "rainha imortal", que nunca se entregou e que jamais aceitou a submissão aos invasores. Sua fama atravessou o Atlântico e chegou ao Brasil. Aqui, o nome Ginga, ou Jinga, é evocado em rodas de capoeira, em congados e maracatus de múltiplas formas: como guerreira que engana os adversários, inimiga da corte cristã, venerável ancestral de Angola.

BRACKS, Mariana. *Ginga, a incapturável*. Disponível em: <www.ceert.org.br/noticias/historia-cultura-arte/12318/ginga-a-incapturavel>. Acesso em: 4 maio 2018.

De olho na tela

Njinga, rainha de Angola. Direção: Sérgio Graciano. Angola, 2013. O filme conta a história de Njinga, uma das grandes guerreiras da história africana.

▸ **Guarnecer:** proteger; fortalecer.

▸ **Soba:** chefe local ou de Estado, em geral na costa ocidental ao sul de Angola.

▸ **Evocativo:** que relembra, rememora.

ATENÇÃO A ESTES ITENS

- No período que antecedeu a ocupação europeia, existiram no continente africano diversos reinos e impérios, entre eles: Mali, Songai, Benin, Monomotapa, Congo e Angola. Em meio à diversidade étnica e cultural, esses reinos e impérios tinham poderosos exércitos, controlavam a extração de ouro, a produção agrícola e áreas comerciais, com eficientes estruturas administrativas.

- A chegada dos portugueses à África marcou o grande impulso da escravização de africanos e do tráfico atlântico para atender a colonização da América. A investida europeia sobre a África marcou profundamente a História do continente e dos afrodescendentes.

Bridgeman Images/Easypix/Coleção particular

POR QUÊ?

- As influências africanas na cultura brasileira estão em nosso cotidiano, em nossa realidade presente.

- Não existem muitos registros escritos e arqueológicos das diferentes sociedades africanas. A história do continente é reconstruída em grande parte pela transmissão de conhecimentos por meio dos relatos orais, da permanência de tradições culturais e de relatos elaborados após a chegada dos europeus.

- Só se pode pensar a África e sua história como uma grande diversidade de natureza, culturas e povos. A história africana e os desdobramentos da conquista europeia, bem como o tráfico atlântico e a escravização, deixaram heranças profundas na nossa cultura e sociedade.

ATIVIDADES

Retome

1▸ Indique alguns aspectos importantes da história do Reino de Mali.

2▸ Quais reinos surgidos no continente africano estabeleceram contato com os europeus a partir do século XV?

3▸ Explique:

a) A relação entre o Mali e o islamismo;

b) Os principais reflexos dessa relação na cultura malinesa.

4▸ Complete o quadro abaixo.

Reino	Localização	Características gerais
Songai		
Benin		
Monomotapa		
Congo		

Analise o texto

5▸ A forma de organização política tradicional de muitos povos africanos é o clã, que se caracteriza por um grupo de famílias ligadas por laços de parentesco. O texto abaixo explica o papel do chefe desse grupo social. Leia-o atentamente e responda às questões.

O chefe do clã

O clã é liderado por um chefe ou rei. O papel do rei e seu poder variam de grupo para grupo e sofreram mudanças no decorrer da história, em particular depois da colonização da África pelas potências europeias.

O rei não é apenas um líder político, mas ainda um juiz em exercício, o guardião da justiça e da lei. Com muita frequência, é ele também o sacerdote responsável pelos sacrifícios do clã.

O motivo por que o rei acumula todas essas diferentes funções é que não há demarcação clara entre política, religião, lei e moral. Cada uma dessas formas é parte do princípio – o costume – sobre o qual aquela sociedade está construída.

O rei é o guardião cotidiano desses preceitos; ele personifica o contato com os antepassados, com a tradição. É também o representante dos deuses na Terra, bem como porta-voz dos homens perante os deuses.

▸ **Demarcação:** separação.
▸ **Preceito:** norma, regra.

HELLERN, Victor; NOTAKER, Henry; GAARDER, Jostein. *O livro das religiões*. São Paulo: Companhia das Letras, 2000. p. 91.

a) Segundo o texto, quais são as responsabilidades do chefe de um clã africano?

b) Por que o chefe ou rei africano acumula funções políticas e religiosas?

c) Em uma sociedade como a nossa, quem exerce as funções políticas e religiosas?

6▸ Releia o texto *Uma rainha africana* (boxe **Saiba mais**, nas páginas 200 e 201) e responda às questões.

a) Qual foi o papel desempenhado por Nzinga em seu reino?

b) Que impressão Nzinga causou no encontro com os portugueses?

c) Identifique as estratégias utilizadas pela rainha Nzinga para lidar com o avanço português no continente africano.

d) Na sua opinião, a memória de Nzinga permanece viva até os dias de hoje? Justifique sua resposta.

Autoavaliação

1. Quais atividades você considerou mais fáceis e mais difíceis? Por quê?

2. Em quais atividades você utilizou o texto do capítulo como base para sua resposta?

3. Algum ponto do capítulo não ficou muito claro para você? Qual?

4. Você compreendeu o esquema *Mapeando saberes*? Explique-o.

5. Você saberia apontar exemplos da atualidade considerando o que aprendeu no item *Por quê?* do *Mapeando saberes*?

6. Como você avalia sua compreensão dos assuntos tratados neste capítulo?

» **Excelente**: não tive nenhuma dificuldade.

» **Boa**: tive algumas dificuldades, mas consegui resolvê-las.

» **Regular**: foi difícil compreender certos conceitos e resolver as atividades.

» **Ruim**: tive muitas dificuldades, tanto no conteúdo quanto na realização das atividades.

Escravidão, tráfico e práticas de resistência

Reprodução/Coleção particular

Detalhe de *Festa de Nossa Senhora do Rosário*, tela de Johann Moritz Rugendas, de 1835. Litografia colorida à mão, 51,3 cm × 35,5 cm.

▶ **Para começar** 💬

Observe a imagem e responda às questões.

1. O que as pessoas estão fazendo?

2. Você conhece essa festividade?

3. Em sua opinião, o que os personagens com coroas representam?

Como em outros continentes, a escravidão foi uma prática muito antiga e comum na África, existindo desde a Antiguidade. Ela ocorreu pelos mais variados motivos: punição por crimes, pagamento ou penhora de dívidas, derrota em guerra, etc.

A escravidão variou muito ao longo do tempo, até mesmo na intensidade. Era pouco frequente nas aldeias e mais intensa nos grandes reinos. A África foi fonte de escravizados para as civilizações da Antiguidade, para o mundo islâmico a partir do século VII e, mais tarde, para a América.

Até a chegada dos europeus, no século XV, a escravização era feita com cativos obtidos nas guerras internas entre reinos e etnias. Aos poucos, foi adquirindo caráter comercial, com a formação de reinos e elites articuladas com o tráfico de cativos.

Os escravizados se tornaram "peças", mercadorias, alvos de um sistema de exploração econômica. Eles tinham sua identidade humana anulada e seus direitos perdidos. Até hoje, a escravidão deixou marcas que tentam ser reparadas ou combatidas pela sociedade brasileira.

1 A África e a escravidão

A partir do século VII, com a conquista do norte da África pelos islâmicos, foram criadas as rotas transaarianas (pelo deserto do Saara) de comércio de escravizados. Africanos escravizados também eram comercializados na rota oriental (pelo oceano Índico e pelo mar Vermelho).

Os berberes, povos islamizados do norte africano, organizaram as *cáfilas*, grandes caravanas que percorriam o deserto do Saara. Seu principal meio de transporte eram os camelos. Esses comerciantes logo ganharam seguidores na região sudanesa e em outras áreas africanas.

Portal de Mapas/Arquivo da editora

LINHA DO TEMPO

▷ Comerciantes árabes e africanos escravizados em miniatura árabe do século XII.

Apesar das imensas dificuldades diante das condições do Saara, como as grandes distâncias e a falta de água e poços, o comércio transaariano de vários produtos e de cativos impulsionou a escravização. Deu sentido comercial e serviu para a instalação organizada do tráfico negreiro africano, superando a forma tradicional da escravidão doméstica de pequena escala.

Até o século VII d.C.
África: escravidão doméstica

Séculos VII-VIII
Islâmicos no norte africano: tráfico transaariano

Século XV
Europa no comércio de escravizados africanos e montagem do tráfico atlântico

Século XVII
Salvador e Recife: principais portos de entrada de escravizados

Século XVIII
Rio de Janeiro: principal porto de entrada de escravizados

1888
Abolição da escravidão no Brasil

Linha do tempo esquemática. O espaço entre as datas não é proporcional ao intervalo de tempo.

▷ Uma caravana perto de Biskra, de Paul Lazerges, de 1892. Biskra fica na atual Argélia, país do norte da África. A maior parte de sua população tem origem berbere.

A roedura continental

Entre os séculos VII e XVI, acredita-se que mais de 7 milhões de africanos, entre homens, mulheres e crianças, foram capturados, aprisionados, escravizados e levados para outras regiões da África, Oriente Médio, América e Ásia.

A chegada dos europeus no século XV impulsionou o comércio de escravizados por meio das feitorias estabelecidas ao longo das costas marítimas do continente africano, tanto no lado Atlântico quanto no Índico. Esse processo de ocupação de regiões pontuais da costa litorânea africana, que durou até o século XIX, ficou conhecido como **processo de roedura**.

Portugal tinha tanto interesse no tráfico de escravizados que o rei dom Afonso V (1448-1481), não por acaso chamado de "o Africano", obteve o apoio do papa para o domínio da costa africana e para a escravização de africanos por meio de uma bula papal. Por ela, firmava-se a ameaça de excomunhão a quem se opusesse a tais determinações.

Pontos de comercialização de pessoas escravizadas ao longo da costa litorânea da África (séculos XV e XVI)

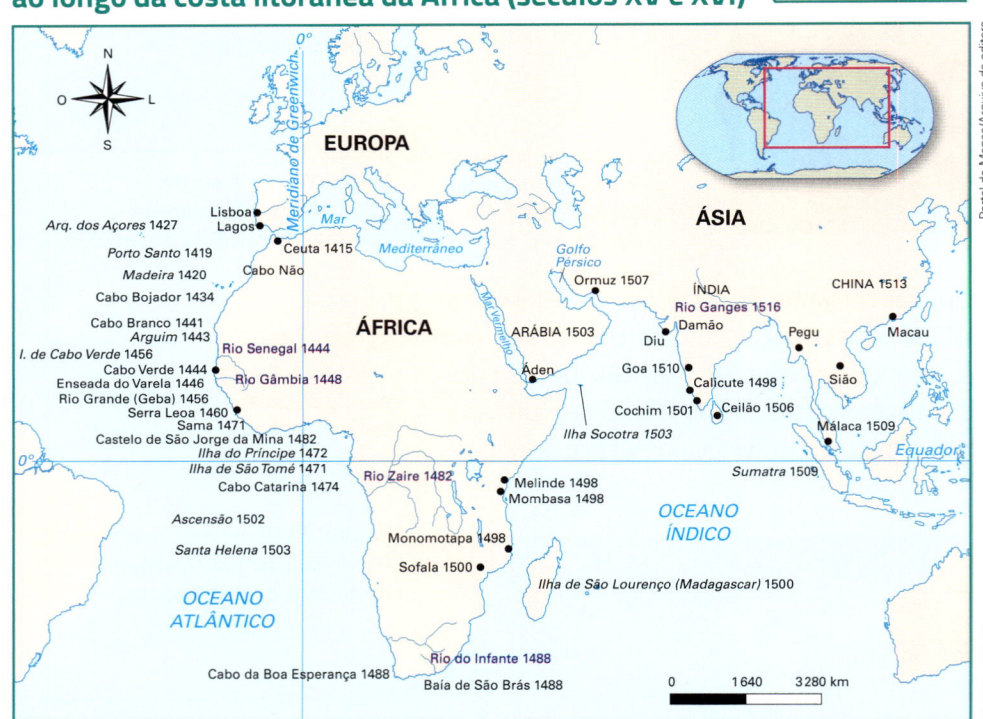

Portal de Mapas/Arquivo da editora

Fonte: elaborado com base em HERNÁNDEZ, Leila Leite. *A África na sala de aula*: visita à história contemporânea. 2. ed. rev. São Paulo: Selo Negro, 2008. p. 46.

Construindo conceitos

Escravidão antiga, servidão medieval e escravidão moderna

Nas civilizações antigas, era comum a **escravidão** de pessoas capturadas como prisioneiras de guerra. Isso ocorria na Mesopotâmia, no Egito, na Grécia e em Roma. Os escravizados constituíam a minoria da população egípcia e eram muito requisitados na construção de pirâmides, manutenção de diques, no cultivo das terras reais, etc. Na Mesopotâmia, na Grécia e em Roma, existiu também a escravidão por dívida.

No mundo antigo greco-romano, os escravizados trabalhavam em atividades privadas, ligadas à agricultura, ao artesanato, ao comércio, à mineração e também em atividades públicas, relativas ao Estado. Havia grande quantidade de escravizados no Império Romano e essa camada constituía a maior parte da mão de obra no período. Com a crise do Império, essa relação foi substituída pelo **colonato**: trabalhadores rurais fixados nas grandes propriedades, cultivando as terras dos grandes proprietários em troca de proteção.

Em muitas áreas da África antiga também havia escravizados de guerra. Conforme os impérios e reinos africanos se expandiam, era comum que a escravidão também crescesse, aumentando o número de pessoas disponíveis para o trabalho, bem como o prestígio do seu governante.

Mas em nenhuma dessas regiões a escravidão era uma instituição socioeconômica dominante. Ela não predominava sobre outras atividades nem era a principal fonte de renda dessas populações.

A partir da ocupação árabe do norte da África, iniciada no século VII, o fluxo do comércio de escravizados cresceu em direção ao noroeste da África e em partes da Europa e Oriente Médio. Eles eram levados pelas rotas transaarianas por mercadores muçulmanos.

É importante lembrar que na Idade Média, apesar de a escravidão existir em algumas regiões europeias, a relação social predominante era a **servidão**: a camada social mais pobre, formada por camponeses, vivia como **servos**. Nessa condição, eles eram subordinados aos seus senhores, pagando tributos para utilizar os recursos disponíveis no feudo. Trabalhavam parte do tempo nas terras do senhor e parte nas terras comuns, de onde tiravam seu sustento. Também recebiam e ofereciam proteção militar. Apesar dessa dependência, na maioria das vezes os servos eram indivíduos sem posses que estabeleciam uma relação de subordinação para com os senhores.

Foi a abertura de rotas através do oceano Atlântico, desde meados do século XV, que tornou a escravidão a principal atividade praticada na África. A partir de então, foi iniciada a exploração desenfreada do comércio de escravizados, principalmente para a América, desestabilizando a organização das comunidades africanas.

O tráfico transaariano de escravizados (650-1600)

Período	Média anual	Total estimado
650-800	1000	150000
800-900	3000	300000
900-1100	8700	1740000
1100-1400	5500	1650000
1400-1500	5300	430000
1500-1600	5500	550000
Total	–	4820000

Fonte: elaborado com base em LOVEJOY, Paul E. *A escravidão na África*: uma história de suas transformações. Rio de Janeiro: Civilização Brasileira, 2002. p. 61.

Tráfico de escravizados no mar Vermelho e na África oriental (800-1600)

Costa do mar Vermelho	Costa da África oriental	Total
1600000	800000	2400000

Fonte: elaborado com base em LOVEJOY, Paul E. *A escravidão na África*: uma história de suas transformações. Rio de Janeiro: Civilização Brasileira, 2002. p. 61.

2 A chegada dos europeus e o tráfico transatlântico

A partir do século XV, com o início da exploração por parte dos portugueses, seguidos por franceses, holandeses, ingleses e espanhóis, os africanos escravizados passaram a ser transportados pelo oceano Atlântico para as áreas coloniais.

O fortalecimento do tráfico transatlântico europeu intensificou o aspecto comercial da escravidão. Assim, ele provocou ainda mais confrontos entre etnias, aldeias e Estados africanos, e intensificou o aprisionamento de cativos. As guerras entre os diferentes povos africanos favoreciam o aprisionamento de muitas pessoas.

A conversão de alguns soberanos africanos ao cristianismo (como a do rei do Congo, no século XV) e as boas relações entre portugueses e congolenses até o século XVII (além de outras alianças) dinamizaram as práticas escravistas.

As investidas europeias aconteciam no litoral africano, mas, com a fuga de muitos indivíduos para o interior e o aumento do tráfico, os comerciantes europeus passaram a adquiri-los de comerciantes africanos e chefes locais por meio do **escambo**. Os escravizados eram trocados por tabaco, tecidos, cachaça, armas, joias, vidros e outros produtos oferecidos pelos traficantes.

Bridgeman Images/Easypix/Coleção particular

▷ Africanos capturados para serem vendidos como escravizados. Gravura de Edwin Hodder, do século XIX.

No início, os africanos escravizados pelos europeus eram enviados para a Europa; depois, foram levados às plantações de cana-de-açúcar na ilha da Madeira e ao tráfico no interior da própria África. Por fim, passaram a fazer parte da estrutura econômica colonial, tornando-se a principal mão de obra na América portuguesa.

Não sabemos o número preciso de pessoas trazidas da África para a América. As tabelas da página seguinte apresentam estimativas do destino dos africanos escravizados e o fluxo por período.

Os entrepostos europeus de escravizados na África (séculos XV-XIX)

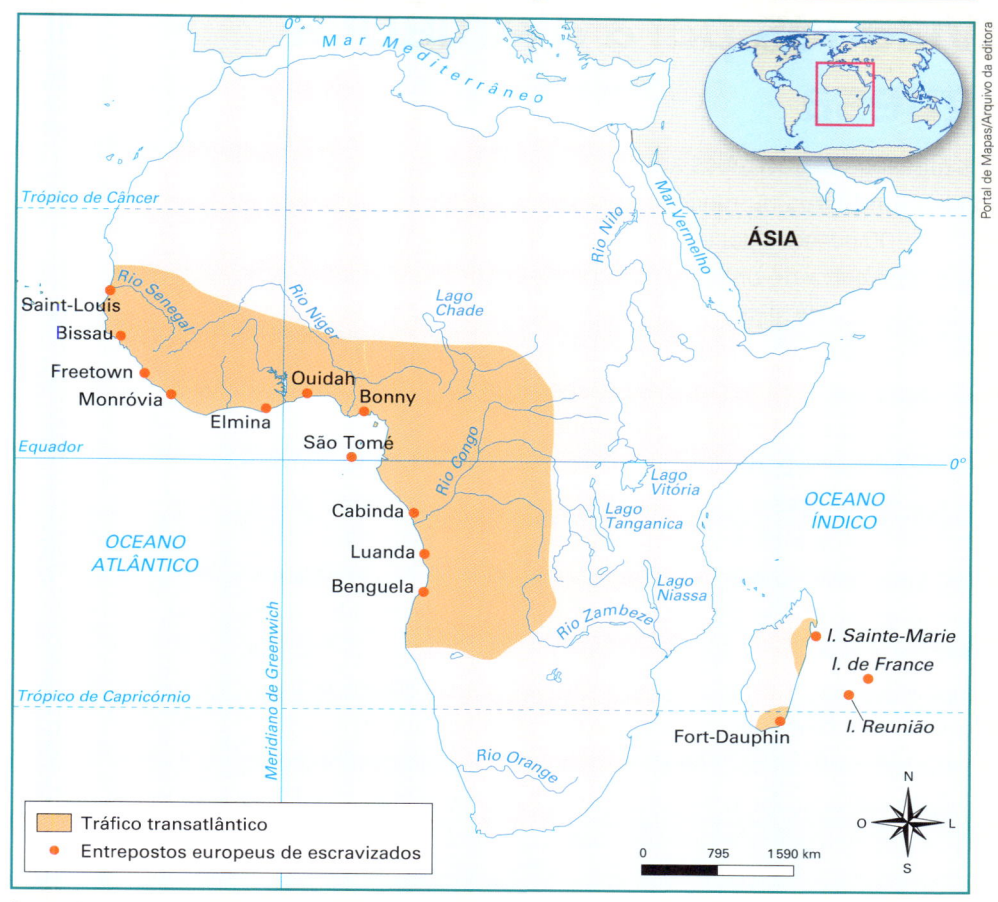

Fonte: elaborado com base em DUBY, Georges. *Grand Atlas Historique*. Paris: Larousse, 2006. p. 258.

O comércio transatlântico (XV-XIX)

Período	Número de escravizados computados	Porcentagem
1450-1600	409 000	3,6
1601-1700	1 348 000	11,9
1701-1800	6 090 000	53,8
1801-1900	3 466 000	30,6
Total	11 313 000	100,0

Fonte: elaborado com base em LOVEJOY, Paul E. *A escravidão na África*: uma história de suas transformações. Rio de Janeiro: Civilização Brasileira, 2002. p. 51.

As tabelas não incluem as pessoas que morreram no processo violento de captura na África nem as que não sobreviveram aos rigores da travessia do oceano Atlântico. Reforçando a falta de exatidão dos números, alguns estudos apontam estimativas ainda maiores de embarque de africanos escravizados para a América, chegando a mais de 12,5 milhões e, para a América portuguesa, a 5,5 milhões.

Destino dos africanos no Novo Mundo (XVI-XIX)

Brasil	4 000 000
Colônias espanholas	2 500 000
Colônias britânicas*	2 000 000
Colônias francesas	1 600 000
Estados Unidos	500 000
Colônias holandesas	500 000
Colônias dinamarquesas	28 000
Total	11 128 000

*Excluídos os Estados Unidos da América.

Fonte: elaborado com base em THOMAS, Hugh. *The slave trade*: the story of the atlantic slave trade: 1440-1870. New York: Simon & Schuster, 1997. p. 804. In: DEL PRIORE, Mary; VENÂNCIO, Renato Pinto. *Ancestrais*: uma introdução à história da África atlântica. Rio de Janeiro: Elsevier, 2004. p. 167.

3 O tráfico de africanos escravizados para a América portuguesa

O transporte dos africanos escravizados até a América portuguesa era feito em embarcações chamadas **tumbeiros** ou **navios negreiros**. As viagens chegavam a durar dois meses e 200 a 500 pessoas podiam ser transportadas por navio. Durante o século XVI, calcula-se que cerca de um terço das pessoas morria por causa das péssimas condições de higiene e de alimentação, além dos maus-tratos recebidos.

Os indivíduos que chegavam vivos eram desembarcados e vendidos nos principais portos da colônia, como Salvador, Recife, Rio de Janeiro, Fortaleza, Belém e São Luís, onde estavam sediados os comerciantes que controlavam o tráfico.

A maioria dos escravizados era **banto** (capturados nas regiões dos atuais Congo, Angola e Moçambique) e **sudaneses** (originários dos atuais territórios da Nigéria, Daomé e Costa do Marfim). Os sudaneses eram desembarcados, predominantemente, na Bahia; os bantos, geralmente em Pernambuco, Minas Gerais e Rio de Janeiro.

Entre os séculos XVI e XIX, o Brasil foi um dos principais destinos dos navios negreiros, sendo o território que mais recebeu africanos escravizados na história. Integrados a esse amplo comércio, formaram-se poderosas casas comerciais e pequenos e médios comerciantes se envolveram na distribuição dos cativos.

Durante quase 400 anos, africanos e seus descendentes serviram de mão de obra nas lavouras de cana-de-açúcar e café, na exploração do ouro, nas atividades urbanas e em muitas outras funções, vivendo diversas formas de violência em seu cotidiano.

Muitos estudos têm procurado entender os contextos, as particularidades e as variações das práticas sociais e culturais dos escravizados, como relações familiares, formas de resistência, heranças e transformações de aspectos dos seus locais de origem, resgatando traços da vida cotidiana dessa parcela explorada da população.

A América portuguesa foi a principal compradora de africanos escravizados: os cerca de 4 milhões que aqui desembarcaram até o século XIX representavam mais de um terço do total capturado e retirado da África.

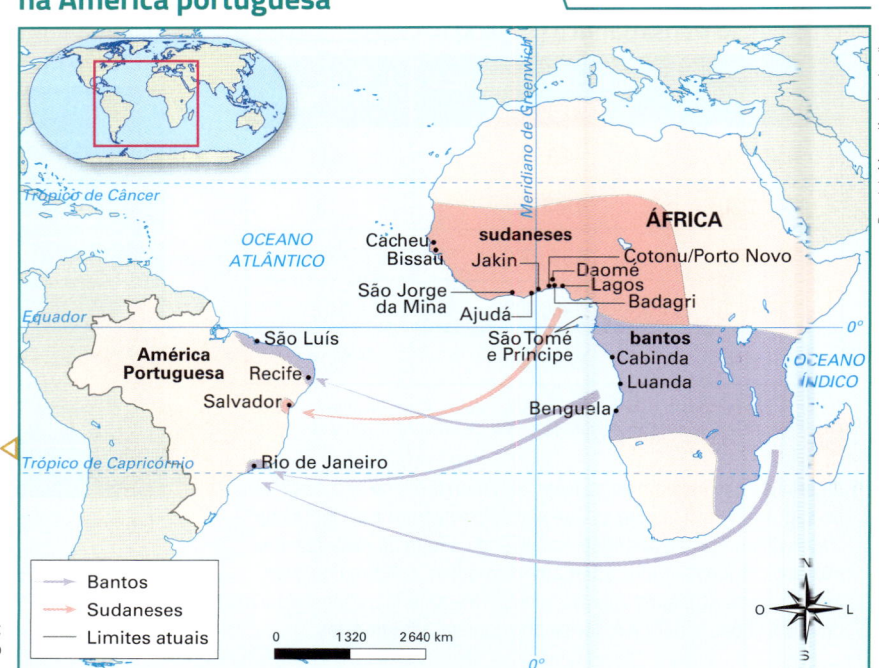

O comércio de africanos escravizados na América portuguesa

Portal de Mapas/Arquivo da editora

Fonte: elaborado com base em CAMPOS, F.; DOLHNIKOFF, M. *Atlas História do Brasil*. São Paulo: Scipione, 1998. p. 9.

4 A utilização da mão de obra indígena

Os indígenas foram amplamente utilizados como mão de obra nas primeiras décadas de colonização da América portuguesa e, em menor intensidade, até o século XIX, em especial na capitania de São Vicente. No Nordeste, eles foram rapidamente substituídos pelos africanos escravizados, logo após surgirem as primeiras grandes propriedades açucareiras.

Os indígenas eram vistos pelos colonizadores europeus como "preguiçosos e indolentes" e por isso não se adaptavam ao trabalho nos engenhos. Essa é uma explicação preconceituosa, que revela desconhecimento das culturas indígenas. Na tradição dos nativos que praticavam a agricultura, o plantio servia para a sobrevivência do grupo, e não para a obtenção de lucros. Portanto, o trabalho em grandes plantações não tinha sentido para esses povos.

Essa explicação foi aceita por muito tempo e contribuiu para ocultar as verdadeiras causas da escravidão africana. Como vimos no Capítulo 9, os jesuítas tratavam os indígenas como um novo "rebanho" de fiéis, necessários para a expansão da fé católica. Por isso, a escravização de indígenas era combatida pelos jesuítas, confrontando diretamente os senhores de engenho.

É importante considerar também que, depois da chegada dos portugueses, a população indígena do litoral diminuiu muito. A escravização, o extermínio dos povos guerreiros e epidemias de gripe e outras doenças trazidas pelos europeus, contra as quais os nativos não tinham imunidade, foram fatores que provocaram esse declínio.

Assim, a opção pela escravização de africanos atendeu a vários interesses: amenizou os conflitos entre senhores e missionários jesuítas; solucionou o problema da mão de obra para as novas atividades econômicas; garantiu mais uma fonte de lucro para a metrópole com o comércio de africanos escravizados.

Dança dos Puris, gravura de Van de Velden, datada do século XIX, para a obra *História natural das palmeiras*, do botânico e médico alemão Von Martius.

5 Africanos escravizados na América portuguesa

Os africanos escravizados desembarcados na América portuguesa eram contados e conduzidos para leilões e/ou armazéns, após o pagamento dos tributos alfandegários.

No século XVII, Salvador e Recife lideravam a distribuição de cativos. No século XVIII, com a exploração de ouro e diamantes de Minas Gerais, o Rio de Janeiro ganhou importância na distribuição dos africanos escravizados. Houve, então, o desenvolvimento da região do Valongo, área portuária do Rio de Janeiro, com armazéns que alojavam os cativos e onde muitos morriam, debilitados pela viagem e pelas imposições dos traficantes.

Os africanos escravizados eram negociados pelos interessados ou agentes dos fazendeiros. Na economia açucareira, matriz do impulso da escravização africana na América portuguesa, costumava-se separar os africanos dos membros de sua comunidade, assim como de suas famílias, antes de serem levados aos engenhos. Eles trabalhavam em todas as fases do processo da produção açucareira: plantação, cultivo, beneficiamento da cana-de-açúcar e transporte.

Sob o controle do feitor, os africanos eram castigados fisicamente, caso se recusassem a trabalhar ou desobedecessem às ordens de seus senhores. Dois dos instrumentos de tortura mais utilizados eram o "bacalhau" (chicote de couro cru) e o "vira-mundo" (algemas de ferro que prendiam mãos e pés).

> ▶ Beneficiamento: processo pelo qual passam os produtos agrícolas antes de ser industrializados ou distribuídos para consumo.

José Lucena/Futura Press

Cais do Valongo (ou Cais da Imperatriz), importante ponto de desembarque de africanos escravizados na cidade do Rio de Janeiro, recuperado após escavações do Projeto Porto Maravilha. O local tem sido uma importante área de estudos, cujas escavações estão trazendo mais dados e informações sobre o Brasil escravista. Em 2017, o Cais do Valongo foi reconhecido pela Unesco como Patrimônio Mundial. Foto de 2017.

Saiba mais

As três grandes áreas geográfico-culturais africanas na cultura brasileira

O historiador Kabengele Munanga destaca três áreas geográficas e grupos étnicos da África, cujas contribuições foram observadas no Brasil, entre os descendentes dos africanos escravizados:

1. a área ocidental, chamada costa dos escravos, ilustrada pelas culturas dos povos ioruba ou nagô, jeje, fons, ewê e fanti-ashanti, cobrindo os territórios das atuais repúblicas da Nigéria, Benin, Togo, Gana e Costa do Marfim. É o chamado Golfo de Benin;

2. zona do Sudão ocidental ou área sudanesa islamizada, ocupada de negros malês (peul ou fula, mandinga, hauçá, tapa e gurunsi), cobrindo os territórios das atuais repúblicas do Senegal, Gâmbia, Guiné-Bissau, Guiné, Serra Leoa, Mali e Burkina Fasso;

3. a área dos povos da língua banto, compreendendo numerosas etnias que cobrem os países da África central e austral (Camarões, Gabão, Congo, República Democrática do Congo, Zâmbia, Zimbábue, Namíbia, Moçambique e África do Sul).

MUNANGA, Kabengele. *Origens africanas do Brasil contemporâneo*: histórias, línguas, culturas e civilizações. São Paulo: Global, 2009. p. 92.

Portal do não retorno, monumento localizado na cidade de Ouidah, no Benin, construído no local de embarque dos africanos escravizados que eram enviados para a América. Foto de 2017.

6 Expressões culturais e de resistência

Os africanos resistiam à escravidão de várias maneiras. Fugas, furtos, incêndios e destruição das plantações eram algumas das manifestações de sua rebeldia contra os trabalhos forçados e a violência praticada pelos senhores e feitores, que os vigiavam noite e dia.

Outro tipo de resistência era a recusa ao trabalho. O escravizado se retirava para um canto e ali ficava até morrer. Essa atitude foi identificada como uma doença, denominada **banzo**, causada pela saudade que tinham da África. De acordo com alguns estudiosos, porém, ela era uma forma de não aceitação à situação imposta.

As práticas culturais como a capoeira, as danças, as festividades, os cultos e as irmandades religiosas negras foram muito importantes para reafirmar as culturas africanas. Expressavam a resistência, criavam espaços de ajuda mútua e recriavam identidades locais novas, por meio de elementos comuns e das culturas indígenas e europeias.

As uniões familiares também foram importantes para reforçar os laços identitários, ainda que o principal elo entre os escravizados tenha sido criado por meio da experiência como cativos.

Os cultos africanos mais antigos em terras brasileiras são conhecidos hoje como "calundu **colonial**", com práticas de curandeirismo, uso de ervas, adivinhações e incorporações. Desde o século XVII, essas práticas envolviam os mais diversos grupos da sociedade colonial, dos escravizados aos colonizadores, brancos e negros.

Calundu: ente sobrenatural que comanda o destino humano e que entra no corpo de alguém.

Negros dançando ao som de tambores e instrumentos de corda, gravura em cobre de Zacharias Wagener.

A mistura de tradições africanas, europeias e indígenas originou a **umbanda**, com suas crenças nas forças naturais que interferem na vida das pessoas. Desse universo fazem parte as figuras dos caboclos, dos pretos velhos, dos exus espíritos, das pombajiras, entre outras.

Outra vertente religiosa de origem africana (ioruba) é o **candomblé**, com suas oferendas aos ancestrais/divindades e seus pais e mães de santo. Destacam-se o culto aos **orixás**, seres sobrenaturais que atuam no mundo dos vivos e comandam as forças da natureza, como **Xangô**, divindade da justiça, raios e trovões; **Ogum**, deus da guerra, que abre caminhos; **Oxóssi**, divindade das florestas e da caça, que remove barreiras na vida; **Exu**, divindade das casas e templos, o mensageiro dos Orixás; **Iemanjá**, divindade das águas salgadas e mãe de todos os orixás; **Oxum**, divindade das águas doces, representa a beleza e o amor; e **Iansã**, divindade das tempestades e ventos, guerreira.

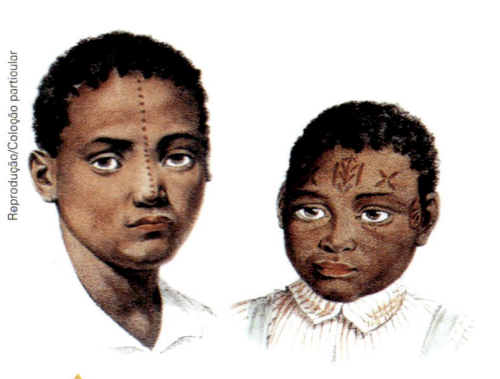

Africanos escravizados de diferentes etnias, em litografias de Johann Moritz Rugendas, c. 1835.

As festas da América portuguesa

Desde o início da colonização, realizavam-se na América portuguesa festas públicas de caráter oficial ou religioso. As festas oficiais eram impostas pela Coroa portuguesa para celebrar nascimentos reais, casamentos e coroações, ou ainda manifestar o pesar pela morte de um rei. As festas religiosas, organizadas pela Igreja, comemoravam datas santas, como Páscoa, Natal e Corpus Christi. Os principais objetivos dessas comemorações eram manter presente a figura do rei, geograficamente distante, e fortalecer a fé católica entre os colonos.

Grande parte dessas festas remontava a antigas tradições cristãs da península Ibérica, como a **Festa do Divino Espírito Santo**, que comemora o dia de Pentecostes por meio de procissões e banquetes.

Na colônia, porém, as festas de origem portuguesa misturaram-se a tradições indígenas e africanas, resultando em parte do que hoje chamamos de cultura popular brasileira.

Durante as festas de Natal ou de Reis, por exemplo, começaram a ser encenados pequenos autos que representavam a morte e a ressurreição de um boi. Essas encenações foram provavelmente criadas pelos jesuítas para explicar aos indígenas e africanos o conceito de ressurreição, tão importante na fé católica. Aos poucos, elas foram incorporando elementos trazidos pelos escravizados (como o zabumba e o ganzá, instrumentos musicais de origem africana) e indígenas (como suas danças, ritmos e adereços). Essa prática deu origem a um folguedo popular que se espalhou por todo o Brasil, recebendo diferentes nomes: Bumba meu Boi (Maranhão, Rio Grande do Norte, Alagoas e Piauí), Boi-Bumbá (Pará e Amazonas), Bumbá (Pernambuco), Boi de Mamão (Santa Catarina e Paraná), entre outros.

Outra festa colonial que misturava elementos de diferentes culturas era o rito de coroação do rei e da rainha do Congo. Essa festa relembrava uma história que corria entre escravizados e libertos de origem africana sobre um antigo rei do Congo, trazido como escravizado para Minas Gerais, onde recebeu o nome de Chico-Rei. Aqui, ele conseguiu acumular fortuna e comprar sua alforria, fundando uma irmandade de negros que tinha como padroeira Nossa Senhora do Rosário. Durante uma Festa de Reis ele e sua mulher foram coroados rei e rainha do Congo, readquirindo a condição social que tinham antes de serem escravizados.

Com base nessa tradição, os negros aproveitavam a Festa de Reis para encenar a coroação de Chico-Rei. O evento se iniciava com uma missa, na qual um padre católico coroava as pessoas escolhidas para ser os monarcas do Congo. Em seguida, começavam os festejos com cantos, danças, percussão e desfile da realeza pelas ruas, acompanhada de sua "corte" devidamente caracterizada. Essa festa deu origem à tradição popular da **congada**, praticada até hoje em algumas regiões do país.

Reprodução/Coleção particular

Folia do Divino (1834-1839), litografia colorida à mão, de Jean-Baptiste Debret. Realizadas desde o período colonial, as folias do Divino antecediam a Festa do Divino Espírito Santo e visavam obter donativos para a grande celebração.

Reprodução/Fundação da Biblioteca Nacional, Rio de Janeiro, RJ.

Rei e rainha negros da Festa de Reis, c. 1776, aquarela de Carlos Julião.

▶ **Corpus Christi:** (do latim, significa "corpo de Cristo") realizada na quinta-feira depois do segundo domingo de Pentecostes, essa celebração religiosa festeja o sacramento da eucaristia, em que o pão se transforma no corpo de Cristo, e o vinho, em seu sangue.

▶ **Pentecostes:** celebração religiosa que relembra a "descida" do Espírito Santo sobre os apóstolos. É comemorada 50 dias após a Páscoa.

▶ **Folguedo:** brincadeira, divertimento.

Leia o trecho de um artigo e responda às questões abaixo.

Em janeiro, as tradicionais homenagens a Nosso Senhor do Bonfim em Salvador ecoam do outro lado do Atlântico, deixando ainda mais claros os laços culturais que há séculos aproximam a Bahia da África. No sul do Benin, homens e mulheres vestem uma faixa verde e amarela sobre o peito e seguem rumo a missas para o padroeiro, cerimônias cristãs formais que são acompanhadas por cortejos carnavalescos pelas ruas de cidades como Uidá e Porto-Novo. Identificado como Oxalá (o orixá criador da humanidade) no candomblé baiano, o Senhor do Bonfim é um elo entre dois mundos físicos e espirituais, separados por um oceano e marcados pelo estigma da escravidão. A devoção tem causa nobre: para os escravos que, libertos, puderam regressar à África nos séculos 18 e 19, tal viagem de volta à terra natal significava um "bom fim", um bom destino.

O culto a um santo católico é um dos traços marcantes dos "brasileiros" que habitam a faixa costeira do Benin, do Togo e da Nigéria. Os agudás, como são conhecidos – a palavra deriva de "ajuda", nome português da cidade de Uidá, movimentado entreposto negreiro da África ocidental no passado –, integram famílias que descendem de escravos e de comerciantes baianos lá estabelecidos no auge do tráfico humano entre os dois continentes. Possuem sobrenomes como Souza, Silva, Medeiros, Almeida, Aguiar, Campos, entre outros, dançam a "burrinha", uma versão arcaica do bumba meu boi, e se reúnem nas festas ao redor de uma feijoada ou de um kousidou. Não raro, os agudás mais velhos se saúdam com um singelo "Bom dia, como passou?", e a resposta não demora: "Bem, brigado".

[...] "A presença brasileira foi tão marcante nesse trecho da costa africana entre os séculos 18 e 19 que poderíamos falar de uma colonização informal", analisa Guran. "É exemplo único de implantação de uma cultura brasileira – no caso, a baiana – fora de nossas fronteiras."

Para os governantes do reino do Daomé (antigo nome do Benin), o comércio de cativos era um projeto econômico oficial, de desenvolvimento comercial e fortalecimento de um Estado. Esse ambiente foi favorável à chegada de brasileiros dispostos a trabalhar como negreiros, entre os quais o lendário Francisco Félix de Souza. Filho de índia com português, Souza nasceu na Bahia, em 1754, e desembarcou no Daomé, acredita-se, em 1788. Escrivão e contador do Forte São João Batista de Ajuda, em Uidá, logo tornou-se mercador influente – dependia dele a entrada ao reino de produtos como pólvora, fuzis, cachaça – e galgou a aura de mito nos relatos de viagem da época, alardeado por manter 2 mil escravos em seus barracões [...].

> **Estigma:** algo que pode ser visto como desonroso, indigno.
> **Galgar:** alcançar, atingir.
> **Alardeado:** exibido, ostentado, vangloriado.

RIBEIRO, Ronaldo. *Os agudás*. Disponível em: <www.portalctb.org.br/site/noticias/cultura-e-midia/os-agudas>. Acesso em: 4 maio 2018.

1▸ Qual é o assunto do artigo?

2▸ De que maneira as relações existentes na África antes da chegada dos europeus contribuíram para a prática escravista?

3▸ Conhecemos algumas práticas culturais herdadas dos africanos e seus descendentes. O que, no texto, é novidade para você?

Celebração do carnaval dos agudás em Porto Novo, Benin, 2011.

Ricardo Teles/Pulsar Imagens

7 Os quilombos

Além das resistências individuais cotidianas, havia também a resistência coletiva: as fugas em bando e a formação dos **quilombos**, acampamentos de cativos fugitivos, bem distantes das povoações dos engenhos e dos núcleos urbanos.

Com o tempo, os quilombos se transformavam em aldeias produtivas, com vida social e econômica própria, habitados por escravizados fugidos e pessoas livres.

Os mais conhecidos quilombos brasileiros

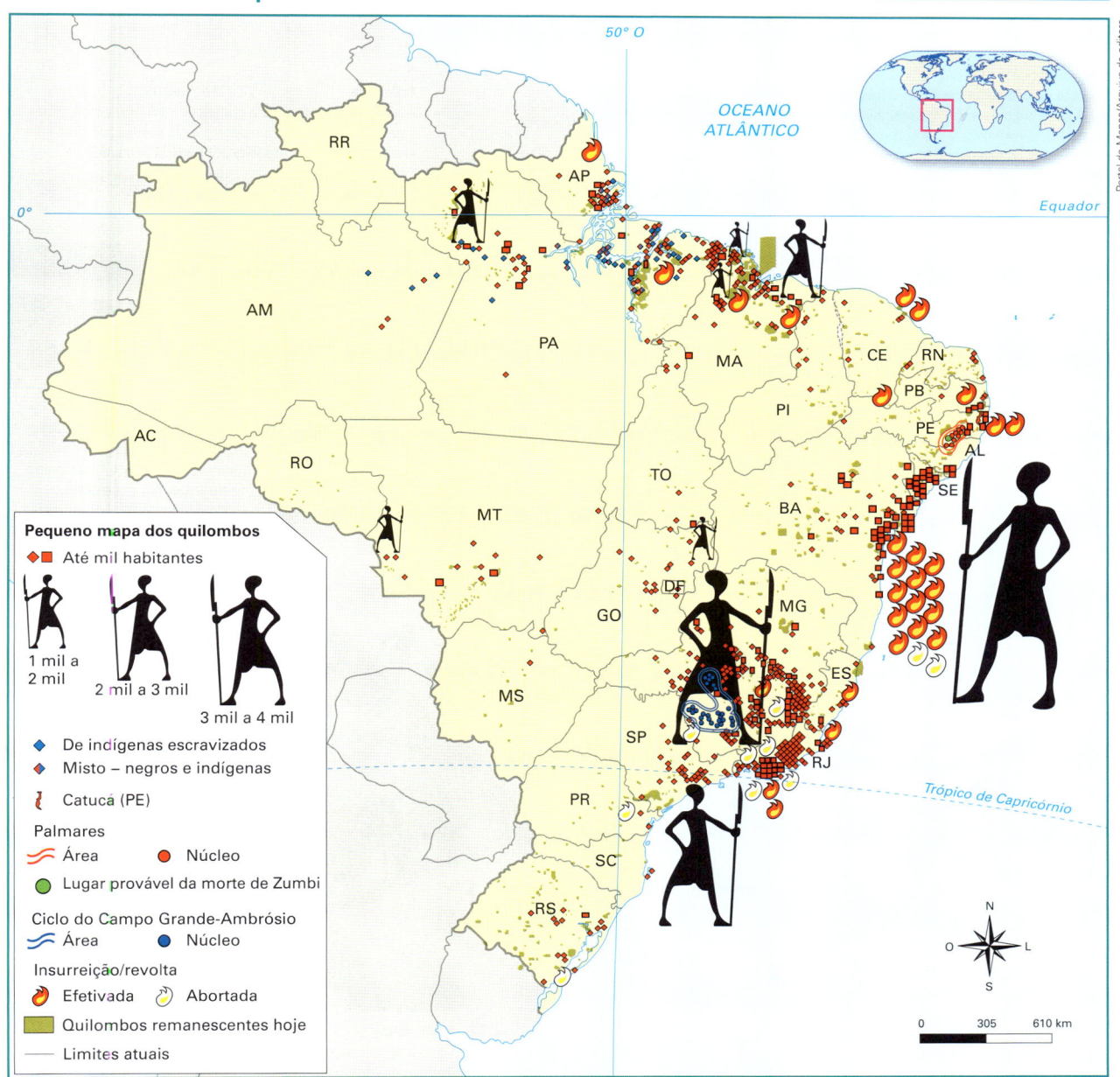

Pequeno mapa dos quilombos

◆■ Até mil habitantes

1 mil a 2 mil
2 mil a 3 mil
3 mil a 4 mil

◆ De indígenas escravizados
◆ Misto – negros e indígenas
⌇ Catucá (PE)

Palmares
〰 Área
● Núcleo
● Lugar provável da morte de Zumbi

Ciclo do Campo Grande-Ambrósio
〰 Área
● Núcleo

Insurreição/revolta
◉ Efetivada   ◉ Abortada

▩ Quilombos remanescentes hoje
— Limites atuais

Fonte: elaborado com base em FGV-CPDOC. *Atlas histórico do Brasil*. Disponível em: <http://atlas.fgv.br/marcos/trabalho-e-escravidao/mapas/pequeno-mapa-dos-quilombos>. Acesso em: 4 maio 2018.

⚠ No mapa estão alguns dos mais conhecidos quilombos do período escravista, que durou até o final do século XIX. Hoje existem comunidades rurais habitadas por descendentes dos quilombolas.

O **quilombo dos Palmares** foi o mais famoso e antigo núcleo de resistência contra o escravismo, localizado na serra da Barriga, em Alagoas. No início, seus moradores viviam da coleta, da pesca e da caça. Com o crescimento da população, passaram a produzir milho, mandioca, banana e cana-de-açúcar. Durante certo período, os quilombolas comercializaram excedentes da produção com regiões vizinhas.

Palmares, que começou a se organizar no início do século XVII, chegou a abrigar mais de 20 mil indivíduos, a maioria fugida de seus senhores. Dividia-se em povoados menores, chamados **mocambos**, liderados pelos guerreiros mais fortes. Macaco, com milhares de casas, era a capital do quilombo, protegida por uma torre de observação, que servia para a defesa contra os ataques.

▶ **Quilombola:** habitante de quilombos.

3. Alimentação
Em volta da cidadela ficavam as roças de alimentos. A lavoura mais importante era a de milho, mas também eram plantados feijão, banana, batata-doce, mandioca e cana-de-açúcar. Além desses vegetais, o cardápio era completado com a coleta de frutos e a caça de pequenos animais das matas próximas.

1. Entrada
A capital do quilombo era circundada por cercas de madeira, reforçadas com pedras e guardadas por sentinelas armados. O acesso era feito por portões de madeira.

5. Governo
Os membros do conselho que chefiavam o povoado eram escolhidos em assembleias que reuniam todos os habitantes na praça central. Lá ficavam a própria sede do conselho, uma capela, poços para armazenar água, um galpão que servia como mercado e oficinas de artesãos, entre eles ferreiros que faziam armas e ferramentas agrícolas.

6. Organização
No interior do forte havia quatro ruas, cada uma com pouco mais de 2 metros de largura e 1 quilômetro de extensão. Ao longo delas, alinhavam-se cerca de 2 mil casas. Eles falavam português misturado ao dialeto banto e a palavras indígenas.

2. Religião
A religião praticada em Palmares era um catolicismo misturado com tradições da cultura banto. Na capela do Cerco Real do Macaco, foram encontradas imagens de santos católicos, dividindo os altares com estátuas de divindades africanas. Muitos negros haviam se convertido ao catolicismo antes de serem trazidos ao Brasil.

4. Moradias
Os moradores viviam em casas de madeira cobertas de folhas de palmeira, com iluminação artificial que usava azeite como combustível. Algumas delas tinham saídas ocultas, que permitiam escapar para o mato em caso de perigo. A mobília incluía panelas e utensílios domésticos feitos por artesãos locais ou roubados em incursões pelas fazendas vizinhas.

Praça central

Carlos Bourdiel/Arquivo da editora

Fonte: elaborado com base em COMO era a vida no quilombo dos Palmares? Mundo Estranho. *Superinteressante*. Disponível em: <https://super.abril.com.br/historia/como-era-a-vida-no-quilombo-dos-palmares/#>. Acesso em: 11 out. 2018.

Zumbi

Palmares sobreviveu por várias décadas. Sob um de seus líderes, **Zumbi**, conseguiu derrotar diversas expedições militares de holandeses, portugueses e fazendeiros, organizadas para exterminar o quilombo. Para os senhores de engenho, Palmares era uma ameaça, um exemplo perigoso. Seu sucesso estimulava o desejo de liberdade e a formação de outros quilombos.

Em 1695, o quilombo sucumbiu às tropas portuguesas comandadas pelo bandeirante Domingos Jorge Velho. Nesse mesmo ano, Zumbi foi morto e degolado pelos bandeirantes. Sua cabeça foi levada como troféu para Recife. A metrópole considerou a vitória muito importante, comparando-a com a vitória que terminou na expulsão dos holandeses da região.

Estudiosos afirmam que a resistência de Palmares pôs em xeque a sociedade escravista existente na região que corresponde hoje ao Nordeste.

Palmares hoje

Em 1985, o Instituto do Patrimônio Histórico e Artístico Nacional tombou o local na serra da Barriga onde hoje fica o Parque Memorial Quilombo dos Palmares, implantado em 2007.

Vista do Parque Memorial Quilombo dos Palmares, na serra da Barriga, em Alagoas. Foto de 2015.

Representação de Zumbi em detalhe da obra *Zumbi*, óleo sobre tela de Antonio Parreiras, pintor brasileiro do século XIX.

 De olho na tela

Ganga Zumba – rei de Palmares. Direção: Carlos Diegues. Brasil, 1964. Relata a formação do quilombo de Palmares com os negros fugitivos.

Quilombo. Direção: Carlos Diegues. Brasil, 1984. A vida de Palmares e sua destruição pelo bandeirante paulista Domingos Jorge Velho.

Mundo virtual

Parque Memorial Quilombo dos Palmares. O *site* do Parque Memorial Quilombo dos Palmares apresenta informações sobre a vida no quilombo e acervo de fotos com a reconstituição das principais construções do local. Disponível em: <http://serradabarriga.palmares.gov.br>. Acesso em: 4 maio 2018.

Questões

1. Imagine que você vivia no quilombo dos Palmares. Como você acha que seria seu dia a dia? Quais atividades você faria com seus amigos e parentes? O que você aprenderia nesse lugar?

2. Você conhece alguma comunidade remanescente de quilombo na sua cidade ou estado? Faça uma pesquisa para saber como os descendentes de quilombolas vivem hoje: se praticam a agricultura, se realizam o comércio de produtos agrícolas, objetos e artesanato, se existem escolas nessas comunidades, etc.

ROTA ATLÂNTICA

- O tráfico transatlântico de escravizados teve início no século XV, com a chegada dos europeus à África. Isso impulsionou o caráter comercial da escravidão. Foram mais de 11 milhões de escravizados transportados, além dos que morreram resistindo ao aprisionamento e nas viagens.

A RESISTÊNCIA

- Os escravizados praticaram diversos atos de resistência, como as fugas, a formação dos quilombos e o empenho na preservação de sua cultura.

ATENÇÃO A ESTES ITENS

ROTA TRANSAARIANA

- O comércio transaariano de escravizados chegou a mais de 4 milhões de cativos. Foi a partir dele que a escravidão africana ganhou impulso comercial.

TRANSPORTE DE GRUPOS PARA A AMÉRICA PORTUGUESA

- O transporte de escravizados era feito pelos tumbeiros. A maioria das pessoas vindas da África pertencia ao grupo dos bantos e sudaneses.

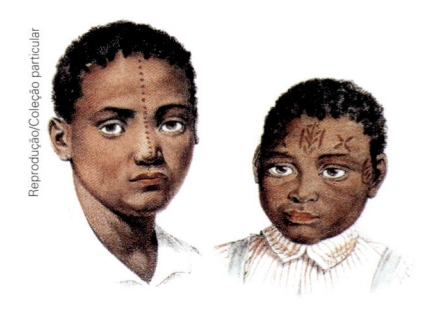

Reprodução/Coleção particular

Reprodução/Coleção particular

POR QUÊ?

- A partir da rota atlântica, a escravização ganhou enorme força econômica comercial, envolvendo toda uma dinâmica ligada à colonização.

- O berço da humanidade foi também o principal eixo de captura de cativos, o que deixou profundas sequelas na sociedade africana e nos locais para os quais foram levados.

- Inúmeros aspectos culturais originados no continente africano e transformados com as interações culturais e sociais do período escravista ainda estão presentes no Brasil atual.

ATIVIDADES

Retome

1▸ Sobre a escravidão no continente africano, responda:

a) Quais eram suas características nas aldeias e pequenas comunidades da África antes da chegada do islamismo e, principalmente, antes dos europeus?

b) Quais aspectos da escravidão e do tráfico de escravizados se transformaram a partir da chegada dos islâmicos e dos europeus?

2▸ Diferencie a escravidão antiga da servidão e da escravidão moderna. Para isso, produza um pequeno texto com suas próprias palavras que mostre as principais diferenças entre elas.

3▸ Identifique as formas de resistência praticadas pelos africanos escravizados na América.

4▸ De que modo o tráfico de escravizados entre os séculos XVI e XIX contribuiu para as guerras e a pobreza atual do continente africano?

Explore uma imagem

5▸ Observe a imagem abaixo e responda.

a) Você identifica alguma semelhança com práticas existentes no Brasil?

b) Procure justificativas para as semelhanças encontradas entre algumas práticas, modos de vida e construções de algumas localidades da África e do Brasil.

Mulheres desfilam no Carnaval de Lagos, Nigéria. Foto de 2015.

Explore uma gravura

A gravura acima, feita por autor desconhecido em 1754, ilustra a captura de um grupo de cativos africanos por comerciantes árabes.

6▸ O que mais chama sua atenção na cena representada?

7▸ Descreva as diferenças entre os homens cativos e os comerciantes de escravizados.

8▸ Com base no que você aprendeu neste capítulo, identifique o acontecimento que a gravura representa.

Autoavaliação

1. Quais atividades você considerou mais fáceis e mais difíceis? Por quê?

2. Em quais atividades você utilizou o texto do capítulo como base para sua resposta?

3. Algum ponto do capítulo não ficou muito claro para você? Qual?

4. Você compreendeu o esquema *Mapeando saberes*? Explique-o.

5. Você saberia apontar exemplos da atualidade considerando o que aprendeu no item *Por quê?* do *Mapeando saberes*?

6. Como você avalia sua compreensão dos assuntos tratados neste capítulo?

» **Excelente**: não tive nenhuma dificuldade.

» **Boa**: tive algumas dificuldades, mas consegui resolvê-las.

» **Regular**: foi difícil compreender certos conceitos e resolver as atividades.

» **Ruim**: tive muitas dificuldades, tanto no conteúdo quanto na realização das atividades.

12

A produção açucareira na América portuguesa e outras atividades

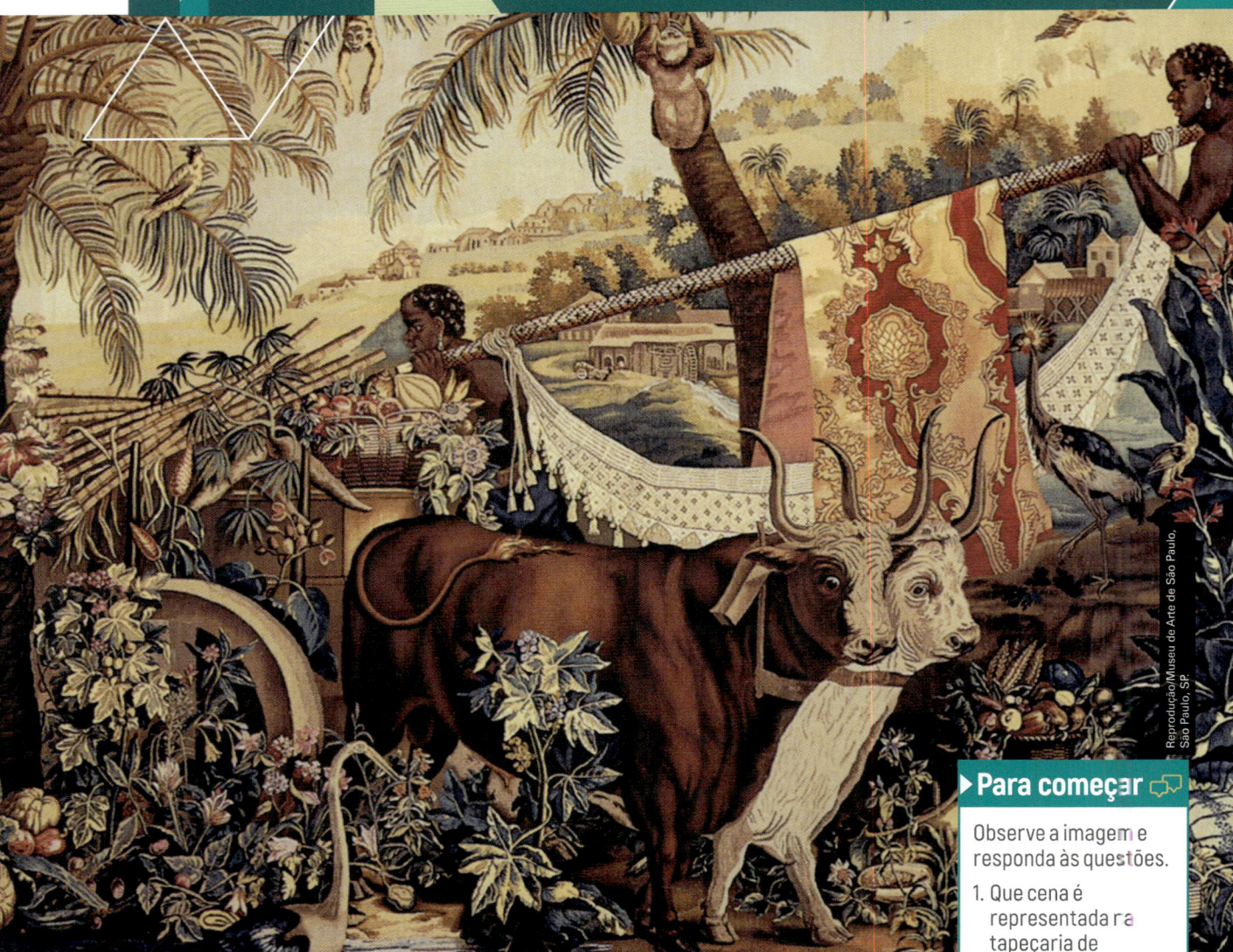

Detalhe de *Carro de bois*, tapeçaria de 1723, produzida a partir de cartão de 1678, do artista holandês Albert Eckhout. Essa tapeçaria foi oferecida como presente por Maurício de Nassau ao rei Luís XIV.

Reprodução/Museu de Arte de São Paulo, São Paulo, SP.

O governo português decidiu promover a ocupação de suas terras na América a partir de 1531. Essa decisão foi movida por dois objetivos principais: impedir invasões estrangeiras e obter novas fontes de riqueza. A atividade escolhida para esse fim foi o plantio da cana-de-açúcar, feita em grandes propriedades.

A efetiva ocupação territorial e o grande número de trabalhadores, principalmente escravizados africanos, deixaram profundas marcas na formação do povo brasileiro.

Para começar

Observe a imagem e responda às questões.

1. Que cena é representada na tapeçaria de Eckhout?

2. Quais elementos da obra mais chamam sua atenção?

3. Quais características da América portuguesa o artista parece valorizar na tapeçaria?

1 A produção açucareira na América portuguesa

A produção do açúcar foi uma atividade complexa: envolvia amplo volume de recursos para a compra de africanos escravizados e para a construção e compra dos equipamentos dos **engenhos**, onde era produzida a cana e o açúcar.

As despesas eram altas e os colonos portugueses se associaram a comerciantes e investidores holandeses. Os holandeses financiavam a instalação da empresa açucareira na colônia, construindo os engenhos, e, em troca, comercializavam o açúcar na Europa.

Como a América portuguesa permanecia sujeita ao "**pacto colonial**" com a metrópole, a produção da colônia era negociada sob o controle da Coroa portuguesa.

O cultivo da cana-de-açúcar na América portuguesa desenvolveu-se em muitas das imensas propriedades originadas das sesmarias, distribuídas pelos capitães e governadores-gerais. Esse sistema de plantio, voltado para um único produto e realizado em grandes propriedades (latifúndios), foi denominado *plantation*.

As capitanias de Pernambuco e Bahia tinham o ambiente mais favorável para o plantio da cana-de-açúcar. Nesses locais havia um solo argiloso, denominado **massapé**, favorável a esse cultivo. Toda essa área, além de ser o centro político, econômico e social da colônia, era também a que ficava mais próxima da Europa, facilitando a comercialização.

Entre os séculos XVI e XVII, a América portuguesa tornou-se a maior produtora de açúcar do mundo, gerando riquezas para os senhores de engenho e garantindo altos lucros para Portugal e para os comerciantes e investidores holandeses. Grande parte dessa riqueza foi transferida da colônia para as metrópoles e mercadores.

Portal de Mapas/Arquivo da editora

LINHA DO TEMPO

1531 — Martim Afonso: primeiro engenho

1580-1640 — União Ibérica (conflitos com a Holanda)

Século XVII — Holandeses nas Antilhas

1624 — Holandeses em Salvador

1637-1644 — Governo de Maurício de Nassau

1645-1654 — Insurreição Pernambucana

Linha do tempo esquemática. O espaço entre as datas não é proporcional ao intervalo de tempo.

Palácio do Itamaraty/Ministério das Relações Exteriores, Brasília, DF.

Engenho (detalhe), óleo sobre madeira de Frans Post, de 1667, mostrando, à esquerda, em primeiro plano, o engenho; atrás, a edificação mais alta, a casa-grande; e atrás dela, a capela.

Uma sociedade de senhores, escravizados e comerciantes

Na sociedade açucareira, prevalecia a autoridade dos senhores de engenho, que concentravam riquezas e poder, por meio de terras, escravizados e instalações do engenho. Os indivíduos da colônia subordinavam-se ao prestígio e comando deles.

Os escravizados – indígenas (no século XVI) e, principalmente, africanos e afro-descendentes – formavam a base econômica dessa sociedade. Eles eram responsáveis por quase todo o trabalho braçal executado na colônia.

No século XVIII, os comerciantes de grosso trato ficavam com os maiores lucros coloniais – alguns foram donos das grandes fortunas da América portuguesa. Vários deles eram traficantes de escravizados e fornecedores de empréstimos. Outros, ainda, abandonavam a atividade comercial para investir em unidades agrárias, inserindo-se nos grupos de senhores rurais. A intenção era conquistar o prestígio e o respeito social que os senhores rurais usufruíam.

Formando um pequeno grupo intermediário, destacavam-se lavradores de cana, feitores, comerciantes a retalho, vendedores ambulantes, artesãos, padres, militares e outros funcionários públicos. Eles moravam nas poucas vilas e cidades da época.

Os engenhos de açúcar

A palavra **engenho** pode denominar o local específico onde o açúcar era produzido ou também toda a propriedade: a casa-grande, a senzala, o canavial, a capela, etc.

As plantações de cana-de-açúcar ocupavam extensas áreas desmatadas. O núcleo central era a **casa-grande**, onde a família do proprietário morava e as atividades administrativas eram realizadas.

O engenho (local de produção do açúcar) e a **senzala** (alojamento dos africanos escravizados) eram construídos perto da casa-grande. Em meio a essas construções ficava a **capela**, simbolizando a presença do poder católico na colônia.

O engenho propriamente dito, onde o açúcar era fabricado, era composto de **moenda**, **casa das caldeiras** e **casa de purgar**. Na moenda, a cana-de-açúcar era esmagada, extraindo-se o caldo; na casa das caldeiras, o caldo era engrossado no fogo em grandes tachos e se transformava em um melaço; na casa de purgar, o melaço de cana era colocado em formas de barro para secar e alcançar o "ponto de açúcar". Após algum tempo, esses blocos eram desenformados, dando origem aos "pães de açúcar", blocos duros e escuros, semelhantes à rapadura.

Depois de quebrados e encaixotados, os pães de açúcar eram enviados a Portugal e, de lá, à Holanda, onde eram refinados, gerando o açúcar, pronto para ser vendido e consumido.

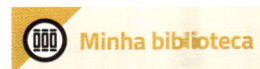

Minha biblioteca

Salvador, capital da colônia, de Avanete Pereira Souza, Atual, 1995. A vida cotidiana de senhores e escravizados, tanto no ambiente urbano como no mundo rural do Recôncavo Baiano.

O engenho colonial, de Luís Alexandre Teixeira Jr., Ática, 2004. A história mostra os contrastes vivenciados na América portuguesa, no século XVII, em um engenho de açúcar localizado no litoral de Pernambuco.

▶ **Comerciante de grosso trato:** ligado ao grande comércio e às atividades financeiras.

▶ **Feitor:** capataz, supervisor de trabalhadores.

▶ **Comerciante a retalho:** lojista ligado ao pequeno comércio, vendendo diretamente aos consumidores.

▶ **Vendedor ambulante:** aquele que se desloca de um lugar a outro para vender mercadorias baratas e bugigangas.

Engenho de cana, pintura de Henry Koster, de 1816. À esquerda, escravizados alimentam o fogo da casa das caldeiras. No centro, a cana é passada pela moenda, movida por uma roda-d'água, representada à direita. A moenda do engenho também podia ser movida por tração animal ou por tração humana.

Reprodução/Biblioteca Britânica, Londres, Inglaterra.

André João Antonil, nome pelo qual se tornou conhecido Giovanni Antonio Andreoni, foi um jesuíta italiano que chegou à América portuguesa por volta de 1667 e escreveu um livro sobre a economia colonial brasileira. Antonil descreveu as técnicas e os procedimentos de produção do açúcar. Temendo que o livro favorecesse a "cobiça" de leitores estrangeiros, a Coroa portuguesa proibiu sua publicação.

Leia o documento abaixo, escrito por Antonil. Depois, responda às questões.

Ser Senhor de Engenho é título a que muitos aspiram, pois traz consigo o ser servido, obedecido e respeitado de muitos. E se for, qual deve ser, homem de <u>cabedal</u> e governo, bem se pode estimar no Brasil o ser Senhor de Engenho, quanto proporcionadamente se estimam os títulos entre os fidalgos do Reino. Porque engenhos há, na Bahia, que dão ao senhor quatro mil pães de açúcar; e outros pouco menos, com <u>cana obrigada</u> à moenda [...].

Dos senhores dependem os lavradores, que têm <u>partidos</u> arrendados em terras do mesmo engenho, como os cidadãos dos fidalgos: e quanto mais os senhores são possantes e bem aparelhados de todo o necessário, afáveis e verdadeiros, tanto mais são procurados [...].

Servem ao senhor de engenho em vários ofícios, além dos escravos de enxada e foice, que ficam na fazenda e na moenda, e fora os mulatos e mulatas, negros e negras da casa [...]; canoeiros, [...]; oleiros, vaqueiros, pastores e pescadores.

▶ **Cabedal:** capital, recursos financeiros.

▶ **Cana obrigada:** cana plantada por lavradores que não dispunham de engenho para moê-la. Eles ocupavam, em geral, parte das terras do senhor e eram obrigados a moer sua cana no engenho dele (que cobrava uma quantia para isso).

▶ **Partido:** pedaço de terra arrendado (alugado) onde se faziam o roçado e a lavoura.

Fonte: ANTONIL, André João. *Cultura e opulência do Brasil*. São Paulo: Nacional, 1966. p. 139-140.

1▶ De acordo com Antonil, além do enriquecimento, quais eram as outras vantagens de "ser senhor de engenho"?

2▶ Com quem o autor compara os senhores de engenho da América portuguesa?

3▶ Quais outras atividades e profissões o texto informa que passaram a existir depois da instalação das primeiras propriedades açucareiras na América?

4▶ Observe, no mapa abaixo, a representação da casa-grande, que ocupa o ponto mais alto do terreno, entre a senzala e a parte produtiva do engenho. Por que você acha que ela era construída nesse local?

5▶ Na sua opinião, essa representação reforça ou refuta as ideias do texto de Antonil?

Reprodução/Fundação Biblioteca Nacional, Rio de Janeiro

▶ *Praefectura Paranambuca pars Borealis*, gravura em cobre de Frans Post de 1647.

2 Outras atividades da economia colonial

A dominação exercida pela metrópole não impediu o desenvolvimento de outras atividades econômicas coloniais.

O comércio interno de alimentos, o tráfico e parte do abastecimento de africanos escravizados contavam com a atuação de muitos colonos. Alguns chegaram a estabelecer relações comerciais com áreas mais distantes, como regiões africanas e outras que estavam além do domínio português, como a do rio da Prata, na América. Além disso, outras mercadorias eram produzidas e comercializadas na América portuguesa, especialmente alimentos (arroz, trigo, frutas, etc.).

Atividades agrícolas e extrativistas

Além dos senhores de engenho, existiam na colônia alguns lavradores, em geral, pequenos proprietários de terras ou arrendatários. Plantavam produtos para subsistência, como milho, feijão e mandioca. Eles plantavam também cana-de-açúcar, mas, por não possuírem engenhos para produzir açúcar, eram obrigados a vendê-la aos senhores.

> ▶ **Subsistência:** aquilo que é necessário à sobrevivência.

Nas grandes propriedades, apenas uma pequena parte das terras era reservada à produção de artigos para consumo interno. Além dos produtos para garantir a subsistência, destacaram-se na colônia as seguintes atividades:

- Produção de aguardente de cana (também chamada de jeribita ou cachaça) e rapadura. Elas eram utilizadas como moeda de troca entre os colonos e até mesmo na África, no comércio de africanos escravizados.

- Produção de fumo (tabaco), desenvolvida mais intensamente na região dos atuais estados de Bahia e Alagoas. O tabaco também era utilizado como moeda para compra de escravizados.

- Produção de algodão para a fabricação de tecidos rústicos, que serviam para fazer as roupas dos africanos escravizados. Era plantado principalmente no Maranhão.

- Extração das drogas do sertão, como cacau, pimenta, urucum, castanha e guaraná. A coleta desses produtos, realizada por expedições ao interior incentivadas pela metrópole, tornou-se a atividade econômica mais importante na região norte da América portuguesa.

Detalhe de *Engenho de açúcar*, litografia colorida à mão, de Johann Moritz Rugendas, do século XIX.

Reprodução/Coleção particular

Produto de exportação × produto de subsistência

Na época colonial, a ênfase na produção para exportação provocou, muitas vezes, a falta de produtos de subsistência, gerando preços altos, fome e agitações sociais. Para contornar tais problemas, foram criadas leis que obrigavam os colonos a produzir artigos de subsistência, como a mandioca. Contudo, essas leis nem sempre surtiam efeito, pois esbarravam nos interesses de muitos senhores, que não as respeitavam.

Criação de gado

A **pecuária** foi uma atividade importante, principalmente na região do atual Nordeste. No início, desenvolveu-se dentro dos engenhos, voltada às suas necessidades internas. O gado era utilizado para mover as moendas, puxar os arados e transportar o açúcar. Também era uma fonte de alimentação, além de fornecer o couro usado na confecção de roupas, calçados, móveis e outros utensílios.

À medida que a pecuária se ampliava e os rebanhos ficavam maiores, os pastos do engenho tornaram-se insuficientes. O gado foi levado, então, para regiões mais distantes, contribuindo para a expansão das fronteiras coloniais. Dessa maneira, a pecuária deixou de ser uma "atividade complementar" e passou a ser realizada independentemente dos engenhos, o que resultou em empregos para as pessoas que habitavam o sertão e que ficaram conhecidas como "sertanejos".

A interiorização da pecuária nordestina (século XVIII)

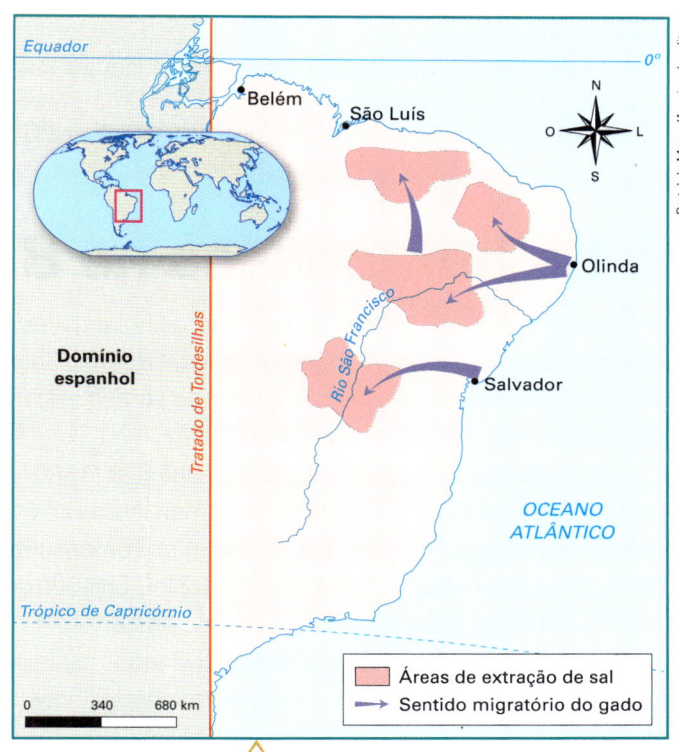

Áreas de extração de sal
→ Sentido migratório do gado

Fonte: elaborado com base em ATLAS histórico escolar. Rio de Janeiro: MEC/Fename, 1996. p. 24.

Um dos fatores que motivaram a expansão da pecuária para o sertão nordestino foi a busca das barreiras de sal, produto importante na alimentação do gado, e também utilizado como tempero e conservante da carne. A extração do sal nas margens do rio São Francisco, entre outros locais, atraiu a expansão do gado ao longo desse rio, apelidado de "rio dos currais".

Propriedade rural com criação de gado, próxima ao rio São Francisco em Pão de Açúcar, Alagoas, 2015.

Os "ciclos econômicos", uma expressão em desuso

Durante toda a fase colonial brasileira, sempre houve um artigo principal em torno do qual a maior parte da economia se organizava. Ele era produzido em grandes quantidades e exportado para a Europa, gerando a maior parte dos lucros que a metrópole obtinha com a colonização. Quando esse bem deixava de ser lucrativo, passava-se a explorar outro, dando início a uma nova atividade econômica.

Esse mecanismo, aparentemente repetitivo, foi chamado por vários historiadores de **ciclo econômico**. Com base nessa concepção, eles apresentavam a história do Brasil colonial dividida em ciclos: o do pau-brasil (século XVI), o da cana-de-açúcar (séculos XVI e XVII) e, mais tarde, o da mineração (século XVIII).

Entretanto, essa maneira simplificada de entender a história econômica da América portuguesa foi repensada por economistas e historiadores. De acordo com suas análises, uma atividade econômica podia ser a mais explorada (ou a mais lucrativa), mas não desaparecia completamente. Por isso, a ideia de ciclos econômicos não corresponde à realidade.

O predomínio de um produto não significa a inexistência de outros. A cana-de-açúcar sempre teve um lugar de destaque, gerando riquezas que nem mesmo o ouro, na época colonial, ultrapassou. Somente a partir de 1830, já após a época colonial, o café superou o açúcar na pauta das exportações.

3 Os holandeses no Brasil

Como vimos no começo do capítulo, os holandeses participaram da instalação da empresa açucareira na América portuguesa com o financiamento de engenhos na colônia. Em troca, eles tinham o direito de comercializar os produtos derivados da cana-de-açúcar no mercado europeu.

Contudo, durante a União das Coroas Ibéricas (1580-1640), a Espanha, em guerra com a Holanda, proibiu as relações comerciais da colônia com esse país. Para enfrentar o embargo imposto pela Espanha, os comerciantes holandeses fundaram a **Companhia das Índias Ocidentais**, em 1621. O objetivo dessa empresa era apossar-se dos domínios ibéricos na América e na África.

Em 1624, a Companhia das Índias Ocidentais invadiu Salvador, na Bahia. Apesar da resistência dos colonos, que impediram o avanço dos holandeses pelo interior, os invasores conseguiram se estabelecer no litoral.

Foram expulsos em março de 1625, quando a Espanha enviou à Bahia uma esquadra com, aproximadamente, 50 navios e mais de 12 mil homens. Cinco anos depois, os holandeses ocuparam a região de Olinda e Recife, onde permaneceram por mais de vinte anos.

De olho na tela

Batalha dos Guararapes. Direção: Paulo Thiago. Brasil, 1978. O filme narra o episódio da conquista holandesa do Nordeste brasileiro.

▶ **Embargo:** proibição, impedimento legal de um país de manter relações comerciais com outro.

Reprodução/Biblioteca Nacional, Haia, Holanda.

▶ Sede da Companhia das Índias Ocidentais, em Amsterdã (Holanda), em gravura de Pieter Schenck (1660-1711).

O nordeste holandês

A chegada dos holandeses levou parte da população da capitania de Pernambuco para o interior, onde surgiram centros de resistência. O **Arraial do Bom Jesus** foi o principal deles. Seu chefe, Matias de Albuquerque, organizou a luta contra os invasores sob a forma de guerrilhas e conseguiu contê-los nos limites de Recife.

Depois de sucessivas vitórias, os holandeses consolidaram o seu domínio na região. Muitos senhores de engenho acabaram se unindo a eles com a intenção de superar as dificuldades econômicas vividas durante o longo período de conflito.

Em 1640, Portugal restaurou sua autonomia diante da Espanha, contando com o apoio da Holanda e da Inglaterra. Essa aliança entre Portugal e Holanda na luta contra os espanhóis proporcionou, também, uma trégua provisória entre colonos portugueses e holandeses na América.

A Companhia das Índias Ocidentais havia nomeado, então, o conde **Maurício de Nassau** para governar a região. Durante sua administração, os holandeses, aliados aos senhores de engenho, dominaram o litoral desde o atual estado do Maranhão até Sergipe.

> ▶ **Guerrilha:** tipo de luta promovida por grupo pequeno de pessoas que ataca o inimigo de forma inesperada, surpreendendo-o.

A conquista e a dominação holandesa

- Limites do domínio holandês
- Área dos engenhos
- Área aproximada de Palmares
- Domínio português

Fonte: elaborado com base em ISTOÉ Brasil – 500 anos: atlas histórico. São Paulo: Três, 1998. p. 18.

A administração de Nassau (1637-1644)

Nassau adotou uma política que atendia aos interesses dos ricos latifundiários locais: reativou a produção açucareira, concedendo empréstimos aos senhores de engenho, e garantiu o comércio de africanos escravizados em razão da conquista holandesa de Angola e São Tomé, na África.

A cidade de Recife foi saneada e modernizada. Ruas foram calçadas, pântanos drenados, e canais e pontes sobre o delta dos rios Capibaribe e Beberibe foram construídos. Nesse período, teatros, palácios, um observatório astronômico e um zoológico também foram erguidos na cidade.

Recife passou a chamar-se **Mauritzstadt** (**Cidade Maurícia**), em homenagem a seu governador holandês. Com Nassau, a região também experimentou um período de paz entre católicos (em geral, portugueses) e protestantes (principalmente holandeses), reproduzindo a convivência entre eles já existente na Holanda.

O forte holandês de Nassau na ilha de Goreia, em Senegal. Gravura do século XVII, de Pieter van der Aa.

A convite de Nassau, vários cientistas e artistas europeus visitaram a colônia, registrando e estudando a fauna e a flora tropicais. Entre eles, destacaram-se:

- George Marcgrave, naturalista e autor de *História natural brasileira*, obra conjunta, com Guilherme Piso, registrou a rica natureza do território colonial;
- Guilherme Piso, médico que escreveu um tratado sobre Medicina brasileira, além de registrar a flora e a fauna de nosso território colonial;
- Frans Post e Albert Eckhout, pintores que representaram cenas, habitantes, paisagens e a fauna e a flora típicas do Brasil colonial holandês.

Quando necessitou de recursos para financiar as guerras holandesas na Europa, a Companhia das Índias Ocidentais decidiu aumentar os impostos dos colonos e cobrar os empréstimos feitos aos senhores de engenho. Nassau foi contra a medida, perdeu seu posto e retornou à Holanda em 1644. Tais eventos aumentaram a insatisfação entre os colonos portugueses.

Insurreição Pernambucana (1645-1654)

Em 1645, o descontentamento generalizado contra os holandeses explodiu em uma luta entre colonos da América portuguesa e holandeses. O conflito ficou conhecido como **Insurreição Pernambucana**. Entre seus líderes, estavam senhores de engenho, como João Fernandes Vieira, e pessoas do povo, como Henrique Dias (que comandou um batalhão de negros) e Filipe Camarão (que chefiava um batalhão de indígenas).

Pouco tempo antes do conflito, a Coroa portuguesa havia feito acordos de ajuda e colaboração com a Holanda sobre assuntos bélicos e comerciais. Portanto, no início, a metrópole não tomou partido dos colonos.

Reprodução/Coleção particular

Engenho, óleo sobre madeira (69,8 cm × 106 cm) de Frans Post.

Porém, à medida que as vitórias dos revoltosos se acumulavam, Portugal passou a enviar reforços para os colonos. Em 1646, os holandeses foram derrotados na Batalha do Monte das Tabocas e, em 1648 e 1649, nas duas Batalhas de Guararapes.

Na Europa, a Holanda começou a perder espaço comercial para a Inglaterra. Percebendo essas mudanças, o governo de Portugal se aproximou do governo da Inglaterra e deu apoio total aos rebeldes coloniais. Os holandeses foram derrotados definitivamente na Batalha da Campina da Taborda, em 1654.

Após a expulsão, os holandeses começaram a produzir açúcar nas Antilhas. Como essa região ficava mais próxima do continente europeu, o produto chegava à Europa com um preço menor que o do açúcar brasileiro.

A concorrência holandesa logo provocou uma crise na economia açucareira na colônia. Apesar disso, o plantio e o beneficiamento da cana-de-açúcar continuaram a ser uma importante atividade econômica, posição que se mantém até hoje em várias regiões do Brasil.

- A sociedade açucareira era formada pelos senhores de engenho (no topo), por trabalhadores livres – pequenos agricultores, plantadores de cana, artesãos e comerciantes de grosso trato, a retalho e ambulantes (na camada intermediária) – e pelos africanos escravizados (em sua base). Alguns comerciantes de grosso trato acumularam grandes fortunas.

ATENÇÃO A ESTES ITENS

- A cana-de-açúcar era cultivada em grandes propriedades e se destinava à produção do açúcar para o mercado externo. Todo o trabalho, do plantio da cana à produção e transporte do açúcar, era realizado por mão de obra escravizada. Outras atividades rurais praticadas na colônia eram o cultivo de produtos de subsistência, como o milho e a mandioca, e a produção de artigos consumidos internamente e também utilizados como moeda de troca no comércio de africanos, como o fumo, a aguardente e a rapadura. A pecuária produzia carne para a alimentação e fornecia couro para a confecção de roupas e arreios. O gado também era utilizado para mover moendas nos engenhos.

- Os holandeses desempenharam importante papel na economia açucareira como investidores e comerciantes. Sob a União das Coroas Ibéricas, foram proibidos de comercializar o açúcar produzido na América, o que os motivou a invadir o nordeste da colônia, onde permaneceram por mais de vinte anos, tendo o apoio dos senhores de engenho e mesmo da Coroa portuguesa. A expulsão dos holandeses resultou em uma crise na economia nordestina, pois o açúcar produzido por eles nas Antilhas passou a concorrer com o da colônia portuguesa.

POR QUÊ?

- A produção do açúcar baseada no latifúndio e no trabalho escravizado marcou fortemente a formação do povo brasileiro.

- A concentração de terras nas mãos de poucos proprietários e as imensas desigualdades sociais, em prejuízo principalmente dos nativos e afrodescendentes, têm suas raízes na sociedade açucareira colonial.

ATIVIDADES

Retome

1▸ Identifique as características gerais da produção açucareira na América portuguesa.

2▸ Quais atividades rurais eram praticadas na colônia, além da produção açucareira? Comente a importância dessas atividades.

3▸ Como estava organizada a sociedade açucareira no período colonial?

4▸ Sobre o domínio holandês no Brasil, explique:

a) O motivo pelo qual os holandeses invadiram a América portuguesa.

b) A maneira como e onde eles conseguiram se estabelecer por vinte anos.

c) O resultado econômico da expulsão dos holandeses.

Analise

5▸ Com base em seus conhecimentos, responda às questões.

a) Em que medida o negócio do açúcar com base na escravidão marcou a formação do povo brasileiro?

b) Quais efeitos da colonização podem ser percebidos ainda hoje? Justifique sua resposta.

Interprete uma charge

6▸ Observe a charge abaixo.

a) Quais personagens estão representados na charge? Descreva-os.

b) Onde a charge foi ambientada? Qual elemento da charge permite essa leitura?

c) Em sua opinião, como se explica o poder do grupo representado à direita sobre o grupo representado à esquerda da charge?

d) Se a escravidão foi abolida no Brasil em 1888, como você explica o título da charge?

e) Com base no que você já sabe sobre a história do Brasil, quais associações podemos fazer entre a situação representada pela charge e o processo de colonização brasileiro?

Angeli/Acervo do cartunista

TRABALHO ESCRAVO

– Aquele que ficar por aí inventando esse tipo de mentira já sabe: duzentas chibatadas!

Trabalho escravo, charge de Angeli de 2007.

7▸ Estas p antas mostram a organização do espaço de uma casa-grande e de uma senzala. Observe-as e depois responda às questões.

1 — Cozinha 4 — Sanitários 7 — Quarto
2 — Depósito 5 — Sala de jantar 8 — Sala
3 — Despensa 6 — Alcova 9 — Varanda

△ Planta de casa-grande do engenho São Roque, em Maragogipe, Bahia.

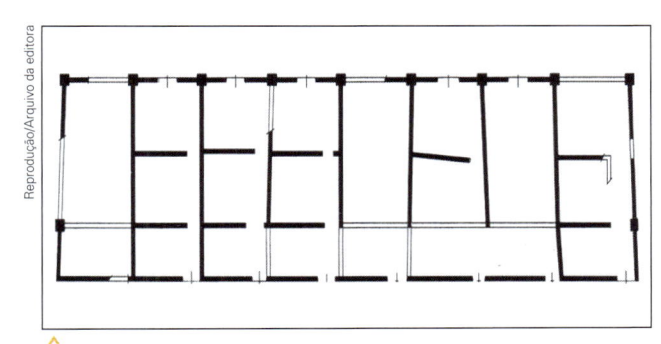

△ Planta de senzala do engenho Pimentel, em São Sebastião do Passé, Bahia.

Ilustrações fe tas com base em: MELLO E SOUZA, Laura (Org.). *História da vida privada no Brasil*. São Paulo: Cia. das Letras, 1997. v. 1. p. 92-95.

a) De acordo com as dimensões da primeira planta, qual era o cômodo mais importante da casa senhorial? Por quê?

b) Por que, em sua opinião, havia uma enorme varanda em torno da casa-grande?

c) Analisando apenas a divisão do espaço interno da casa-grande e da senzala, reflita sobre como eram as condições de vida dos senhores e dos escravizacos.

8▸ Observe a pirâmide abaixo que representa a estrutura da sociedade açucareira. Nessa sociedade, as possibilidades de mobilidade entre os diferentes estratos eram remotas. Sabendo disso, converse com seus colegas sobre o título dado à pirâmide. Explique o seu significado e o sentido da palavra *doce*, que aparece entre aspas no título.

A "doce" pirâmide

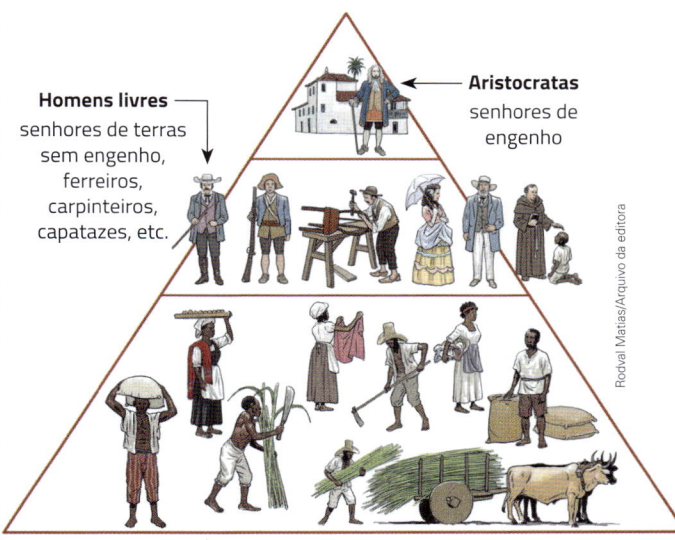

Homens livres
senhores de terras sem engenho, ferreiros, carpinteiros, capatazes, etc.

Aristocratas
senhores de engenho

Negros escravizados
"mãos e pés do senhor"

Autoavaliação

1. Quais atividades você considerou mais fáceis e mais difíceis? Por quê?

2. Em quais atividades você utilizou o texto do capítulo como base para sua resposta?

3. Algum ponto do capítulo não ficou muito claro para você? Qual?

4. Você compreendeu o esquema *Mapeando saberes*? Explique-o.

5. Você saberia apontar exemplos da atualidade considerando o que aprendeu no item *Por quê?* do *Mapeando saberes*?

6. Como você avalia sua compreensão dos assuntos tratados neste capítulo?

» **Excelente**: não tive nenhuma dificuldade.

» **Boa**: tive algumas dificuldades, mas consegui resolvê-las.

» **Regular**: foi difícil compreender certos conceitos e resolver as atividades.

» **Ruim**: tive muitas dificuldades, tanto no conteúdo quanto na realização das atividades.

Roda de conversa

O racismo no Brasil atual

Execução

Agora que você e seu grupo já pesquisaram bastante sobre as raízes históricas do racismo no Brasil, as maneiras pelas quais ele se manifesta hoje e os jeitos de combatê-lo, chegou a hora de organizar e realizar a **roda de conversa**. Para isso, siga as instruções abaixo.

1▸ O envolvimento de pessoas da comunidade em que você vive é muito importante. Por isso, é interessante que algumas delas sejam convidadas a participar da roda de conversa. Entre os que podem ser convidados estão os professores e funcionários da escola, seus familiares, pessoas com quem vocês tiveram contato nas entrevistas, etc. Decidam, em conjunto com o professor e os demais colegas, quem serão os convidados e marquem com eles antecipadamente.

2▸ Agendem a atividade em data e horário mais convenientes à maioria dos convidados e de acordo com a disponibilidade de locais para a realização da roda de conversa. Lembrem-se de que ela deve ocorrer no fim do segundo semestre e ser realizada na escola ou em algum teatro ou auditório do município, com a prévia autorização dos responsáveis por cada aluno.

3▸ No dia da roda de conversa, se possível, organizem as cadeiras em círculo, de modo que todos os participantes possam se ver. Os membros dos grupos devem se sentar próximos uns aos outros, pois vão expor as ideias e os resultados de suas pesquisas.

4▸ O professor apresentará o tema do projeto aos participantes, já que, além dos alunos, estarão presentes também outros membros da comunidade. Em seguida, os grupos devem, um por vez, expor as ideias formuladas a partir da pesquisa realizada durante o semestre.

5▸ O propósito da roda de conversa é, justamente, que os participantes exponham suas impressões sobre o assunto e conversem sobre elas. Por isso, entre as falas dos grupos, os outros participantes (alunos e convidados) podem fazer considerações sobre tais ideias. Essa atitude beneficia a atividade e estimula o interesse dos que estão ouvindo a se manifestar e se integrar na discussão.

6▸ Ao fim das exposições e da conversa, os grupos devem propor medidas para combater efetivamente o racismo no Brasil. Essas medidas podem ser baseadas em soluções que o seu grupo encontrou na pesquisa ou em ideias surgidas no decorrer do semestre. As propostas devem ter como objetivo a formação de uma sociedade mais justa e democrática.

COMO DENUNCIAR RACISMO NA INTERNET?

1. COPIE O LINK
2. DÊ O PRINT NO PERFIL, COMENTÁRIOS E IMAGENS
3. ENVIE PARA OS ÓRGÃOS RESPONSÁVEIS

Nos dias atuais, a prática de racismo *on-line* é recorrente. O cartaz traz instruções sobre o que fazer caso alguém se depare com esse tipo de conteúdo na internet. É possível obter os endereços eletrônicos dos órgãos responsáveis bem como mais informações sobre o assunto, no seguinte *site*: <http://www.brasil.gov.br/cidadania-e-justica/2015/11/racismo-e-crime-saiba-o-que-e-e-como-denunciar> (acesso em: 30 ago. 2018).

Raul Spinassé/Agência A Tarde

Manifestação contra o racismo em *shopping* de Salvador, Bahia, em 2018. O evento foi reação à atitude de um segurança do *shopping*, que impediu um garoto negro de se servir em restaurante após um homem pagar a refeição para ele.

A dura condição do escravizado

[A rotina do escravizado] era sofrer todo o dia o castigo diário das chicotadas soltas, para trabalhar atento e tenso. Semanalmente vinha um castigo preventivo, pedagógico, para não pensar em fuga, e, quando chamava atenção, recaía sobre ele um castigo exemplar, na forma de mutilações de dedos, no furo de seios, de queimaduras com tição, de ter todos os dentes quebrados [...]. Se fugia e era apanhado, podia ser marcado com ferro em brasa, tendo um tendão cortado, viver peado com uma bola de ferro, ser queimado vivo, em dias de agonia [...].

A mais terrível de nossas heranças é esta de levar sempre conosco a cicatriz de torturador impressa na alma e pronta a explodir na brutalidade racista e classista. Ela é que incandesce, ainda hoje, em tanta autoridade brasileira predisposta a torturar, seviciar e machucar os pobres que lhes caem às mãos. Ela, porém, provocando crescente indignação nos dará forças, amanhã, para conter os possessos e criar aqui uma sociedade solidária.

RIBEIRO, Darcy. *O povo brasileiro*. São Paulo: Companhia de Bolso, 2008. p. 107 e 108.

Feitores castigando negros,
aquarela de Jean-Baptiste
Debret, 1828.

▸ **Peado:** estar preso, amarrado.
▸ **Seviciar:** maltratar.

Uma campanha da Organização das Nações Unidas (ONU Brasil) pretende mostrar a relação entre racismo e violência no país. A iniciativa "Vidas Negras" [...] chama a atenção para a morte de um jovem negro a cada 23 minutos no país. Os números são do Mapa da Violência, da Faculdade Latino-Americana de Ciências Sociais (Flacso). [...]

Segundo uma pesquisa realizada pela Secretaria Especial de Políticas de Promoção da Igualdade Racial (SEPPIR) e pelo Senado Federal, 56% da população brasileira concorda com a afirmação de que "a morte violenta de um jovem negro choca menos a sociedade do que a morte de um jovem branco". [...]

Segundo a oficial do Programa do Fundo de População da ONU Ana Cláudia Pereira, "todos os anos são assassinadas no país 30 mil pessoas, 23 mil são jovens negros". A campanha pretende mostrar que preconceitos aumentam a discriminação racial e fazem com que os jovens negros sejam as principais vítimas, diz ela.

MARQUES, Marilia. "A cada 23 minutos, um jovem negro morre no Brasil", diz ONU ao lançar campanha contra violência. *G1*, 7 nov. 2017. Disponível em: <https://g1.globo.com/distrito-federal/noticia/a-cada-23-minutos-um-jovem-negro-morre-no-brasil-diz-onu-ao-lancar-campanha-contra-violencia.ghtml>. Acesso em: 17 jul. 2018.

Atividades

1▸ A pesquisa e a roda de conversa sobre racismo foram importantes para ampliar seus conhecimentos sobre o assunto e para a sua formação como cidadão? Explique sua resposta.

2▸ Durante o semestre, você estudou sobre como viviam os africanos escravizados no Brasil. Como você se sentiu ao saber das condições em que eles foram forçados a viver?

3▸ No decorrer do projeto, que sentimento você teve ao saber dos casos de racismo que a população negra enfrenta nos dias atuais? O que isso lhe ensinou?

4▸ Quais medidas discutidas na roda de conversa você considera mais importantes no combate ao preconceito contra os negros e outras etnias (como os indígenas, por exemplo) no Brasil? Além disso, que atitudes você pode tomar em seu dia a dia para fazer sua parte na luta contra o racismo?

13 A atividade mineradora e o dinamismo econômico e cultural

Juca Martins/Olhar Imagem

Atraídos pelo sonho do enriquecimento rápido, milhares de garimpeiros procuraram ouro em Serra Pelada, Carajás, Pará, nos anos 1980. Foto de 1980.

A exploração do ouro na região de Minas Gerais, no século XVIII, envolveu não só a mão de obra escravizada, mas também de brancos pobres e negros libertos. Esses trabalhadores se submetiam a condições desumanas de trabalho na esperança de encontrar o precioso metal.

Como veremos a seguir, a atividade mineradora na região do atual estado de Minas Gerais transformou a vida na colônia, mas não significou o enriquecimento de seus habitantes. Grande parte da população ficou excluída da riqueza e do luxo proporcionados pelo ouro. Além disso, a maioria da população escravizada passou a trabalhar nas minas, e não na lavoura. O resultado foi uma crise de abastecimento, com surtos de fome, em especial na região das minas.

A descoberta de ouro no final do século XVII coincidiu com a crise da economia açucareira, provocada pela concorrência holandesa nas Antilhas. A mineração tornou-se, então, uma das principais atividades econômicas da colônia, mas não substituiu totalmente o cultivo e o beneficiamento de cana-de-açúcar. Esta, apesar da queda nas exportações, permaneceu como principal fonte de riqueza da América portuguesa.

▶ Para começar 💬

Observe a imagem e responda às questões.

1. A imagem representa a exploração do trabalho humano em uma cena atual. Quais são as semelhanças e as diferenças entre esta fotografia e as imagens de trabalhadores do período colonial do Brasil mostradas em outros capítulos?

2. Em sua opinião, quais são os grupos sociais mais desfavorecidos no país atualmente?

1 O ouro transforma a América portuguesa

Povoamento

A notícia da descoberta de ouro atraiu pessoas de diversas partes da colônia para regiões dos atuais estados de Minas Gerais, Goiás e Mato Grosso. Também em Portugal, a notícia deu início a uma escala de emigrantes, causando despovoamento de algumas regiões metropolitanas. Por décadas, milhares de imigrantes chegaram à América portuguesa e se dirigiram para o interior, atraídos pela possibilidade de enriquecimento rápido.

Para abrigar toda essa gente, foram fundadas dezenas de vilas e cidades. A população da colônia passou de 300 mil habitantes, em 1700, para aproximadamente 3,3 milhões um século mais tarde. Assim, a América portuguesa ganhou um novo eixo econômico-populacional na região centro-sul, sobretudo em Minas Gerais.

Com o deslocamento de parte da população e o surgimento de uma atividade econômica importante no sudeste, em 1763, a Coroa portuguesa decidiu transferir a capital da colônia de Salvador para o Rio de Janeiro, que ficava mais próxima da região das minas.

LINHA DO TEMPO

1693
Antônio Rodrigues de Arzão: ouro em Cataguases (MG)

1702
Criação da Intendência das Minas

1703
Tratado de Methuen

1720
Casas de Fundição

1729
Descoberta de diamantes no Arraial do Tijuco (Diamantina)

1763
Transferência da capital colonial de Salvador para o Rio de Janeiro

1785
Alvará proibindo manufaturas na América portuguesa

Linha do tempo esquemática. O espaço entre as datas não é proporcional ao intervalo de tempo.

Novas vilas e cidades da época da economia mineradora

Regiões mineradoras

▷ No século XVIII, o centro econômico da colônia deslocou-se do Nordeste açucareiro para a região Centro-sul, em especial Minas Gerais, onde numerosos núcleos urbanos foram criados.

Fonte: elaborado com base em ATLAS histórico escolar. Rio de Janeiro: MEC/Fename, 1991. p. 32.

Sobre a atividade mineradora e seus impactos, leia o texto a seguir, do antropólogo Darcy Ribeiro:

Para avaliar a importância da atividade mineradora, é suficiente considerar que teria produzido, em ouro, cerca de mil toneladas e, em diamante, 3 milhões de quilates, cujo valor total corresponde a 200 milhões de libras esterlinas, o equivalente a mais da metade das exportações de metais preciosos das Américas.

A região aurífera foi objeto da maior disputa que se deu no Brasil. De um lado, os paulistas, que haviam feito a descoberta e reivindicavam o privilégio de sua exploração. De outro, os baianos, que, havendo chegado antes à região com seus rebanhos de gado, tinham tido o cuidado de registrar suas propriedades territoriais [...].

Mas seu impacto foi muito maior. O Rio de Janeiro nasce e cresce como o porto das minas. O Rio Grande do Sul e até a Argentina, provedores de mulas, se atam a Minas, bem como o patronato e boa parte da escravaria do Nordeste. Tudo isso fez de Minas o nó que atou o Brasil e fez dele uma coisa só.

RIBEIRO, Darcy. O povo brasileiro: a evolução e o sentido do Brasil.
São Paulo: Companhia das Letras, 1995. p. 152-153.

Mercado interno

Com o desenvolvimento da mineração, diversas atividades econômicas que atendiam às necessidades da própria colônia, e não as da Europa, ganharam impulso.

O crescimento populacional e o desenvolvimento das cidades geraram a necessidade de abastecimento e o aumento da procura por alimentos. Assim, enquanto Minas Gerais se distinguia na extração do ouro, outras regiões da colônia especializaram-se na produção de alimentos, couro e outros artigos que eram trocados pelo ouro. Essas regiões passaram a comerciar entre si, gerando um **mercado interno** na colônia. No entanto, esse mercado ainda estava sob o controle da metrópole. Um alvará de 1785 proibiu a produção de manufaturas na América portuguesa.

Tropeiros cruzavam as áreas mineradoras em direção ao Rio de Janeiro, levando e trazendo mercadorias em mulas. Isso promoveu a integração econômica de regiões distintas e estimulou o desenvolvimento mais acentuado do mercado interno da América portuguesa. Houve, também, o estímulo à importação de produtos como vinho, azeite de oliva, sal, tecidos, calçados, louças e ferragens (correntes, pás, picaretas, etc.).

▸ **Patronato**: classe dos patrões, os proprietários de empresas.

▸ **Alvará**: documento que ordena ou autoriza algo.

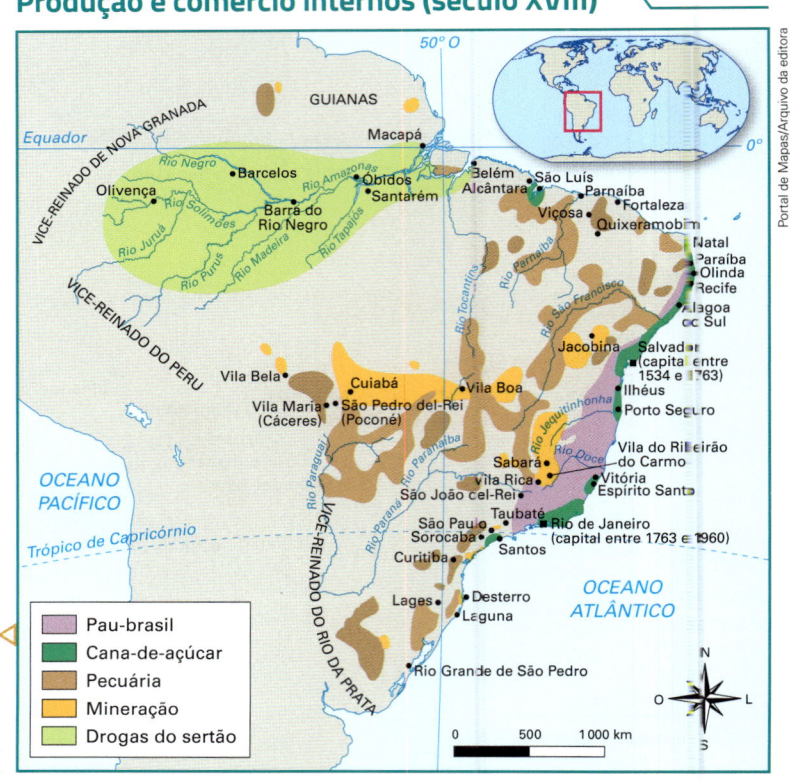

Produção e comércio internos (século XVIII)

Legenda:
- Pau-brasil
- Cana-de-açúcar
- Pecuária
- Mineração
- Drogas do sertão

Portal de Mapas/Arquivo da editora

Com a mineração, o novo eixo no centro-sul atraiu produtos de outras regiões, estimulando o mercado interno.

Fonte: elaborado com base em ATLAS histórico escolar. Rio de Janeiro: MEC/Fename, 1991. p. 32.

O documento a seguir é um alvará. Ele foi expedido em 1785 pela rainha de Portugal, dona Maria I, e proibia manufaturas na América portuguesa. Leia-o e depois responda às questões.

Eu, a Rainha, faço saber aos que este alvará virem: que sendo-me conhecido o grande número de fábricas, manufaturas, que de alguns anos a esta parte se tem difundido em diferentes capitanias do Brasil, com grave prejuízo da cultura e da lavoura, e da exploração das terras minerais daquele vasto continente; porque havendo nele uma grande e conhecida falta de população é evidente que quanto mais se multiplicar o número dos fabricantes mais diminuirá o dos cultivadores; e menos braços haverá, [que] se possam empregar no descobrimento e rompimento de uma grande parte daqueles extensos domínios […]. E consistindo a verdadeira sólida riqueza nos frutos e produções da terra, as quais somente se conseguem por meio dos colonos e cultivadores, e não <u>artistas</u> e fabricantes, e sendo, além disso, as populações do Brasil as que fazem todo o fundo e base, não só das permutações mercantis, mas da navegação e do comércio entre meus leais vassalos e habitantes destes reinos, […] em consideração a tudo o referido, hei por bem de ordenar que todas as fábricas, manufaturas ou teares de galões, de tecidos, ou de bordados de ouro e prata, de veludo, brilhantes, cetins, tafetás, ou de qualquer outra qualidade de seda, […] ou de outra qualquer qualidade de fazendas de algodão ou de linho, branca ou de cores.

▶ **Artista:** artesão.

[…] ou de qualquer outra qualidade de tecidos de lã, ou dos ditos tecidos sejam fabricados só um dos referidos gêneros, […] executando tão somente aqueles ditos teares e manufaturas em que se tecem ou manufaturam fazendas grossas de algodão, que servem para o uso e vestuário dos negros, para enfardar e empacotar fazendas e para outros ministérios semelhantes; todas as demais sejam extintas e abolidas em qualquer parte onde se acharem nos meus domínios no Brasil […].

Revista de História, n. 142-143, São Paulo: USP, dez. 2000. Disponível em: <www.revistas.usp.br/revhistoria/article/view/18900/20963>. Acesso em: 15 jun. 2018.

1▸ O que ocorria na América portuguesa na época em que o alvará foi expedido?

2▸ Qual é a relação desse contexto com a proibição imposta à colônia?

3▸ Qual era o objetivo do alvará?

4▸ Qual teria sido a consequência dessa proibição para a colônia?

5▸ De acordo com o decreto real, quais produtos podiam ser fabricados na colônia? Por quê?

Manuscrito do alvará régio proibindo no Brasil todas as fábricas e manufaturas, 1785.

Retrato de dona Maria I, atribuído a Giuseppe Troni (1739-1810).

Reprodução/Palácio Nacional de Queluz, Sintra, Portugal

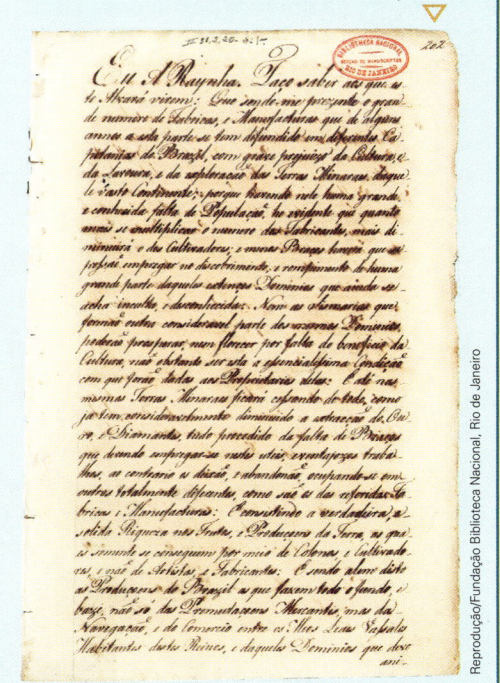

Reprodução/Fundação Biblioteca Nacional, Rio de Janeiro

Distribuição da população na América portuguesa entre os séculos XVI, XVII e XVIII

A população da América portuguesa se distribuiu de acordo com as principais atividades econômicas desenvolvidas na colônia, o que impactou em seu povoamento.

Povoamento da América portuguesa (século XVI)

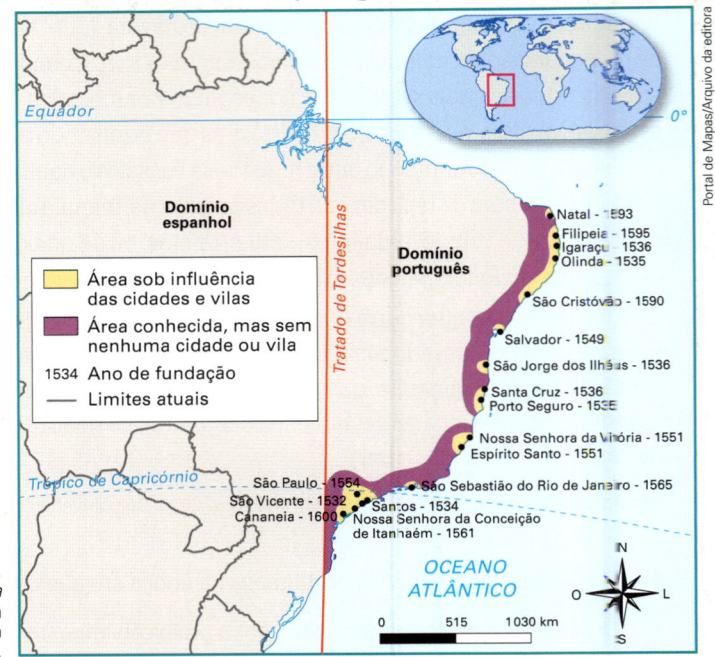

Durante o século XVI, as principais cidades e vilas estavam concentradas na costa da América portuguesa. Isso ocorreu por causa do estabelecimento das capitanias hereditárias e da economia canavieira. As grandes propriedades agrárias litorâneas, voltadas para o cultivo e produção do açúcar, abrigavam os maiores conjuntos populacionais do período.

Fonte: elaborado com base em SOUZA, Laura de Mello e (Org.). *História da vida privada no Brasil*: cotidiano e vida privada na América portuguesa. São Paulo: Companhia das Letras, 1997. p.18-19.

Povoamento da América portuguesa (século XVII)

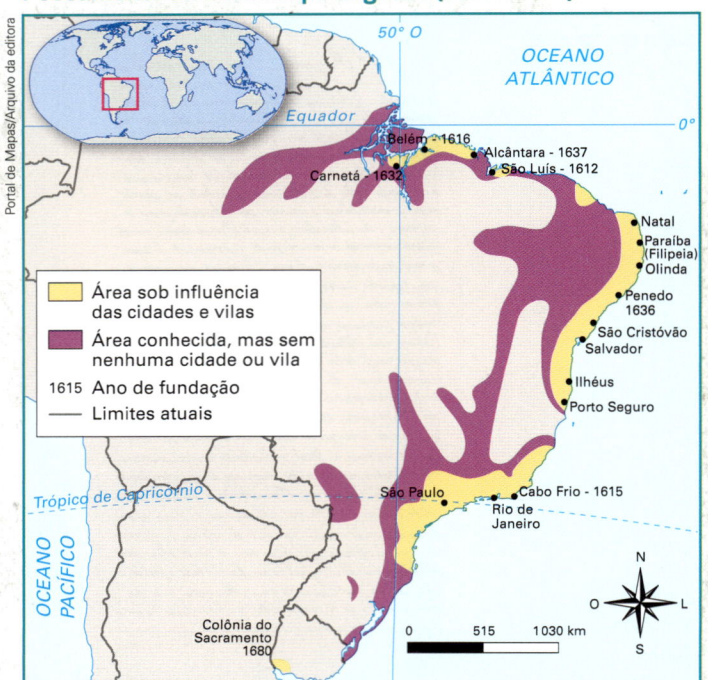

No século XVII, houve crescimento no número de vilas e cidades, mas a maioria da população continuava na faixa litorânea do Nordeste e do Sudeste. Entre o fim do século XVI e o final do século XVII, aproximadamente 70% da população na América portuguesa estava distribuída perto das zonas canavieiras.

Durante o século XVII, a ocupação de áreas do interior do Nordeste se expandiu devido à criação de gado, atividade complementar ao cultivo de cana, mas que se tornou independente dela com o aumento do rebanho.

Na atual região Sudeste, o avanço para o interior ocorreu principalmente a partir das bandeiras que partiam de São Paulo, desbravando novos territórios e criando pequenos povoados por onde passavam. Mas isso não foi suficiente para que se estabelecesse um número significativo de colonos nessas áreas.

Fonte: elaborado com base em SOUZA, Laura de Mello e (Org.). *História da vida privada no Brasil*: cotidiano e vida privada na América portuguesa. São Paulo: Companhia das Letras, 1997. p.18-19.

Povoamento da América portuguesa (século XVIII)

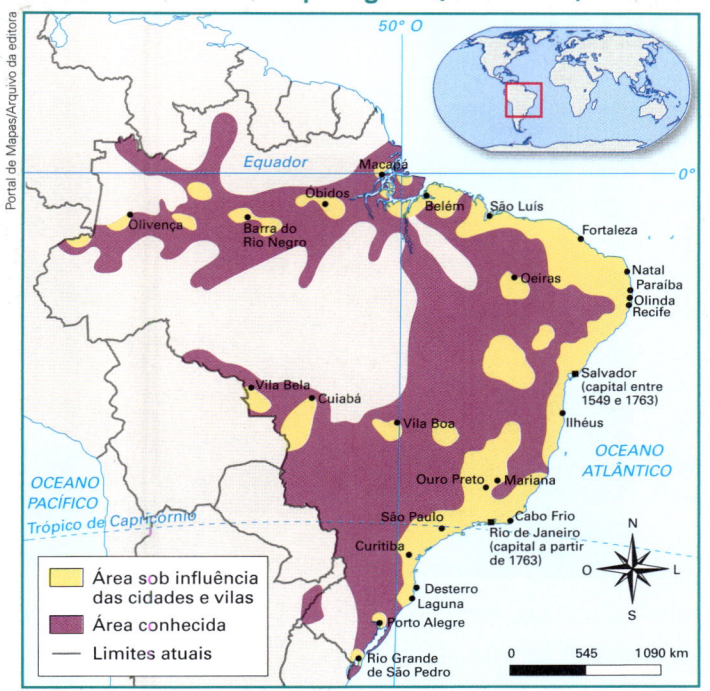

Fonte: elaborado com base em SOUZA, Laura de Mello e (Org.). *História da vida privada no Brasil*: cotidiano e vida privada na América portuguesa. São Paulo: Companhia das Letras, 1997. p.18-19.

Já no século XVIII, podemos perceber que, apesar de a maior parte das vilas e cidades ainda estar na área litorânea, houve grande avanço em direção ao norte, ao interior e ao sul do país. O crescimento populacional dos atuais Sudeste e Centro-Oeste foi ocasionado pela mineração, que provocou grande fluxo migratório dentro da colônia e maior integração interna. Isso ocorreu porque a população das áreas mineradoras precisava de alimentos, animais de carga, couro e toda a variedade de objetos para sua sobrevivência (roupas, calçados, ferramentas, etc.) que não eram produzidos no local. Muitos desses artigos eram vendidos pelos tropeiros, que vinham do sul e transportavam as mercadorias nos lombos das mulas. No final do século XVIII, 50% da população na América portuguesa estava no centro-sul da colônia.

No norte, a atividade que impulsionou o povoamento entre os séculos XVII e XVIII foi a exploração das chamadas "drogas do sertão".

Distribuição étnica no Brasil (séculos XVI-XVIII)

Etnias-cores/tempo histórico e porcentagem	1538-1600	1601-1700	1701-1800
Africanos (escravizados trazidos à força)	20%	30%	20%
Afrodescendentes (nascidos na América portuguesa)	–	20%	21%
Mulatos (mestiços)	–	10%	19%
Brancos nascidos na América portuguesa	–	5%	10%
Europeus	30%	25%	22%
Indígenas (sem considerar os não aldeados ou contatados)	50%	10%	8%

Fonte: elaborada com base em MUSSA, Alberto Baeta Neves. *O papel das línguas africanas na história do português do Brasil*. Dissertação (Mestrado em Letras) – Faculdade de Letras, Universidade Federal do Rio de Janeiro, 1991. p. 163.

Dados demográficos da população indígena no Brasil (séculos XV-XIX)

Ano	População indígena no litoral	População indígena no interior	Total	% da população total
1500	2 000 000	1 000 000	3 000 000	100
1570	200 000	1 000 000	1 200 000	95
1650	100 000	600 000	700 000	73
1825	60 000	300 000	360 000	9

Fonte: elaborada com base em AZEVEDO, Marta Maria. 2013. *Fundação Nacional do Índio*. Disponível em: <www.funai.gov.br/index.php/indios-no-brasil/quem-sao>. Acesso em: 6 maio 2018.

2 Transformações sociais e culturais

A atividade mineradora fez os centros urbanos ganharem importância a partir do século XVIII, época de profundas transformações na sociedade colonial. Assim como na sociedade açucareira, existia na sociedade mineradora um reduzido grupo de homens ricos e uma grande população escravizada. Mas a camada social intermediária era bastante diversificada. Na região das minas, havia uma população livre e produtiva formada por trabalhadores especializados (feitores, artesãos, etc.), funcionários públicos (somente brancos), profissionais liberais (advogados, cirurgiões, etc.), comerciantes, intelectuais e clérigos.

Detalhe de *Tropeiros*, gravura de Jean-Baptiste Debret, de 1823.

O deslocamento de pessoas para a região da mineração causou também o aparecimento de uma população marginalizada. Sem meios próprios de subsistência, elas dependiam, muitas vezes, dos grandes proprietários da região, para quem prestavam serviços. A população livre incluía ainda os **negros alforriados** ou forros, que obtinham a liberdade com recursos próprios ou como recompensa por seus trabalhos.

O dinamismo de cidades como Vila Rica, Sabará, Mariana e Diamantina (entre outras) e a riqueza acumulada com o ouro contribuíram para o desenvolvimento de atividades culturais. Alguns filhos de colonos enriquecidos iam estudar na Europa, principalmente em Coimbra, pois não havia universidades na América portuguesa. Diversos poetas surgiram nesse período, como Tomás Antônio Gonzaga, Cláudio Manuel da Costa e Inácio de Alvarenga Peixoto. Além de versos, escreviam textos em que criticavam a opressão e a corrupção dos governantes portugueses.

A atuação das irmandades

Nos primeiros anos da atividade mineradora, as ordens religiosas foram proibidas de se estabelecer em Minas. A Coroa portuguesa temia que seus membros contrabandeassem ouro para fora do território colonial. Essa medida incentivou o surgimento de agremiações religiosas formadas por leigos (que não pertenciam ao clero). Conhecidas como **irmandades**, confrarias ou Ordens Terceiras, elas eram organizações religiosas e também profissionais que prestavam assistência a seus membros, cuidando de doentes, realizando enterros, emprestando dinheiro, etc.

As irmandades tornaram-se um importante polo da produção artística e cultural da época e contribuíram para a formação de mão de obra especializada na colônia. Na região do atual estado de Minas Gerais, elas financiaram obras arquitetônicas, esculturas e pinturas.

Elas reproduziam, em sua hierarquia e organização internas, a segregação racial da sociedade colonial. Homens brancos, mulatos e negros forros quase não se misturavam. Por isso, foram criadas irmandades exclusivamente para "homens de cor", como eram chamados os negros. É o caso da Irmandade de Nossa Senhora do Rosário.

 Minha biblioteca

A lenda dos diamantes e outras histórias mineiras, de Maria Viana, Scipione, 2012. O livro reúne três contos inspirados em histórias da tradição oral do ciclo da mineração em Minas Gerais, sobretudo em Diamantina.

3 Exploração e administração mineradora

Em 1702, o governo português criou a **Intendência das Minas** para administrar e controlar a exploração da mineração. Esse órgão distribuía os lotes que seriam explorados – chamados **datas** – e cobrava dos mineradores os impostos devidos à Coroa.

As datas eram distribuídas de acordo com a riqueza dos mineradores: quanto mais escravizados possuíam, maiores eram os lotes que recebiam. Quem não possuísse mão de obra escravizada poderia trabalhar como faiscador, revolvendo as datas já exploradas em busca do ouro restante. Eles esperavam conseguir, com o tempo, acumular fortuna para comprar os próprios trabalhadores, o que nem sempre ocorria.

Todos os mineradores deveriam entregar à Intendência a quinta parte do ouro encontrado, imposto que ficou conhecido como **quinto**. Para fugir de seu pagamento, o contrabando tornou-se comum. O ouro era transportado escondido em botas, roupas, unhas e até no interior de santos de madeira – daí a expressão "santo do pau oco".

Para evitar a sonegação, a Coroa proibiu a livre circulação de ouro em pó ou em pepitas na colônia e criou as **Casas de Fundição** em 1720. Todo ouro encontrado nas lavras (grandes minas), nos garimpos ou nas areias dos rios devia ir direto para as Casas de Fundição, onde era transformado em barras.

Em 1750, o governo português definiu a cobrança de cem arrobas (aproximadamente, 1500 quilos) de ouro por ano. Caso esse total não fosse alcançado, era declarada a **derrama**: soldados portugueses, chamados dragões, invadiam casas e tomavam o que tivesse valor para completar as arrobas devidas à metrópole. A primeira derrama ocorreu em 1764 e provocou profundas insatisfações na colônia.

Reprodução/Fundação Biblioteca Nacional, Rio de Janeiro, RJ.

Serro Frio, de Carlos Julião, c. 1770. A pintura ilustra bem a mineração colonial, feita com mão de obra escravizada e rigorosamente controlada.

▶ **Revolver:** remexer, escavar.

▶ **Sonegação:** nesse caso, o não pagamento de impostos devidos.

A partir da segunda metade do século XVIII, o esgotamento das jazidas e o uso de técnicas rudimentares dificultaram a extração do minério de regiões mais profundas, o que levou à queda na extração de ouro. Diante disso, o governo português aumentou a pressão na colônia para obter as cem arrobas anuais. O clima de descontentamento resultaria em uma das mais importantes revoltas coloniais: a **Conjuração Mineira**.

A extração de diamantes na colônia também teve o seu apogeu no século XVIII. As gemas preciosas foram descobertas por exploradores em 1729, no Arraial do Tijuco (atual Diamantina, em Minas Gerais). Como elas não podiam ser derretidas nem transformadas em barras, a Coroa portuguesa decidiu expulsar os mineiros da região e arrendar a exploração a empresários, chamados contratadores. Em 1771, o próprio governo português assumiu a exploração de diamantes como monopólio da Coroa.

Para onde foi o ouro da colônia?

Na época da mineração, Portugal importava da Inglaterra boa parte dos produtos manufaturados de que necessitava. Essa dependência econômica foi favorecida em 1640, quando Portugal recorreu à ajuda militar e comercial inglesa para pôr fim ao domínio espanhol.

Em 1703, Portugal e Inglaterra assinaram o Tratado de Methuen, que assegurava a livre entrada dos vinhos portugueses no mercado inglês. Em troca, a Inglaterra teria a garantia dos mesmos benefícios para seus produtos manufaturados (sobretudo tecidos) no mercado português. O pacto ficou conhecido como "tratado dos panos e vinhos".

O resultado desse pacto foi o desenvolvimento da vinícola portuguesa, em prejuízo dos outros setores. Para pagar os produtos que precisava importar, Portugal repassava para a Inglaterra boa parte do ouro e dos diamantes da América portuguesa. Por isso, além das vantagens conquistadas pelas elites portuguesas, o metal retirado dos atuais territórios brasileiros também contribuiu para dinamizar o **desenvolvimento capitalista europeu**, tendo beneficiado especialmente os banqueiros e industriais ingleses.

Reprodução/Museu do Banco de Portugal, Lisboa, Portugal.

Barras de ouro de 1728, produzidas nas Casas de Fundição. De cada cinco barras, uma era enviada a Portugal, como pagamento do quinto.

◉ **De olho na tela**

Chico Rei. Direção: Walter Lima Jr. Brasil, 1986. História de um negro escravizado que luta pela libertação de seu povo. Tendo achado um veio de ouro, conquista sua alforria e, mais tarde, compra a própria mina do endividado proprietário. Consegue, assim, obter a liberdade de muitos outros africanos.

Vista de vinícola pertencente à quinta Dona Maria, em Vale do Douro, Portugal, 2017.

- A Intendência das Minas foi criada para administrar e controlar a exploração do ouro e cobrar os impostos. O apogeu da produção aurífera ocorreu no século XVIII, assim como sua decadência, provocada pelo esgotamento do metal.

- A exploração de ouro e diamantes desencadeou grandes transformações na América portuguesa: promoveu o aumento populacional na colônia, a ocupação do interior e a formação de vilas e cidades, estimulou o mercado interno e estabeleceu a integração de regiões distintas.

- Havia um reduzido grupo de homens ricos e uma grande população escravizada na sociedade mineradora, mas também uma ampliação e diversificação da camada social intermediária de trabalhadores livres (negros forros, pequenos proprietários, artesãos, comerciantes, clérigos e funcionários públicos).

ATENÇÃO A ESTES ITENS

- As riquezas obtidas na mineração permaneceram nas mãos de poucos proprietários e de membros da elite portuguesa. A mineração beneficiou banqueiros e industriais ingleses. Para pagar os produtos manufaturados que precisava importar, Portugal repassava à Inglaterra o ouro e os diamantes extraídos em sua colônia da América.

- Muitas pessoas que migraram para a região das minas permaneceram marginalizadas, dependendo da prestação de serviços aos grandes proprietários da região. A riqueza trazida pela exploração do ouro contribuiu para a produção cultural e o financiamento de obras de arte e arquitetura. O estilo característico do período ficou conhecido como barroco colonial.

POR QUÊ?

- A produção de imensas riquezas, como aconteceu no período da mineração na América portuguesa, não resultou no enriquecimento de toda a população que ocupou aquela região.

- A concentração de riqueza nas mãos de poucos e a exclusão social, sobretudo dos afrodescendentes, foram características marcantes do período colonial que permanecem no Brasil atual.

- A atividade mineradora impulsionou a integração de diferentes regiões que compõem o Brasil atual.

ATIVIDADES

Retome

1▶ Identifique os efeitos socioeconômicos da mineração na América portuguesa.

2▶ Com a economia mineradora, as vilas e cidades ganharam importância. Quais foram as transformações sociais provocadas pela vida urbana?

3▶ Releia o texto e observe os mapas e tabelas das páginas 240 e 241 para responder às questões abaixo.

a) Como estava distribuída a população na América portuguesa nos séculos XVI, XVII e XVIII?

b) Quais atividades foram determinantes para a ocupação do território colonial em cada um desses períodos?

c) Quais transformações podem ser observadas nas características étnicas da população entre os séculos XVI e XVIII?

d) Elabore um texto sobre as mudanças que ocorreram com a população indígena entre 1500 e 1825, baseado nos dados da tabela e no que você estudou até agora.

4▶ Compare a sociedade canavieira com a sociedade mineradora.

5▶ Quem eram os "negros alforriados ou forros"?

6▶ Qual foi o objetivo da Coroa portuguesa ao criar a Intendência das Minas?

Elabore um quadro comparativo

7▶ Monte um quadro como o do modelo abaixo. Com base no que foi estudado nos últimos quatro capítulos, complete-o com as respostas adequadas. Observe que muitas das características da sociedade colonial ainda existem no Brasil atual.

	Administração pública	Distribuição da terra	Relações de trabalho	Manifestações culturais
Brasil colônia	1. Quem eram os administradores da colônia? Em que local atuavam? 2. Como eram organizadas as Câmaras Municipais? • Quem as compunha? • Como eram eleitos seus representantes? • Quais interesses representavam? • A população participava das decisões?	Como a terra era distribuída na época colonial? Por quê?	Quem eram os trabalhadores da colônia? Em que condições trabalhavam?	Cite algumas das manifestações culturais do período colonial (eruditas, populares, religiosas e profanas).
Brasil atual	1. Quem são os governantes do Brasil? Em que instâncias atuam? 2. Como são organizadas as Câmaras Municipais? • Quem as compõe? • Como são eleitos seus representantes? • Quais interesses representam? • A população participa das decisões? Como? 3. Quais características da época colonial se mantêm na administração pública?	Como estão distribuídas as terras? O que o governo pode fazer para alterar essa situação?	1. Quem são os trabalhadores brasileiros? 2. Como são suas condições de trabalho? 3. Quais são as consequências de três séculos de escravidão no Brasil?	Quais manifestações culturais preservam características da época colonial?

8 Observe e analise os gráficos a seguir. Depois, responda às questões.

Época da mineração

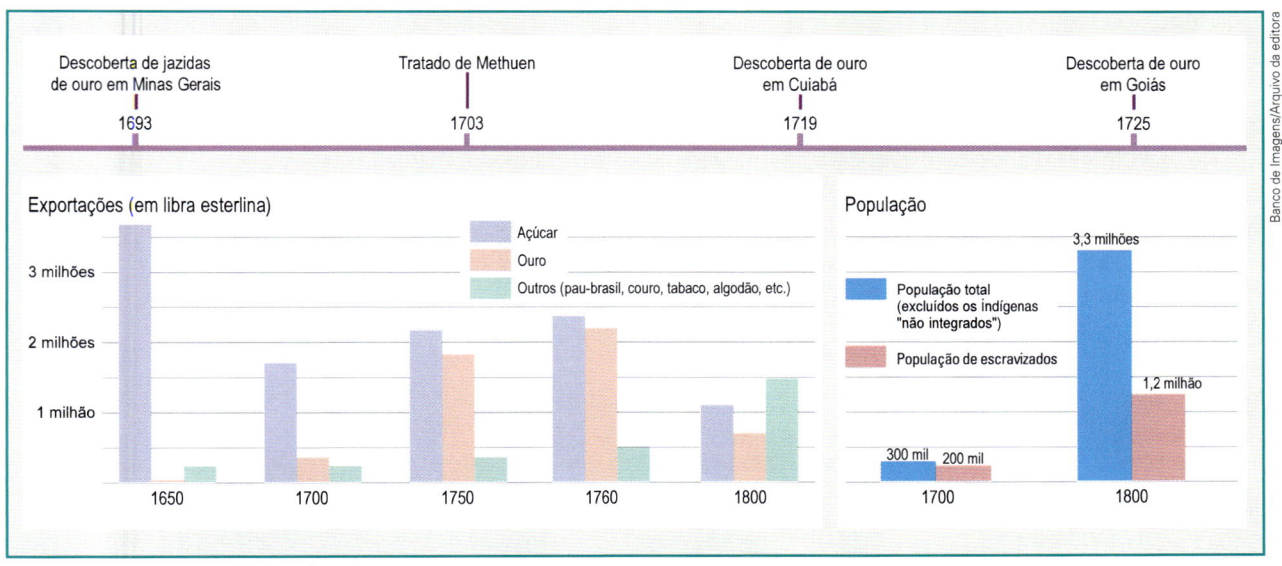

Fonte: elaborado com base em ISTOÉ Brasil – 500 anos: atlas histórico. São Paulo: Três, 1998. p. 18.

a) Qual foi a principal riqueza produzida na América portuguesa nos séculos XVII e XVIII? Como você explica esse dado?

b) Quando ocorreu o auge da exploração do ouro? O que aconteceu logo em seguida? Por quê?

c) O que ocorreu com a população total da América portuguesa entre 1700 e 1800?

9 Sobre a relação entre a população total e a população escravizada, responda:

a) Qual era a proporção de escravizados na população da América portuguesa em 1700? E em 1800?

b) Explique por que o aumento demográfico foi maior entre a população livre.

Autoavaliação

1. Quais atividades você considerou mais fáceis e mais difíceis? Por quê?

2. Em quais atividades você utilizou o texto do capítulo como base para sua resposta?

3. Algum ponto do capítulo não ficou muito claro para você? Qual?

4. Você compreendeu o esquema *Mapeando saberes*? Explique-o.

5. Você saberia apontar exemplos da atualidade considerando o que aprendeu no item *Por quê?* do *Mapeando saberes*?

6. Como você avalia sua compreensão dos assuntos tratados neste capítulo?

» **Excelente**: não tive nenhuma dificuldade.

» **Boa**: tive algumas dificuldades, mas consegui resolvê-las.

» **Regular**: foi difícil compreender certos conceitos e resolver as atividades.

» **Ruim**: tive muitas dificuldades, tanto no conteúdo quanto na realização das atividades.

A exploração de ouro na América portuguesa teve início no final do século XVII e alcançou o auge no século XVIII, especialmente nas vilas de Minas Gerais.

No início, foi explorado o ouro que ficava nas margens ou no leito dos rios, o chamado ouro de aluvião. Os equipamentos e as técnicas de extração ainda eram bastante rudimentares.

Com o esgotamento do ouro de aluvião, foram desenvolvidas técnicas para extrair o metal do fundo dos rios e sob grandes rochas, o que exigia muita resistência e força física. A gravura abaixo ilustra a situação.

Vendedores ambulantes

Extração nas encostas da montanha

Extração dentro do rio – ouro de aluvião

Feitor açoitando escravizado

Negros escravizados: homens e mulheres

Uso do couro de boi, onde o ouro ficava retido

Tanques de represamento das águas

Uso da bateia e da gamela, onde era desejado o cascalho

Litografia *Lavagem do minério de ouro próximo à montanha de Itacolomi*, feita a partir do desenho original de Johann Moritz Rugendas, em sua primeira viagem ao Brasil, em 1825.

Agora, observe esta outra imagem e responda às questões propostas.

Detalhe da obra *Engenho de açúcar no Brasil*, desenho aquarelado sobre papel, com traços de carvão, de autoria de Frans Post, de 1640.

Identifique a representação

1▸ Repare na imagem. Qual atividade está sendo representada?

2▸ Quem é o autor do desenho acima?

3▸ O que você sabe sobre esse artista?

4▸ É possível identificar o local onde essa atividade era desenvolvida?

Analise os elementos da imagem

5▸ Quais sujeitos estão sendo representados? O que cada um está fazendo?

6▸ Quais etapas da atividade você consegue identificar?

7▸ Com base no que viu no capítulo 12, você consegue identificar o maquinário utilizado?

Levante hipóteses sobre o contexto

8▸ Essa gravura representa um aspecto de uma estrutura social e econômica mais ampla. Procure indicar os outros componentes dessa estrutura.

Leitura de gráficos

Expressar dados quantitativos (informações traduzidas em valores numéricos) na forma de gráficos permite "enxergá-los" com mais clareza, facilitando a compreensão.

Para compreender e interpretar um gráfico, é preciso:

1. Ler o título para saber o que ele expressa.

2. Prestar atenção nas informações que o compõem.

3. Interpretar os dados do gráfico.

4. Relacionar essas informações com os conhecimentos acumulados sobre o assunto.

Identificar o tipo de gráfico e o assunto tratado

Existem diferentes tipos de gráficos. Os mais comuns são os gráficos de barras, de linhas e de setores.

Considerar as informações expressas pelo gráfico

Nos gráficos de linhas e de barras, as informações fundamentais estão expressas ao lado dos eixos vertical e horizontal. Nos gráficos de setores, essas informações são apresentadas, em geral, em legendas coloridas e em valores expressos no interior dos setores (fatias da "*pizza*"). Veja os exemplos.

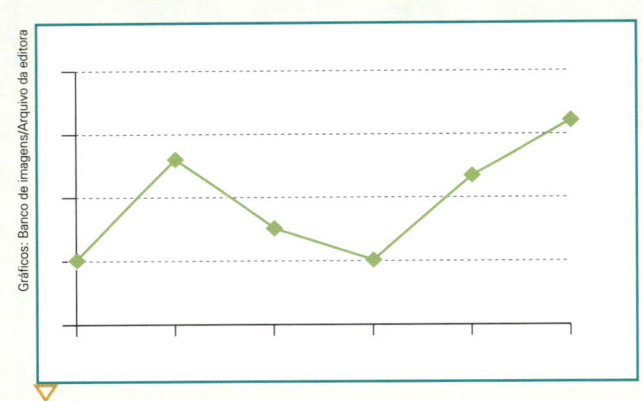

Gráfico de linhas.

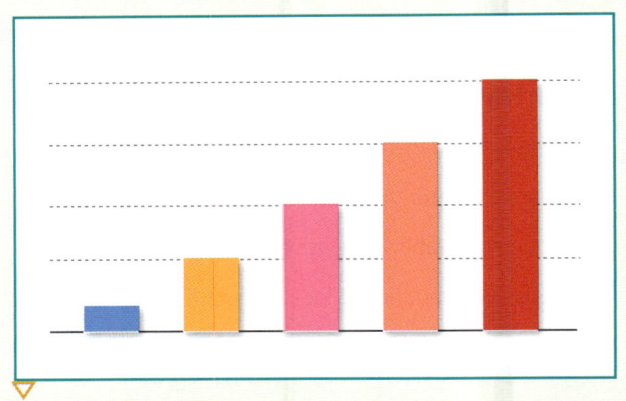

Gráfico de barras.

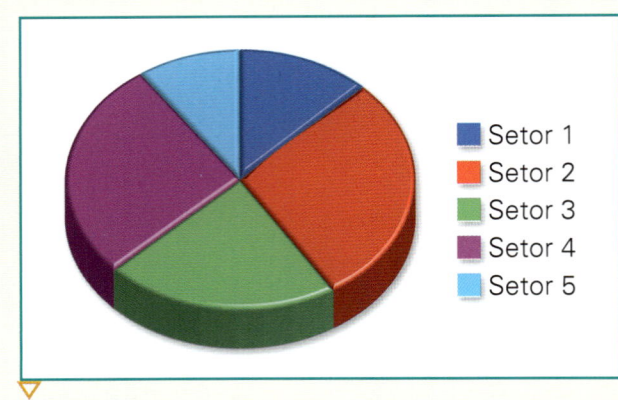

Gráfico de setores.

1▸ De que tipo é o gráfico abaixo?

População da Inglaterra medieval

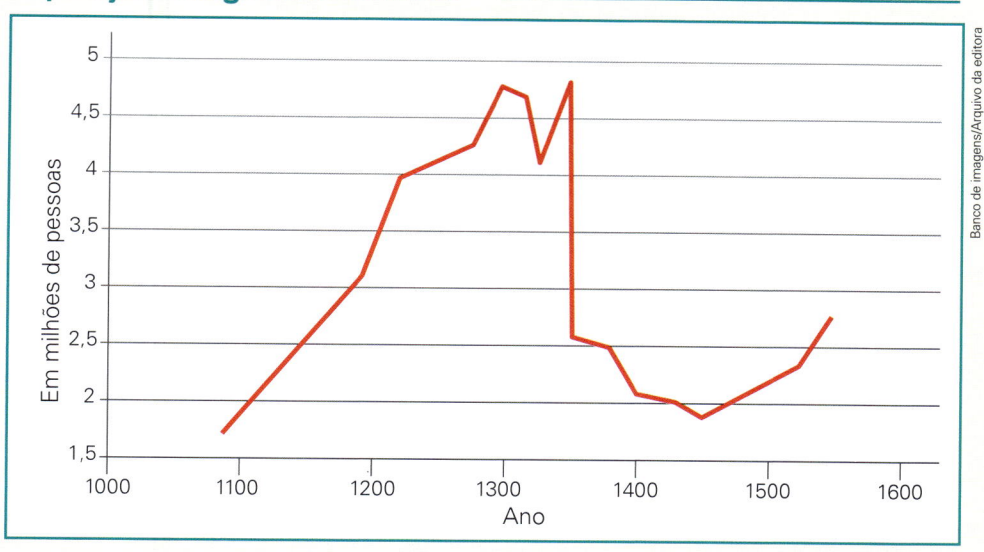

Banco de imagens/Arquivo da editora

Organizado pelos autores.

2▸ O que esse gráfico expressa?

3▸ O que aparece expresso no eixo vertical desse gráfico?

4▸ O que aparece expresso no eixo horizontal?

Interpretar o gráfico

Para interpretar o gráfico, é preciso observar a relação entre as barras, linhas ou "fatias" do disco com as informações apresentadas nos eixos ou na legenda.

5▸ Qual é o período considerado pelo gráfico?

6▸ O que aconteceu com a população da Inglaterra entre 1000 e 1300?

7▸ Qual foi o limite máximo a que chegou a população inglesa?

8▸ O que aconteceu com a população da Inglaterra entre 1300 e 1450?

9▸ O que aconteceu com a população inglesa a partir de 1450?

Analisar o gráfico

Depois de interpretar o gráfico, é preciso analisar os eventos que explicam os dados representados. Para isso, devemos associar as informações do gráfico com outras informações, obtidas de fontes diversas.

10▸ Considerando seus conhecimentos sobre a Baixa Idade Média, como se explica o aumento da população entre os séculos XI e XIV?

11▸ Quais acontecimentos podem ter causado a morte de tantas pessoas entre o início e a metade do século XIV?

12▸ Com as informações dos itens anteriores, escreva um texto explicando a evolução da população inglesa mostrada pelo gráfico.

Pesquisa escolar

A pesquisa escolar é uma atividade muito importante, não só porque permite novos aprendizados, mas principalmente porque nos obriga a formular perguntas e a encontrar as fontes que nos ajudarão a respondê-las. Além disso, com base na seleção e na análise do que pesquisamos, devemos elaborar as respostas de forma clara e precisa.

Quando temos de fazer uma pesquisa, várias perguntas surgem: Como começar? Melhor pesquisar em livros? Em quais? Será que na internet é mais fácil?.

Sugerimos que você siga estas etapas:

- Definir o tema da pesquisa.
- Elaborar uma pergunta. Essa pergunta será o eixo da pesquisa.
- Procurar as fontes necessárias para responder à pergunta: livros, enciclopédias, *sites*, jornais, revistas, depoimentos e relatos de pessoas, etc.
- Analisar as fontes.
- Formular uma resposta à pergunta com base nas informações encontradas.
- Apresentar o resultado da pesquisa de forma clara e de acordo com certas normas.

1▸ Reúna-se em grupo com os colegas. Juntos, recuperem as anotações de aula ou releiam os capítulos 2 e 3. Com base nessas informações, formulem uma pergunta sobre um dos povos nativos da América, da civilização chinesa ou da civilização indiana.

2▸ Façam um levantamento das fontes nas quais vocês poderão encontrar a resposta à pergunta formulada. Esse levantamento pode ser feito em bibliotecas ou na internet, por exemplo.

3▸ Com o auxílio do professor, escolham, entre as fontes levantadas, aquelas mais adequadas para responder à pergunta formulada.

4▸ Depois de analisar as fontes escolhidas, cada membro da equipe deverá elaborar uma resposta à pergunta formulada no item 3 e apresentá-la ao grupo.

5▸ Redijam o texto final de sua pesquisa. Esse texto deve conter:

a) **Introdução:** parágrafo em que são apresentados o tema e a questão formulada pelo grupo.

b) **Desenvolvimento:** de três a cinco parágrafos que contenham a resposta do grupo à questão formulada e os argumentos que a sustentam. Esses argumentos são as informações encontradas nas fontes consultadas.

c) **Conclusão:** um parágrafo que sintetize os argumentos e reforce a resposta à questão formulada pelo grupo.

Não se esqueçam de incluir:
- capa com o título do trabalho, o nome dos integrantes do grupo e a data (mês e ano) em que o trabalho foi feito;
- referências bibliográficas (listagem das fontes consultadas).

Biografia

Uma biografia é uma descrição da vida de um indivíduo. Essa descrição costuma incluir informações como datas de nascimento e morte, o trabalho exercido pela pessoa biografada, entre outros aspectos da vida dela. Vamos escrever uma biografia?

Para fazer uma biografia e apresentá-la aos colegas, é necessário seguir alguns procedimentos.

1. Escolher quem será biografado.
2. Organizar um roteiro de pesquisa.
3. Selecionar as fontes que serão pesquisadas.
4. Fazer uma pesquisa sobre o personagem escolhido.
5. Redigir a biografia.
6. Preparar a apresentação da biografia.

Escolher o biografado

Você deverá escolher um dos renascentistas apresentados no capítulo 4. Pode também escolher um personagem que não foi citado no livro, mas que tenha relação com o Renascimento (um músico, por exemplo). Na escolha do personagem, leve em consideração o interesse que a vida dele desperta em você e a facilidade de encontrar informações sobre o assunto.

Organizar um roteiro

Elabore um roteiro com as informações que deseja obter sobre o biografado. Veja um exemplo abaixo. Lembre-se de que você poderá acrescentar outras questões.

1. Nome do biografado, local (cidade, país atual) e ano de nascimento.
2. Que tipo de obra ele produziu (pintura, escultura, música, ciência, filosofia, arquitetura)?
3. Para quem ele trabalhou (teve incentivo de algum mecenas, viveu em alguma corte, foi um artista "independente")?
4. Teve algum mestre importante? Quem?
5. Há algum aspecto curioso da vida ou da obra do biografado que valha a pena ser contado?
6. Quais foram suas principais obras?
7. Quais características da sociedade renascentista estão presentes em sua obra?
8. Qual foi a repercussão de sua produção na sociedade da época? E nos dias de hoje, qual é a sua importância?

Selecionar as fontes que serão pesquisadas

As fontes podem ser:
- livros;
- jornais e revistas;
- *sites* da internet.

Fazer uma pesquisa sobre o biografado

Durante a pesquisa, você deve ler materiais diversos. Algumas informações são interessantes para a biografia, outras devem ser descartadas. É importante que você crie uma forma para anotar/registrar o que interessa, de acordo com o roteiro que preparou.

Evite copiar trechos da fonte pesquisada: faça sempre um resumo com suas próprias palavras. Se quiser copiar um trecho específico, coloque-o entre aspas e indique a fonte.

Redigir a biografia

Confira os elementos que seu texto deve ter:
1. **Título**: deve conter o nome do biografado ou fazer alguma alusão a ele.
2. **Apresentação**: parágrafo inicial que reúne os dados pessoais do biografado.

Nome completo, lugar em que nasceu, ano de nascimento e morte.

Informações breves sobre a família do biografado e/ou sobre a sociedade em que ele viveu.

Um aspecto interessante da vida dessa pessoa que justifique sua pesquisa.

3. **Dados biográficos**: você deve apresentar, utilizando entre três e cinco parágrafos, os fatos e acontecimentos mais importantes da vida da pessoa.

4. **Dados sobre a obra do biografado**: em um parágrafo, apresente as principais obras do autor e suas características gerais.

   Depois, escolha uma ou duas obras do biografado, apresentando-a(s) mais detalhadamente: quando foi criada, com que finalidade, onde se encontra atualmente, que impacto causou na época. Você pode inserir uma figura ou uma citação de uma dessas obras.

   Selecione as imagens que farão parte do seu trabalho, especialmente as reproduções das obras mais citadas no seu texto.

5. **Conclusão**: faça um parágrafo final, relacionando as características da obra do biografado ao período renascentista.

6. **Bibliografia**: relação de todas as fontes utilizadas na pesquisa.

Preparar a apresentação da biografia

Ensaie a apresentação do seu trabalho que você fará para a classe. Ela pode ser complementada por cartazes, *slides*, filmes, imagens em papel, gravações, etc. No momento da apresentação, exponha as informações na mesma ordem em que aparecem no trabalho escrito.

Leitura de documentos textuais

Textos escritos no passado precisam ser interpretados à luz do tempo em que seu autor viveu. Isso significa que não podemos tentar compreendê-los com base em nossos valores e em nossas referências, pois são diferentes daqueles que o autor possuía. Portanto, quando lidamos com documentos históricos escritos, precisamos olhar além do conteúdo imediato do texto.

Ao analisar um documento textual, você deve seguir estes passos:

1. Faça uma primeira leitura do texto para identificar as palavras cujo significado você desconhece e esclareça-o com o auxílio de um dicionário.

2. Identifique a época e o lugar em que o texto foi escrito.

3. Investigue o contexto em que o texto foi escrito.

4. Pesquise informações sobre o autor.

5. Releia o texto tendo em vista seu contexto.

Experimente fazer a leitura do trecho a seguir, extraído de carta escrita por Duarte Coelho ao rei de Portugal, dom João III, em 2 de dezembro de 1546.

[…] o brasil, senhor, está muito longe pelo sertão adentro, e [é] muito trabalhoso e muito perigoso de haver e muito custoso e os índios fazem-no de má vontade; […]

Porque para fazerem seu brasil, importunam tanto os índios e prometem-lhes tanta coisa fora de ordem que me tem a terra toda em desordem […] e se lhes dão alguma coisa do que lhes prometem é deitar a perder o concerto e ordem que tinha posto para o que cumpre ao trato deste brasil quando Vossa Alteza se quiser servir dele, porque não lhes basta, senhor, dar-lhes as ferramentas como está de costume mas, para fazerem os índios fazer brasil, dão--lhes contas da Bahia e carapuças de pena e roupas de cores [...] e, o que é pior, espadas e espingardas [...] certifico a Vossa Alteza que de três anos para cá que se corrompeu este fazer de brasil, que põe em muita confusão a terra e a mim dá grande trabalho e fadiga em acudir a tantos descontentes e a remediar desmanchos [...] porque, quando estavam os índios famintos e desejosos de ferramentas, pelo que lhe dávamos nos vinham a fazer as levadas e todas as outras obras grossas e nos vinham a vender os mantimentos de que temos assaz necessidade e, como estão fartos de ferramentas, fazem-se mais ruins do que são e alvoroçam-se e ensoberbecem-se e levantam-se.

PEREIRA, Duarte Coelho. Carta ao rei. In: INÁCIO, Inês da Conceição; DE LUCCA, Tânia Regina. *Documentos do Brasil colonial*. São Paulo: Ática, 1993. p. 48-49.

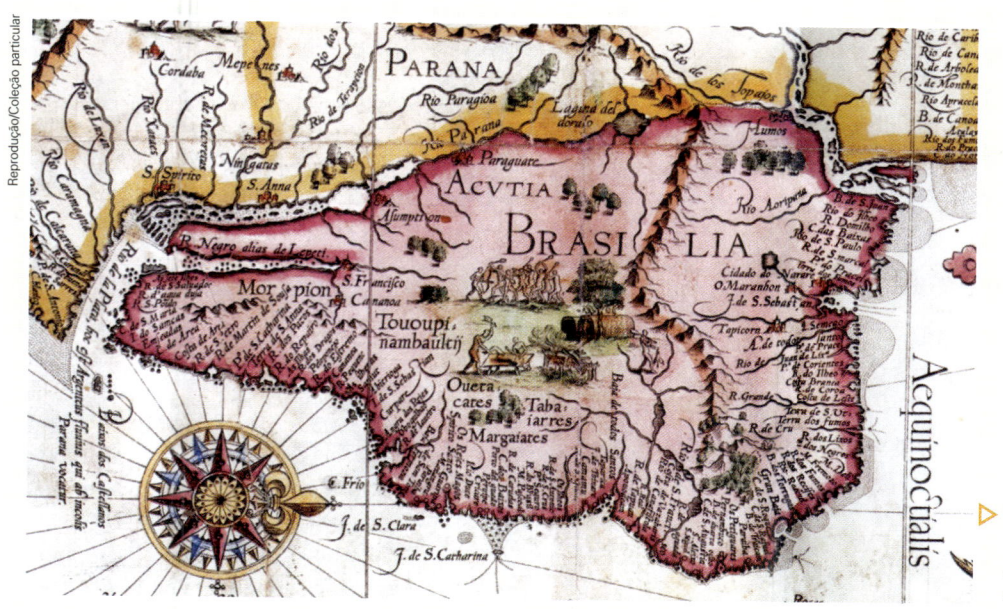

▷ Detalhe do mapa *Delineatio Totius Australis Partis Americae*, de Arnold Florent van Langren, de 1596.

Esclarecer o vocabulário

Copie em seu caderno as palavras desconhecidas e procure o significado de cada uma em um dicionário.

Contextualizar o documento

1▸ Quando e onde o texto de Duarte Coelho foi escrito?

2▸ O que acontecia na América portuguesa quando o texto de Duarte Coelho foi escrito?

3▸ Pesquise informações sobre Duarte Coelho: Quem foi ele? Onde e quando viveu? Qual era seu papel na América portuguesa?

Interpretar o documento

4▸ Tente reproduzir o sentido do texto com suas palavras. O que você entendeu dele?

5▸ Qual é a principal queixa de Duarte Coelho em relação à colônia?

6▸ A que fator Duarte Coelho atribui os obstáculos encontrados?

7▸ Duarte Coelho parece aprovar as atividades de extração do pau-brasil? Por quê?

8▸ Quais razões podem ter levado Duarte Coelho a expor suas queixas ao rei?

Bibliografia

ALENCASTRO, Luís Felipe de. *O trato dos viventes*: formação do Brasil no Atlântico Sul. São Paulo: Companhia das Letras, 2000.

ANDERSON, P. *Linhagens do Estado absolutista*. São Paulo: Brasiliense, 1995.

ARIÈS, P.; DUBY, G. *História da vida privada*. São Paulo: Companhia das Letras, 1991-1992. 5 v.

BASCHET, Jérôme. *A civilização feudal*: do ano 1000 à colonização da América. São Paulo: Globo, 2006.

BERBEL, Márcia. *Escravidão e política*: Brasil e Cuba. São Paulo: Hucitec, 2010.

BETHELL, L. (Org.). *História da América Latina*: a América Latina colonial. São Paulo: Edusp, 1998-1999. v. 2.

CHASTEEN, J. C. *América Latina*: uma história de sangue e fogo. Rio de Janeiro: Campus, 2001.

COOK, M. A. *Uma breve história do homem*. Rio de Janeiro: Jorge Zahar, 2005.

CROUZET, M. (Dir.). *História geral das civilizações*. Rio de Janeiro: Bertrand Brasil, 1996. v. 17.

CUNHA, Manuela Carneiro da. *História dos índios no Brasil*. São Paulo: Companhia das Letras, 1998.

DEYON, P. *O mercantilismo*. São Paulo: Perspectiva, 1973.

DONGHI, T. H. *História da América Latina*. 2. ed. Rio de Janeiro: Paz e Terra, 1989.

ELIAS, N. *O processo civilizador*. Rio de Janeiro: Jorge Zahar, 1993. v. 1 e 2.

FAIRBANK, John King. *China*: uma nova história. Porto Alegre: L&PM, 2008.

FALCON, F. J. C. *Mercantilismo e transição*. São Paulo: Brasiliense, 1981.

FARIA, Sheila de Castro. *A colônia brasileira*: economia e diversidade. São Paulo: Moderna, 2004.

FAUSTO, B. *História do Brasil*. São Paulo: Edusp, 1994.

FONTANA, J. *A história dos homens*. Bauru: Edusc, 2004.

_____. *Introdução ao estudo da História geral*. Bauru: Edusc, 2000.

FRANCO, M. S. de C. *Homens livres na ordem escravocrata*. São Paulo: Unesp, 1997.

FURTADO, C. *Formação econômica do Brasil*. 25. ed. São Paulo: Nacional, 1995.

GALEANO, E. *As veias abertas da América Latina*. Rio de Janeiro: Paz e Terra, 1979.

GOODY, Jack. *O roubo da história*. São Paulo: Contexto, 2008.

GRIMBERG, C. *Historia universal Daimon*. Madrid: Ediciones Daimon, Manuel Tamayo, 1967.

GUARRACINO, Scipione. *L'Età Meddievale e Moderna*: dalla crisi del trecento allo stato assoluto. Milano: Edizioni Scolastiche Bruno Mondadori, 1998.

HERNANDEZ, Leila Maria Gonçalves Leite. *África na sala de aula*: uma visita à história contemporânea. São Paulo: Selo Negro, 2005.

HILL, C. *O eleito de Deus*: Oliver Cromwell e a Revolução Inglesa. São Paulo: Companhia das Letras, 1988.

HILL, C. *O mundo de ponta-cabeça*: ideias radicais durante a Revolução Inglesa de 1640. São Paulo: Companhia das Letras, 1987.

HOLANDA, S. B. de. *Raízes do Brasil*. Brasília: Ed. da UnB, 1963.

JOFFILY, B. *IstoÉ Brasil – 500 anos*: atlas histórico. São Paulo: Grupo de Comunicação Três, 1998.

KARNAL, Leandro et al. *História dos Estados Unidos*: das origens ao século XXI. São Paulo: Contexto, 2008.

LE GOFF, Jacques. *As raízes medievais da Europa*. Petrópolis: Vozes, 2007.

LINHARES, M. Y. (Org.). *História Geral do Brasil*: da colonização portuguesa à modernização autoritária. Rio de Janeiro: Campus, 1990.

LOPES, Reinaldo José. *1499*: o Brasil antes de Cabral. Rio de Janeiro: Harper Collins, 2017.

LOVEJOY, Paul E. *A escravidão na África*: uma história de suas transformações. Rio de Janeiro: Civilização Brasileira, 2002.

LUIZETTO, F. *Reformas religiosas*. São Paulo: Contexto, 1998. (Repensando a História).

MACEDO, José Rivair (Org.). *Desvendando a história da África*. Porto Alegre: Ed. da UFRGS, 2008.

MATTOSO, K. de Q. *Ser escravo no Brasil*. São Paulo: Brasiliense, 1990.

MELLO E SOUZA, L. de (Org.). *História da vida privada na América portuguesa*. São Paulo: Companhia das Letras, 1997.

MONTEIRO, John Manuel. *Negros da terra*: índios e bandeirantes nas origens de São Paulo. São Paulo: Companhia das Letras, 1994.

MOTA, C. G. (Org.). *Brasil em perspectiva*. São Paulo: Difel, 1976.

NOVAIS, F. A. (Coord.). *História da vida privada no Brasil*: cotidiano e vida privada na América portuguesa. São Paulo: Companhia das Letras, 1997. v. 1 e 2.

RIBEIRO, D. *O povo brasileiro*: a evolução e o sentido do Brasil. São Paulo: Companhia das Letras, 1995.

RODRIGUES, A. E. M.; FALCON, F. J. C. *Tempos modernos*: ensaios de História cultural. Rio de Janeiro: Civilização Brasileira, 2000.

SELLERS, C.; MAY, H.; McMILLEN, N. R. *Uma reavaliação da história dos Estados Unidos*: de colônia a potência imperial. Rio de Janeiro: Jorge Zahar, 1990.

SILVA, Alberto da Costa e. *A enxada e a lança*: a África antes dos portugueses. Rio de Janeiro: Nova Fronteira, 1996.

_____. *Francisco Felix de Souza, mercador de escravos*. Rio de Janeiro: Nova Fronteira, 2004.

SILVA, A. L. da; GRUPIONI, L. D. B. (Org.). *A temática indígena na escola*: novos subsídios para professores de 1º e 2º graus. 2. ed. São Paulo: Global; Brasília: MEC/Mari/Unesco, 1998.

SILVA, M. B. N. da. *Brasil*: colonização e escravidão. Rio de Janeiro: Nova Fronteira, 2000.

TODOROV, T. *A conquista da América*: a questão do outro. São Paulo: Martins Fontes, 1993.

WASSERMAN, C. (Coord.). *História da América Latina*: cinco séculos. Porto Alegre: Ed. da UFRGS, 1996. (Temas e problemas).